国家社会科学基金重大项目"中国新诗传播接受文献集成、研究及数据库建设（1917—1949）"（16ZDA240）阶段性成果

国家社会科学基金青年项目"民间话语与中国新诗的现代性研究"（12CZW070）结项成果

现代汉语诗歌传播接受研究丛书

王泽龙 主编

民间话语与中国现代诗歌

刘继林 著

中国社会科学出版社

图书在版编目（CIP）数据

民间话语与中国现代诗歌/刘继林著. —北京：中国社会科学出版社，2022.12

（现代汉语诗歌传播接受研究丛书）

ISBN 978 - 7 - 5227 - 1061 - 7

Ⅰ.①民… Ⅱ.①刘… Ⅲ.①民间文化—研究—中国②诗歌研究—中国—现代 Ⅳ.①G12②I207.22

中国版本图书馆 CIP 数据核字（2022）第 224567 号

出 版 人	赵剑英
责任编辑	郭晓鸿
特约编辑	杜若佳
责任校对	师敏革
责任印制	戴　宽

出　　版	中国社会科学出版社
社　　址	北京鼓楼西大街甲 158 号
邮　　编	100720
网　　址	http://www.csspw.cn
发 行 部	010 - 84083685
门 市 部	010 - 84029450
经　　销	新华书店及其他书店

印　　刷	北京明恒达印务有限公司
装　　订	廊坊市广阳区广增装订厂
版　　次	2022 年 12 月第 1 版
印　　次	2022 年 12 月第 1 次印刷

开　　本	710 × 1000　1/16
印　　张	17.5
插　　页	2
字　　数	238 千字
定　　价	96.00 元

总序 传播接受视域中的中国现代诗歌

王泽龙

在新文学经历了百年历程之后，系统考察中国现代诗歌的传播接受，是为了从新诗传播的历史语境与读者接受的视角，深入阐释中国诗歌现代缘起与变革，重现新诗经典建构过程中的历史图景，总结新诗变革的规律特征与经验教训，为当下诗歌理论建设与创作实践提供参照。

一 科学思潮传播与"五四"新诗变革的历史语境

清末民初现代科学思潮的传播与大众启蒙是中国新诗滥觞的重要语境，白话新诗运动在"五四"新文学运动中具有至关重要的意义。

中国诗歌的历史是古代中国文明历史的一个重要组成部分，史与诗是古代人文知识结构中最重要的内容。从《诗经》开始，中国诗歌几度辉煌。然而，在经历了唐宋诗歌诗体之变的探索与创新之后，中国诗歌再没有大的改观与新变，至清末民初，在外来科学与文化思潮的洪涛巨浪冲击中，中国诗歌显得更加衰弱萎靡，失去了中华帝国往日的精神气象，与 20 世纪初世界格局中的新思潮、新文化格格不入。20 世纪之初，一批留学海外的先进知识分子，强烈地感受到了中国古老文化的日趋没落，共同意识到只有传播西方现代文明的种子，才能改良中国文化的基因。经历过洋务运动、辛亥革命政治运动的社会变革与思考，一批精神界精英、思想家们更加坚定与更加深入广泛地开展了思想文化启蒙运动。他们把办报与倡导文学改良运动作为传播新思想、启蒙大众的双翼。梁启超从 1890 年第一次在上海看到介绍世界地理的《瀛寰志略》和上海机器局所翻译的西书后，就萌发了要创办白话报的初衷，先后在北京主笔《万国公报》与上海的《时务报》；百日维新失败后，流亡日本，创办《清议报》《新民丛报》；同时，借助白话报这一新的传媒发起了影响广大的文学改良运动。陈独秀 1903 年协助章士钊主编《国民日报》，1904 年在家乡芜湖创办《安徽俗话报》。1908 年开始，胡适参与、主编上海《竞业旬报》。白话报刊成了这两位新文学运动领袖在"五四"前大力传播启蒙思想与白话文的舞台。"五四"前这一代知识精英，大力借助现代报刊出版传媒，采用现代白话翻译外来科技、人文思想著作，广泛传播科学知识与现代文明。他们认识到要启蒙愚弱的国民，提高大众智慧，了解现代科技文明，必须让老百姓有文化，必须对古老的汉字进行改革。有学人声言："今日议时事者，非周礼复古，即西学更新。所说如异，所志则一，莫不以变通为怀，如官方兵法、农政、商务、制造、开矿、学校。余则以变通文字为最先。文字者，智器也，载古今言语心思者也。文字之易难，智愚蠢强弱之所由分也。"① 从世纪之初的白话文运动、国语运动到"五四"白话文运动，虽然文字改革策略不同，但是目标一致，就是要通过改革文字，实现文言合一，它们为"五四"白话新诗运动做了有力铺垫与思想准备。

清末民初的白话文运动、国语运动，包括诗界革命、文界革命，并没有完成语言的变革，因为当时仍然是文言、白话两套话语并行，

---

① 沈学：《盛世元音·原序》，见《盛世元音》，文字改革出版社 1956 年版，第 4 页。

知识分子也仍然在并用两套语言，文言分离问题没有解决，对传统文言文持保留立场。方言问题，白话文推广与运用得不到根本解决，中国语言与文学的现代转换不可能实现。"五四"文学革命的成功，最重要的就是公开坚持了白话文对文言文彻底革命的立场，主张了对文言文毫不含糊的取代。"五四"文学革命作为现代文学的标志，"五四"白话诗歌运动作为新诗的界碑，是众多因素影响的结果："五四"文学革命是一次有思想、有阵地、有组织、有纲领、有成果，通过广泛的传播，被大众较普遍接受，有广泛社会影响、被官方认可的自觉文学运动。

"五四"白话新诗运动与"五四"新文学运动相伴而生，白话新诗运动的成败是"五四"文学革命成败之关键。中国人的心目中只有诗歌是最纯粹的、最正宗的、最有成就的文学，也是不可以随便革命的。可以说，白话新诗运动是中国文学历史转变的一个界碑，它开启了中国文学一个崭新的历史时期，把中国诗歌带到了一个与 20 世纪西方现代诗歌一体化的新阶段，与中国新文化一道突破了传统文化的封闭与禁锢，开启了古老文明与西方现代文明全面汇通交流、共生发展的新时代。尽管我们的现代文明、现代文学与新诗还不尽如人意，但是我们的民族真正从"五四"开始新生，开始了人类共同追求的民主、自由、科学、平等的现代文明的崭新时代。20 世纪之交的科学、民主、革命、自由的社会思潮的传播接受都不同程度地成为了中国诗歌转型的历史语境。

清末民初西方科学技术的迅速传播与接受，促进了中国现代报刊出版的兴起与发展。从 1900 年到 1919 年，中国有 100 多种科学刊物创刊，包括物理、地理、数学、生物、气象、医学、农业、水利等，其中最有影响的中国科学社 1915 年创刊的《科学》月刊，全部采用横排书写，成为现代传播方式的一个重要标志。《新青年》1915 年创刊（原名《青年杂志》），1918 年 1 月第 4 卷第 1 号改版，全部采用白话与新式标点。中国古代传统的竖排书写形式已经不能适应西方科技知识（大量的科学公式拟定与演示必须横排书写）的传播，西方表音文字横排书写成为与科学技术传播、人们阅读生理条件更加适应的书写符号。接受外来科学思潮与外来诗歌翻译的影响，白话诗歌开始迎来采用横排书写的时代。

现代报刊的横排书写，直接改变了中国读者的阅读习惯，为白话自由体诗歌的倡导与推广创造了传播接受的便利条件。书写、阅读习惯的改变，直接影响了诗歌形式与观念，诗歌可以不必歌，主要依靠固化的韵律声音节奏的口头传播传统开始被打破，镜像阅读逐渐成为普遍形式，分行书写、自由排列、多元现代节奏等成为可能，给自由诗体的自由实践提供了平台。现代报刊的白话文字，自由多样、便于阅读的诗体形式，提供了现代诗歌走向社会与广大读者阅读的新途径，没有现代报刊的广泛传播，就不会有新诗广泛而迅速的传播与诗歌形式的现代转变。

二 现代汉语传播接受与"五四"现代诗歌形式建构

现代汉语诗歌的新构型是建立在现代汉语广泛传播接受基础之上的现代形式。现代汉语与"五四"新诗形式变革的关系主要体现在以下几个方面。

一是大量现代汉语词汇构成了新诗的语言基础。大量的现代汉语词汇来自外来科技与人文社会科学新词汇的翻译与借鉴。语言学家王力指出：我们的现代汉语词汇大量来源于对外来词汇的接受，"近百年来，从蒸汽机、电灯、无线电、火车、轮船到原子能、同位素等等，数以千计的新词新语进入了汉语的词汇。还有哲学、社会科学、自然科学各方面的名词术语，也是数以千计地丰富了汉语的词汇。总之，近百年来，特别是最近五十年来，汉语词汇发展的速度，超过了以前三千年的发展速度"。① 现代汉语词汇，其中包含了丰富的思想观念的内涵，这些词汇的现代性与精确性从根本上顺应了现代人、现代生活与现代思想情感交流、表现的需要。

二是新的语义关系（现代汉语语法或汉语组织结构）改变了汉语诗歌的思维方式。现代语言的传播与接受带来的是语言思维、语言内部关系的新变化。傅斯年认为：在白话新词的产生中，"不得不随西洋语言的习惯"，"直用西洋文的文法、词法、句法、章法、词枝……一切修词学上的方法"。② 现代汉语接受西方语言的影响，包括语法观念体系的影响，形成了文言一致与表意的完整与精密，改变了传统格律诗歌的文言分离，把古汉语超语法、超逻辑的功能转向了接受语义支配的表述功能，特别是虚词成分的激增，使得现代汉语具有了与讲究严密逻辑的西方语法相生相融的便利条件。

三是现代诗歌语言重新建构了新诗形式与新诗趣味。新诗的滥觞是与对西方诗歌的翻译借鉴直接联系的。朱自清认为，"新文学大部分是外国的影响，新诗自然也如此"。"新文学运动解放了我们的文字，译诗才能多给我们创造出新的意境来。"译诗不仅丰富了我们的语言，"它还可以给我们新的语感、新的诗体、新的句式、新的隐喻"。③ 在新诗发生期，新诗倡导者大都通过翻译自觉探索着新诗形式的建构。比如胡适自认为最满意的译诗《关不住了》，就是他对新诗自然口语节奏与新诗自由诗体的尝试。

现代汉语直接影响了汉语诗歌现代形式建构。比如人称代词在古代汉语格律诗中较少入诗，较多处在一种被省略或缺位的状态，或者以人物身份作为指代。受西方翻译诗歌与语法体系的影响，现代汉语

---

① 王力：《汉语浅谈》，见《王力文集》（第 3 卷），山东教育出版社 1985 年版，第 680 页。
② 傅斯年：《傅斯年全集》（第 1 卷），欧阳哲生主编，湖南教育出版社 2000 年版，第 132 页。
③ 朱自清：《译诗》，见朱乔森编《朱自清全集》（第 2 卷），江苏教育出版社 1988 年版，第 371—374 页。

人称代词大量入诗，带来了诗歌书写观念与表达方式的转变。第一人称代词大量入诗，体现的是诗歌主体意识的觉醒、人物身份确定与叙写视角的变化。第二人称代词大量入诗，体现的不仅仅是对话的叙事方式，也是平等立场、客观交流的现代价值观念反映。人称代词的大量交叉使用，既是叙事方式的转换，也是丰富复杂的现代世界与现代人思想表达的必然要求。受西方科学主义思潮传播影响，在逻辑化、理性化诗思方式与知性化表现诗潮影响下，现代汉语虚词大量入诗，成了中国诗歌现代形式变革的一个重要因素，现代汉语虚词的入诗扩充了汉语诗歌的句式，改变了汉语诗歌语义关系与诗歌内部结构，是构成诗歌现代节奏形态最活跃的因素，增强了诗歌叙事与知性表达的功能，丰富了诗歌的表现形态，把抒情表意的传统诗歌风格推进到了宏阔、深厚、复杂的现代审美境界，有效地促进了汉语诗歌语言的转化、诗体的解放、诗意的深化与审美的嬗变。

三 中外诗歌传统的接受与新诗变革

毫无疑问，我们的现代诗歌是自觉接受外来现代诗学观念、诗歌形式影响的结果。我们应该怎样评价"五四"以来新诗的欧化倾向？我们应该在历史语境中，发现、梳理现代诗人对外来文化与外来诗歌传统的取舍立场与探索实践；客观看待西方资源选择接受中的复杂性。从"五四"前的南社诗人开始，他们革新社会的态度受同盟会影响，政治上是激进的，但是对文学变革却持保守主义态度，像他们在上海成立国学保存会，出版《国粹学报》（陈去病主编）；柳亚子、苏曼殊等一批南社诗人用文言文翻译外国诗（胡适、郭沫若也曾尝试用文言文翻译过外国诗歌，但是无一成功）。"五四"期间白话新诗派诗人在翻译与创作中都走上了现代白话、自由体诗歌的散文化路子。他们从正反两方面启示我们，现代白话与自由诗体是与外来诗歌语言、诗体最兼容的选择。而这种接受选择中的中国文化、诗歌传统趣味，语言、节奏等传统形式都会不同程度地起作用，这都需要我们深入辨析。

西方诗歌的影响也不仅仅是艺术形式的。像郭沫若五四时期诗歌个性的张扬，飞扬凌厉的青春气息；徐志摩诗歌呈现的自由个性、真诚人格、潇洒的抒情风格，分明体现的是西方现代浪漫主义个性解放、主体精神高扬的反传统思想。如徐志摩《雪花的快乐》："假如我是一朵雪花，／翩翩的在半空里潇洒，／我一定认清我的方向——／飞飏，飞飏，飞飏——／这地面上有我的方向。／／不去那冷寞的幽谷，／不去那凄清的山麓，／也不上荒街去惆怅——／飞飏，飞飏，飞飏——／你看，我有我的方向！／／在半空里娟娟的飞舞，／认明了那清幽的住处，／等着她来花园里探望——／飞飏，飞飏，飞飏，——啊，她身上有朱砂梅的清香！／／那时我凭藉我的身轻，／盈盈的，沾住了她的衣襟，／贴近她柔波似的心胸——／消溶，消溶，消溶——／溶入了她柔波似的心胸！"这一首诗的现代品格，采用的虽然是传统的拟物抒情的方式，但是自主的个性，真诚的人格，对爱情理想的坚定向往与追求，这在古代诗歌含蓄委婉的文人抒情诗里是较少见到的。徐志摩代表的新格律派诗歌注重形式对称、韵律和谐的传统烙印，在这一首诗歌中有鲜明体现。外来现代诗歌影响与中国古代传统作用互相交织，是中国现代诗歌演变的主流。

像 30 年代以戴望舒为代表的现代派一方面接受西方现代主义诗歌的影响，同时他们对古代诗歌的优秀传统也用心吸纳。现代派诗人对传统的接受，主要继承了晚唐诗歌流派中的温李一派，它们都属于一种追求纯艺术的文学潮流，偏离"诗教"传统，社会担当意识削弱，文学功利性降低，主体性增强，注重表现丰富的"内宇宙"；他们一反"乐而不淫，哀而不伤"的中庸传统，在情感表现上具有情韵缠绵，感伤忧郁，纵情声色，颓然自放的特征。在意象使用上超越了感物吟志的比兴传统，以心灵主观化打破时空界限，诗意晦涩朦胧；诗歌语言典丽精工，雕琢煅炼，注重韵律、对仗和典事使用，具有改造传统，化古为新的形式美和音韵美。

三四十年代现代派诗歌中的另外一脉，以废名为代表的京派诗人（包括废名、林庚、朱英诞、南星等）一方面接受了西方现代知性诗学的影响（像朱英诞就明确表示，他的诗受到了艾略特的影响）；另一方面，他们诗歌中以议论为诗、诗思融合的知性特征，简练平实的语言，讲究用典，含蓄而晦涩风格等均有鲜明的宋诗传统的痕迹。当然，他们的出发点是与古为新，不是厚古薄今，是继承传统，别立新宗，对古代诗歌传统接受的辩证态度与现代立场是我们不应该忽视的。

新诗对外来诗歌的接受传播具有鲜明的阶段性特征。在新诗滥觞期，外来诗歌的翻译接受是为了突破古代诗歌僵化格律的限制，创造新生的语言词汇，对传统诗歌较多持有对立姿态，胡适倡导的话怎么说诗就怎么写，是为了建立一种白话的口语节奏，求得文言一致的目标，并不是要混淆诗歌与散文的界限。像周作人早期的白话诗集《过去的生命》，就是采用现代白话语言与口语自然节奏，有一些诗歌借鉴了西方现代主义诗歌散文化叙事结构，戏剧化手法，现代派的隐喻艺术（比如《小河》）探索新诗的道路。"五四"白话诗歌运动高潮过后，新诗初步得到了接受群体的认可，可是新诗的艺术规范并没有建立起来，诗人们便开始了重建新诗秩序的艺术化探索。以闻一多、徐志摩为代表的新格律诗体实践，把视野向外转向了英美近现代浪漫主义与古典主义诗歌的翻译借鉴，向内转向对传统诗歌的理性反观。同时期，以李金发、穆木天为代表的象征派诗歌，开始了对法国现代象征主义诗潮的引进与艺术模仿。30年代戴望舒代表的现代派，表现出对法国象征主义诗歌知性化现代传统与中国古代诗歌抒情传统的综合性融通与选择。40年代穆旦代表的现代主义诗潮，标举告别中国抒情传统，走向"象征、玄学、现实"，他们选择接受的主要是艾略特、叶芝、里尔克、燕卜逊、奥登为代表的现代主义诗学传统，但是，他们的创作中又无不含混地交织着古代诗歌精神与现代社会的民族情绪。外来诗歌的接受传播与现代中国诗歌艺术变革道路的探索，民族的现实国情与文化语境的紧密联系，外来诗歌接受传播的自主性、复杂性、含混性构成了中国现代诗歌接受传播语境的主导性历史态势。

在新诗外来诗歌的接受传播的影响研究中，我们有了许多可喜的成果，而中国古代诗歌优秀传统的接受传播与西方现代诗歌的会通是我们研究的薄弱环节，也是我们新诗传播接受研究新的生长点。

四　近现代学校教育与现代诗歌传播接受

清末民初，现代科学文化思潮的广泛传播，推进了中国现代学校教育的兴起与发展。基础教育主要是白话文的推广与普及教育。1903年，京师大学堂的一批学生上书北洋大臣："窃思国之强不强，视民之智不智；民之智不智，视教育之广不广。……如欲开民智以自强，非使人人能读书、人人能识字、人人能阅报章、人人能解诏书示谕不可。虽然时至今日，谈何容易，非有文言合一字母简便之法不可。彼欧美诸邦，所以致强之源，固非一端，而其文言合一，字母简便，实其本也。"① 当时基础学校教育为了推动白话文的传播，扩大教育启蒙的影响，借鉴西方与日本的乐歌教育，以白话歌谣对学生开展文化知识启蒙教育。早在 1898 年，康有为在《请开学校折》中就主张向西方与日本学习，废除科举，广开学校，培养人才，并提出了将乐歌课程纳入学校课程体系的建议。1891 年，在他开办的广州万木草堂，就开设了乐歌和体操等课程。梁启超指出，"盖欲改造国民之品质，则诗歌音乐为精神教育之一要件"②。梁启超认为，西方儿童教育得法在

---

① 何凤华等：《上直隶总督袁世凯书》，见《清末文字改革文集》，文字改革出版社 1958 年版，第 35 页。

② 梁启超：《饮冰室诗话》，人民文学出版社 1959 年版，第 58 页。

于其注重实物教育和按照儿童心智发展规律来展开教学，并强调诗歌音乐教育在儿童教育中的重要作用，歌谣音乐，"易于上口也；多为俗语，易于索解也"。① 在他主编的《新民丛报》上就刊载了他自己用白话作词的《爱国歌》《从军乐》《终业式》《黄帝歌》等（还刊登有黄遵宪的《出军歌》《军中歌》《旋军歌》等）。

中国古代素有诗教传统，诵读古诗是儿童启蒙教育的重要课程；古代把眼看的诗称为"徒诗"，用嘴唱的称"声诗"。清廷订立的《学堂章程》，到1904年小学普遍开始实施乐歌课堂教育（成为与物理、算数等同样的新式课程），学堂乐歌当时成为一种普及与时尚的活动。当时把这种有声音的乐歌也叫"新声诗"。不少文学改革者、倡导者都是学堂乐歌与新声诗的作者。在文学改良运动时期的黄遵宪就专门写有《小学校学生相和歌》；李叔同写有大量乐歌，像广为传唱的《送别》就是由他写词谱曲的。"五四"前后，大量的现代白话诗被谱曲成为广为传唱的乐歌，如刘半农的《教我如何不想她》、胡适的《上山》、刘大白的《卖布谣》等。

还有不少教育界人士专门写有大量的现代白话教育诗。像陶行知共创作白话教育诗700多首，不少诗歌被谱曲后在学校与社会广为流行。民国初年，出版媒介专门出版有乐歌专辑，代表性的有沈心工编辑的《学校唱歌三集》（商务印书馆1912年版），王德昌编辑的《中华唱歌集》（中华书局1912年版）。民国小学国文教科书中也选用有歌谣内容；官方还推荐出版有通用的乐歌教科书，像胡君复编辑的《共和国教科书新唱歌》（1—4册）（商务印书馆1914年版）。

如果说小学教育是白话诗歌教育启蒙与传播接受的基础，那么大学教育，则是现代诗歌启蒙教育与传播接受最活跃的成分。北京大学《新青年》《新潮》，清华大学《清华周刊》等，是"五四"新文化与

---

① 梁启超：《变法通议》，见《饮冰室合集》，中华书局1989年版，第45页。

新文学运动最为活跃的校园期刊。《新青年》作为倡导与推动"五四"文学运动与白话新诗运动最有力的前沿阵地，为学界所共知，《新潮》《清华周刊》作为"五四"文学革命运动与新诗运动的重要舞台，却较少被关注。美国学者维拉·施瓦支在《中国的启蒙运动——知识分子与五四遗产》一书中指出：新潮社及《新潮》是北大青年学生们共同觉醒下的产物，作为学生杂志的《新潮》，通过与老师辈创办的《新青年》进行代际间的合作，在文学革命尤其是语言革命中发挥了重要作用，加速了"五四"新文化运动的进程。① 黄日葵在《北京大学二十五周年纪念刊》中指出："《新潮》于思想改造、文学革命上，为《新青年》的助手，鼓吹不遗余力，到今这种运动已经普遍化了。"②

　　新诗倡导与推广是《新潮》最重要的内容之一。《新潮》杂志除第一期外，每一期都开辟有新诗专栏，主要人物都是活跃在"五四"诗坛的主将。包括胡适在《谈新诗》中评价的新潮社的几个主要新诗人：傅斯年、俞平伯、康白情，《新潮》诗歌作者还包括汪敬熙、傅斯年、杨振声、周作人、罗家伦、顾颉刚、叶绍钧、江绍源等。《新潮》第 1 卷第 5 号刊登有周作人以笔名仲密发表的两首新诗：《背枪的人》和《京奉车中》，周作人是最早尝试散文化自由诗体方向的现代诗人之一。《新潮》主帅俞平伯与康白情十分活跃。俞平伯发表于《新青年》的《白话诗底三大条件》和康白情发表于《少年中国》的《新诗底我见》，在当时诗坛上非常有分量，前者得到了胡适的认同，后者也被闻一多视为新诗的"金科玉律"之一。《新潮》在《新青年》的影响下诞生，它与《新青年》恰似一种结盟关系，二者不仅互相为对方刊登广告宣传，还在思想主张与新诗倡导方面彼此应和，为白话

----

① 〔美〕维拉·施瓦支：《中国的启蒙运动——知识分子与五四遗产·序言》，见《中国的启蒙运动——知识分子与五四遗产》，李国英等译，山西人民出版社 1989 年版。

② 张允侯、殷叙彝等编：《五四时期的社团》（二），生活·读书·新知三联书店 1979 年版，第 35 页。

诗浪潮推波助澜。正如《新潮》主将罗家伦所说："我们主张的轮廓，大致与《新青年》主张的范围，相差无几。其实我们天天与《新青年》主持者相接触，自然彼此间都有思想的交流和相互的影响。"① 查阅《新青年》的目录，可以看到俞平伯的诗作经常和胡适、刘半农、周作人等老师辈的诗作共同刊登在《新青年》"诗歌"栏目里。如1918年《新青年》第4卷第5号第一次出现了俞平伯的诗《春水》，并且这一期还有唐俟（即鲁迅）、胡适、刘半农的诗作；《新青年》第8卷第3号在"诗"栏目刊登了俞平伯的三首诗《题在绍兴柯岩照的照片》《绍兴西郭门的半夜》《送缉斋》，胡适的《〈尝试集〉集外诗五首》和周作人的《杂译诗二十三首》。1921年1月1日，俞平伯的两首诗《潮歌》《乐观》刊登于《新青年》第8卷第5号"诗歌"栏目上，同期还有胡适的三首诗《梦与诗》《礼》《十一月二十四日夜》。康白情、俞平伯作为《新潮》的代表诗人，不仅立足于自身的刊物《新潮》，还通过在当时社会的主流期刊上发表新诗创作与新诗理论文章，有力扩大了《新潮》的白话诗影响。事实上，《新潮》第1卷发行后，就受到了许多师生的欢迎，《新潮》作为传播"五四"新思想、新文学、新诗歌的期刊，每一期销量远远超过预期，在青年读者中产生了广泛影响，"顾客要买而不得的很多，屡次接到来信，要求重版"。②

　　另一本影响较大的大学生校园期刊《清华周刊》，1914年3月创刊，直到1937年5月结束。1914年，年仅15岁的闻一多担任《清华周刊》编委，随后又当选为总编辑，开始在周刊上发表诗作、评论文章。从创刊至1925年期间，闻一多在《清华周刊》及其副刊《文艺增刊》上共发表了25首新诗。1922年，"清华文学社"出版了闻一多的《冬夜评论》，闻一多差不多成了清华诗坛的新人领袖。《清华周刊》上发表新诗的主要成员有洪深、蔡正、陈达、汤用彤、李达、梁

---

① 罗家伦：《逝者如斯集》，传记文学出版社1981年版，第169—170页。
② 《启事》，《新潮》1919年第2卷第1号。

实秋、顾毓琇、朱湘、孙大雨、饶梦侃、陈铨、吴宓、杨世恩、罗念生、柳无忌等。《清华周刊》在"五四"前后的办刊倾向相对《新潮》较为激进的变革传统的姿态，显得较为理性平和，它既发表自由体白话新诗，也发表文言旧体诗，同时开展新旧诗歌的争论。对西化思潮的接受也较为中庸，创作上主张新创格律，艺术上倡导节制为美的原则，后来主要成员成为新月诗派的骨干。当时大学生期刊是学生社团活动的主要阵地，对新诗传播起到了有力的引领作用。

大学课堂新诗讲授在新诗教育传播与接受中的历史影响更是不可低估。废名 1936 年在北京大学开讲新诗，讲授内容包括胡适、沈尹默、刘半农、鲁迅、周作人、康白情、湖畔诗人、冰心、郭沫若的新诗，几乎涵盖了五四时期最有代表性的白话诗人及其诗集，抗战开始后中断。1939 年朱英诞被林庚、废名推荐到北京大学中文系任教后，1940 年至 1941 年接续废名讲授新诗，他讲授的诗人与诗歌群体有：刘大白、陆志韦、《雪潮》诗人群（包括俞平伯、朱自清、梁宗岱、徐玉诺等）、王独清、穆木天、李金发、冯至、沈从文、《新月》诗群（包括徐志摩、闻一多、朱湘、于赓虞、林徽因）、废名、戴望舒、何其芳、卞之琳、《现代》诗群的金克木、徐迟等。废名抗战胜利后回到北京大学，继续讲新诗，讲授内容包括卞之琳、林庚、朱英诞、废名自己的诗歌。废名与朱英诞的新诗讲义（陈均编订《新诗讲稿》，北京大学出版社 2008 年版），可以说是"五四"以来至 20 世纪 30 年代，中国现代诗歌经典诗人较为权威性的发现与甄选，形成了对中国现代文学史诗歌经典建构的基本叙述内容与呈现框架，与中华人民共和国成立后的文学史现代诗歌叙述比较对照，各种文学史的叙述大多只是表现为对上述诗人不同的取舍，以及价值评述的差异，废名、朱英诞的讲义基本确定了中国现代诗歌学术研究与经典传播的对象。

1937 年 8 月至 1939 年 8 月，英国诗人、著名的英美新批评派代表人物燕卜逊受邀到西南联合大学讲学，他对英美现代诗歌介绍与理论传播（包括他自己的创作），启发了以穆旦、袁可嘉、王佐良、赵瑞蕻、杨周翰、杜运燮等为代表的学生对英美现代主义诗歌的新认知，激发了他们现代主义新诗创作与理论探究的热情，叶芝、艾略特、奥登、霍甫金斯等成了爱好新诗创作学生们的偶像，一时间在西南联大英美现代主义诗歌与理论成为了时尚，西南联大校园诗歌与理论传播直接构成了影响40年代中国现代诗坛的一个新潮流，成为中国现代诗歌的一个新走向。

民国以来，现代学校教育制度的建立，白话文教育的推广，国语教材的改革，现代报刊在学校的创办，学生社团的勃兴，现代诗歌的课堂讲授，文学史教材的编撰等，为中国新诗的传播开辟了最广阔、最活跃的读者市场，学校教育是中国现代白话新诗传播接受最重要的途径，直接参与并深刻影响了中国诗歌的现代变革。

五　传播接受与中国现代诗歌经典建构

中国现代诗歌经典的建构是在中国现代诗歌的传播接受历史过程中形成的。经典是要经过文学历史的检验，被不同时代广大受众接受的文学遗留，文学经典需要历史的观照，需要经过不同时代接受主体的阐释、认同，在某种意义上经典是离不开读者参与的，经典是作者与接受者共同建构的。诗歌历史上有不少伟大诗人，在同时代没有被认可，是经过后人的发现与阐释被确认的。比如唐代山水诗人孟浩然，在他去世后100多年才被提及，开始引起文人关注；陶渊明经宋代苏轼的推崇才被彰显；杜甫也直到宋代才被尊崇为大诗人。

现代诗歌理论批评是一种重要的诗歌接受与传播活动，是对现代诗歌经典形成、历史建构的一种阐释与确认。其主要内容应该包括诗歌理论与批评（包括专家学者、诗人的评论与研究），包括历史上的诗歌选本（专家选本，比如朱自清编选的《新文学大系》、民间书商选本、诗人自选本、国文教材中的诗选等），包括不同时期文学史的叙述评价，还有序跋广告等副文本等，只有多视角的传播接受研究，才会形成对诗歌经典较为全面的认知。我们应该怎样把握上述不同层面的关系，研究主体价值观、考辨史料能力与历史意识将起到重要作用。比如我们对郭沫若《女神》经典性问题的阐释，首先应该在"五四"时代语境中、中国诗歌历史长河中这样一个时间空间交集的坐标上来讨论它。《女神》在中国诗歌历史演变中，以"天狗"般的自我高扬的现代主体精神，"凤凰涅槃"似的飞扬蹈厉姿态，浴火重生，冲破了传统思想与格律规范的禁锢，为中国诗歌思想解放与形式自由开辟了新境界、新天地，成为最能表现"五四"时代精神，最具现代审美气息的"五四"时代的镜像，闻一多称它是"五四""时代底一个肖子"。发表《凤凰涅槃》的《学灯》编辑宗白华称《凤凰涅槃》如惊雷闪电，"照亮了中国诗歌的天空"。当然，《女神》中的诗歌，有不少作品经过诗人多次修改，并且诗歌艺术水平参差不齐，需要我们在接受过程中细心辨析。其中，哪一些作品是经典，还需要我们继续探究，进一步接受后人的检验。经典的形成过程构成了经典作品的传播接受史。

传播接受会受时代语境的影响，经典阐释中常常会出现过度阐释或消解经典的倾向，经典建构的过程是历史再发现、再阐释，真正的经典是经得起历史检验的。我们今天的经典定位，是现代经典，不同于传统经典，我们不能简单用唐宋诗歌经典价值与趣味来检验现代诗歌经典。然而，我们共同面向的是文学经典，不能搬用政治学、社会学的价值观来判断诗歌经典，古今中外的诗歌艺术有着共同的基本美学元素。总之，历史视野、现代观念、审美价值是我们共同要坚守的现代经典研究的原则。

诗歌的传播与接受是以读者为本位的。传播是向读者传播，读者的接受影响传播主体。传播主体一是诗歌创作主体，二是评价或批评主体。诗歌创作主体往往通过诗歌自选、编辑、序跋、注解（创作谈）推介自己的作品。现代文学史早期，大量诗歌集的出版，都是由诗歌作者自己编辑、自费出版，或者由名家推荐出版。胡适的《尝试集》自己编辑，初版于1920年3月，至1922年10月出版的《尝试集》是经过作者增删过的第4版，初版本与第4次版本有了很大不同。第4版在第1版基础上新增加诗歌15首，删减诗歌22首，同时删减序言3篇（钱玄同序1篇，自序2篇），第4版保留第1版诗歌仅32首，增删篇幅比保留的还要大。从自选本的不同版本中，我们可以看到：作者思想与艺术探索变化的轨迹。《尝试集》增加的诗歌，是作者集中于民国九年、十年的创作，作品中增加了关注时事的诗篇（《平民学校校歌》《四烈士冢上的没字碑歌》《死者》《双十节的鬼歌》，另有4首写给亲友的诗）。这些诗歌更加注重自然音节与白话语言的探索，所删诗歌作者认为有较多旧诗词的气息，"是词曲的变相"①。他最满意的诗作集中在第二编，包括《鸽子》《老鸦》《老洛伯》《关不住了》《希望》《"应该"》《一颗星儿》《威权》《乐观》《上山》《一颗遭劫的星》等，几个版本都保留上述作品原样，未做修改，收集的主要是民国六年到民国八年的作品，在内容上具有新时代气息，艺术上作者认为是真正的"白话新诗"尝试。胡适在《再版自序》中说："我本来想让看戏的人自己去评判。……我自己觉得唱工做工都不佳的地方，他们偏要大声喝彩……我只怕那些乱喝彩的看官把我的坏处认做我的好处，拿去咀嚼仿做，那我就真贻害无穷。"② 胡适的《尝试集》自选本的变化与序言，包括自序（特别是再版自序）对接受者认识评价胡适的新诗实践与早期新诗观都具有较重要的作用。

作为《尝试集》副文本的钱玄同的《〈尝试集〉序》（初版本序，1918年1月），从文言一致的白话文学史的梳理辨析中，以评论者的

---

① 胡适：《尝试集·再版自序》，《尝试集》，人民文学出版社1984年版，第193页。

② 胡适：《尝试集·再版自序》，《尝试集》，人民文学出版社1984年版，第193页。

身份、新文学同路人有力声援了《尝试集》的传播，旗帜鲜明地指出：我们现在作白话的文学，应该自由使用现代的白话，自由发表我们自己的思想和情感，这才是现代的白话文学，——才是我们所要提倡的"新文学"。① 可以说，这是五四文学革命时期最切近新文学或现代白话文学的定义，从思想观念上为《尝试集》的传播与现代诗歌经典阐释做了铺垫。以接受主体身份编选的权威诗歌选本，经过历时性的读者检验，对经典的形成会产生较重要的影响。比如 1935 年由上海良友图书印刷公司出版的《新文学大系》（赵家璧主编），其中由朱自清编辑的诗集卷对中国现代文学史与现代诗歌经典建构可谓影响深远。朱自清对新诗第一个十年主要诗人诗选与评述（导言），对自由诗派、格律诗派、象征诗派的分类，几乎影响了从王瑶的《中国新文学史稿》到钱理群等的《中国现代文学三十年》的写作。文学史的传播对诗人形象的建构与新诗经典的形成具有重要的作用。民国时期文学史对新诗的评介极为简略，对现代诗歌的历史性描述的系统框架是从王瑶的《中国新文学史稿》开始建立的，后来的文学史有了不同程度的观念性变化，对诗人经典性选择与意义定位也有不同。在王瑶的文学史中，40 年代穆旦代表的西南联大诗群就是缺席的，对 30 年代现代派诗人的评介也是非常单薄的。后来文学史接受了 80 年代以来学术研究成果的影响，补充、丰富了现代主义诗歌在文学史中的评述，提升了现代主义诗歌的地位，而对某一些艺术性缺失的诗人评价有了改写。特别是官方性文学史或权威性文学史的写作，在现代文学经典的传播中对读者的接受有较重要的影响。

　　总之，现代传播接受从多元通道开启了中国诗歌的现代转型，决定了现代诗歌嬗变的路向，成为建构中国现代诗学品格、形成现代诗歌丰富形态的重要动因与思想资源，为我们深入研究现代诗歌提供了

---

① 胡适：《尝试集》，人民文学出版社 1984 年版，第 131 页。

广阔空间与新的生长点。

"中国新诗传播接受文献集成、研究及数据库建设（1917—1949）"是由我主持的国家社科基金重大项目。项目由五个子项目组成：一是现代汉语传播接受与中国现代诗歌形式变革；二是外来诗歌翻译传播与中国现代诗歌；三是现代报刊出版传播与中国现代诗歌；四是现代诗歌理论批评与中国现代诗歌传播接受；五是现代学校教育与中国现代诗歌传播接受。整个项目由华中师范大学诗歌研究中心、北京大学诗歌研究院、首都师范大学诗歌中心有关专家分别带领子项目团队共同实施。主要成果将陆续按专题结集出版，相关数据库平台建成后陆续向社会开放。我们殷切期待广大读者的建议与批评。

2021 年 4 月 18 日于武昌桂子山

目　录

绪论 问题的提出与研究视角的引入

从五四起步的中国新诗走过了百年的历史，有很多需要反思和正视的问题。民间话语是我们今天重新审视中国文学现代性问题的一个重要视角。长期以来，民间及其话语系统一直是一个被压抑、被遮蔽的存在，没有得到应有的重视。通过对民间话语与中国新诗研究现状的梳理和分析，我们认为：从民间话语的角度来对中国新诗及其现代性问题作重新的研究和把握，并由此来探究和思考中国新诗的传播和接受等相关问题，应该说是有重要意义和价值的。

第一节 问题的提出

晚清至五四，是中国社会重要的转捩点。延续了两千多年的封建传统，在这个时期开始分崩离析，而逐步散落于民间；而受西方近现代社会思潮的影响，现代性开始落地生根，不断发展壮大，波及整个20世纪以至当下。21世纪的今天，虽然中国社会已迈入"全球化""互联网＋""人工智能"的全新时代，但我们政治、经济、思想、文化层面的很多命题，仍需要追溯至百年前的五四，甚至更早的晚清。因为，这一时期的中国社会，正好处于从传统到现代急遽的转型中，"新"与"旧"、"激进"与"保守"、"东方"与"西方"、"传统"

与"现代"、"乡村"与"都市"、"个人"与"社会"等发生着激烈的冲突和碰撞，这些矛盾相互牵制、撕扯、缠绕，熔铸而成为现代中国社会最重要的一座思想文化宝库。

这里所说的五四，是更宽泛的文化意义上的五四，即五四新文化运动。她受孕于晚清以来梁启超、严复、章太炎等的近代思想启蒙，肇始于 1915 年《青年杂志》（后更名《新青年》，主编陈独秀）的创刊。五四在时间上，可能持续不到十年，但其影响却深远至百年后的今天。在这场以价值翻转、个性自觉为特色的思想文化运动中，"民主"（Democracy，时称"德先生"）、"科学"（Science，时称"赛先生"）、"自由"（Freedom）、"平等"（Equality）、"独立"（Independence）等为代表的现代理念，开始迅速取代支配了中国近两千年的以"仁""义""礼""智""信"为核心的传统儒家文化。正因为如此，学术界在界定"五四"在中国现代思想文化史的地位时，有人将之视为中国的"文艺复兴"，亦有人将之定位为中国的"思想启蒙"。① 也许，更多的是两者兼而有之。不管是"文艺复兴"，还是"思想启蒙"，两者都充分强调了五四在"传统"与"现代"之间鲜明的价值取向：对"传统"的全面否定和大胆批判，对"现代"的无限想象和不断追求。正是在这个意义上，1980 年代以来，港台、海外的一部分学者开始围绕五四的"反传统"问题大作文章，先后作出了五四"文化激进主义""全盘性反传统""民族文化灾难"等否定和质疑五四的论断。② 无疑，这些言论，无论是在思想观念上，还是在方法逻辑上，都对我们以五四为基点的中国现当代文学研究产生了巨大的冲击和深远的影响。

---

① 前者以蔡元培、蒋梦麟、胡适等为代表，后者以李长之等为代表。相关论述详见周策纵《五四运动：现代中国的思想革命》，江苏人民出版社 2005 年版，第 341—345 页。

② 主要包括：林毓生的"激烈反传统主义"，杜维明将五四与义和团相提并论，宫崎市定的五四开了"文化大革命"的先河，唐德刚认为五四乃"感情用事"等较为偏颇的说法。

对此，三十多年前，王元化、耿云志、王瑶等学者曾作过有力的回应。他们在积极为五四"反传统"做辩护的同时，还更进一步强调了五四的"现代性"。① 三十多年后的今天，我们身处的社会文化语境更为复杂：一方面，在"全球化""互联网"的大背景下，"本土化"似乎正走向消亡，但与此相悖的是，世界范围内的"地域性""民族性""种族性"的矛盾和冲突却日显激烈；另一方面，在"中华民族伟大复兴""中国梦""中国故事""中国道路""中国特色社会主义新时代"的主流话语导向下，各种所谓的"国学"、旁门左道的"传统文化"也借势回归，干扰着我们的视听。另外，在"消费至上""娱乐至死"的消费文化语境下，价值模糊、立场摇摆、信仰坍塌的现象大量存在。如此种种，百年来中国社会所建构的新文化、新思想，却似乎难以像我们的前辈那样对这一切作出有力而积极的回应。而正是在这样的语境下，以王德威、顾彬为代表的海外汉学，却凭借全新的学术观念和独到的分析论证，在新一轮的消解五四和"现代性"质疑的学术浪潮中②，赢得了万千拥趸，让我们不得不注意和反思。

今天我们研究中国新诗，必须在这样的思想学术背景下，一一正视和回应如下的问题：我们该如何看待晚清至五四中国思想文化的现代转型，如何看待五四前后中国新诗在否定传统中发生，又如何看待中国新诗的现代性与民族性，以及如何看待中国新诗在 20 世纪上半叶的传播和接受问题等。

---

① 详见王元化《论传统与反传统——为五四精神一辩》，最初发表在 1988 年 11 月 28 日《人民日报》上，有删改，全文见王元化《传统与反传统》，上海文艺出版社 1990 年版，第 5—31 页；耿云志《五四新文化运动再认识》，载《中国社会科学》1989 年第 3 期。王瑶《在东西古今的碰撞中——对五四新文学的文化反思·序》，中国城市经济社会出版社 1989 年版。

② 王德威在《被压抑的现代性》一书的前言中，提出了"没有晚清，何来五四？"的著名论断（见《被压抑的现代性——晚清小说新论》，北京大学出版社 2005 年版）；德国汉学家顾彬"现代中国文学和时代经常是紧密相联的特性和世界文学的观念相左，因为后者意味着一种超越时代和民族，所有人都能理解和对所有人都有效的文学"的观点（见顾彬《20 世纪中国文学史》，范劲等译，华东师范大学出版社 2008 年版，第 7 页）等，都值得我们去注意。

我们仍然是上溯，回到百年中国新诗的历史现场。其实，历史的原生态是多声部的，可谓"盘根错节""众语喧哗"，跟我们相对单一的文学史描述相比要复杂得多。按照克罗齐"一切历史都是当代史"①的说法，我们的文学史描述总是主观的、指向当下的，总是以有利于我们自己的言说方式来进行的。这就决定了我们的历史书写和话语表达总存在遮蔽、压抑和误读的成分。因此，我们有必要从芜杂的史料文献中，发现一些为我们所忽略、遮蔽和压抑的历史细节，并找到一个合适的研究角度，来作重新的梳理和研究，而避免作简单的价值判断和草率的伦理分析，借此来达到对中国新诗的更进一步认识。

本著就是基于以上的思考和问题而展开的。希望通过"民间"话语，这样一个长期被文学史遮蔽、压抑和误读的视角，来重新梳理20世纪上半叶在中国社会转型的大背景下中国新诗如何发生、怎样发展的，重点分析和阐释民间话语与中国新诗的现代性等，并透过这些来探究和思考中国新诗的传播与接受状况及存在的问题。

第二节　研究视角的引入

中国新文学是在接受西方文艺复兴以来启蒙文化思潮的影响下发生、在外国现代文艺思潮的引导下发展起来的，这已为学界所公认。"走向世界""影响的焦虑""现代性的追求"是20世纪中国文学的重要主题。具体到诗歌而言，就有"新诗，实际上就是中文写的外国诗"②"新诗乃横的移植，而非纵的继承"③这样的一些说法。虽略显

---

① ［意］贝奈戴托·克罗齐：《历史学的理论和实际》，［英］道格拉斯·安斯利英、傅任敢译，商务印书馆1982年版，第2页。

② 梁实秋：《新诗的格调及其他》，载1931年1月20日《诗刊》创刊号。

③ 1956年1月，纪弦在台北发起成立"现代诗社"，承续1930年代以戴望舒为代表的"现代派"诗歌的基本精神。同年2月的《现代诗》第13期上刊登了纪弦拟定的"现代派六大信条"，明确提出了"新诗乃横的移植，而非纵的继承"的诗学主张。

偏激，但也说到点子上了。对此，有学者曾表达过疑虑："'西方的冲击'概念可能会导致对传统文化的复杂性和发展动力估计不足。强调外部影响，容易产生忽视中国传统内涵的危险。"① 1980 年代，瑞典汉学家马悦然曾表达过类似的意思："我很不喜欢'中国文学走向世界'这句口号中的'走向'一词，那意味着失去宝贵的'自我'，我看中国文学只有'面向'就可以了，脚还是'站'在中国土地上好。"② 在这里，我们就有必要想一想，"中国新诗"难道就真的是个不肖子？就真能自己咬断与母体的脐带而与之完全决裂？如果我们回到历史的"现场"，我们会发现中国新诗即使是个不肖子，但这个不肖子内心也是复杂的，虽然喝着"洋奶"长大，但他血脉里流淌的却是中国古典诗歌传统这一文化母体遗传给他的血液，有着对于传统文化精魂的汲取和赓续。他时常眷恋着母体，时刻回视着传统。但这个传统又不完全是以儒家学说为主流的传统经典文化，有很大一部分是散落在社会文化底层、植根于乡野的"民间"文化。

在人类文化学研究领域，有"文化"传统的大、小之分，"大传统薪火相传地承传于经院之中；小传统则自在自为地存在于非书写文化的村社生活之中"。③ 这种关于文化大、小传统的理论完全可以移植到中国文化传统的分析上来。依此，我们可以将"儒家传统""文人传统"视为"大传统"，而将"民间传统""白话传统"视为"小传统"。有了这么一个理论预设，我们就可以借用"民间"话语视角来研究中国新诗。其实，"民间"完全可以成为研究弥合"传统"与"现代"裂隙的纽带和桥梁。有了这样一个新的研究视角，我们就可

---

① ［美］张灏：《梁启超与中国思想的过渡·前言》，崔志海、葛夫平译，江苏人民出版社1995 年版。

② 转引自冯国晨《焦灼的期待：中国诗歌再创辉煌——中西诗歌对照谈之一》，《当代文坛》1997 年第 4 期。

③ Robert Redfield, *Peasant Society and Culture*, Chicago：University of Chicago Press，1956，p. 70.

以顺理成章地进入中国新诗发生、发展、演变的历史场域中去作一番全新的梳理和研究。

在五四新文学的倡导期，在"重新估定一切价值"的思想革命语境下，新文学建构资源除了以"德先生""赛先生"为核心的西方话语，还有来自本土文化、与"传统"相对立的"民间"话语资源。当初，胡适、周作人、刘半农甚至鲁迅等五四新文学的缔造者，为了推倒、颠覆中国文学的古典传统、文人传统，建构全新的、现代的文学秩序和规范，都十分重视对民间的、新鲜活泼的白话口语和自由自在的创造精神的内在接受。相对于中国新文学的其他文类（小说、散文、戏剧）而言，新诗在"民间"资源的接受和利用上表现得更为突出和明显。在五四白话新诗的发生期，就有"文学革命当从'民间文学'入手"①的提议。"民间"因其"真实""自然""通俗""具体"等审美特质，而与旧诗的"雕琢""矫饰""僵化""教条"等形成了鲜明的对比。因而，民间话语在五四新文学的"断裂"策略和"反传统"路径中发挥了重要的作用。但同时，我们也要认识到："民间"源于我们的文化传统，它在某种程度上又十分有效地缝合、修复着激进的文学革命所造成的新诗与古典诗歌传统的断裂，顺利地完成了中国诗歌从传统到现代的过渡，初步形成了中国新诗以"白话—自由—现代"为特征的五四传统，并在其时的社会语境中得到广泛传播。

此后，胡适、刘半农、周氏兄弟、顾颉刚等新文学主将还进一步将对"民间"话语的探索推向深入，先后倡导了"歌谣运动""国语运动""乡土书写""民俗研究"等，他们寄希望于能从这些本土的民间文化实践中寻得新诗、新文学建构的宝贵思想文化资源。1924—1927年"大革命"以后，社会革命、阶级矛盾、民族救亡、政治斗争

①　梅光迪1916年3月19日致胡适的信。见罗岗、陈春艳编《梅光迪文录》，辽宁教育出版社2001年版，第162页。

等先后成为时代的主题，民间话语的内涵和指向也随之发生改变，这种变化也深刻体现在相应的新诗创作中。我们从早期普罗诗歌、左翼诗歌、抗战诗歌、延安诗歌中都可以看出民间话语的意涵变化，即从思想文化领域向社会革命领域偏移，更多呈现的是政治的意义和现实的功能。民间话语与中国新诗的现代性问题，的确是一个值得我们去全面考察和深入研究的学术课题。

长期以来，在中国新诗的创作、批评和研究领域，我们都过于偏重对西方诗学话语——尤其是现代主义诗学——的推崇和借鉴。其中，中国现代主义诗歌研究，可以说是近三十年来新诗研究者用力最多、研究成果也最蔚为壮观的研究领域。学界有从现代性出发，将西方现代主义诗学的影响作为中国新诗发展的主线，将现代主义诗歌视为中国新诗创作的最高成绩来看待的。相对而言，学界对中国新诗的"民间"话语的关注和研究则明显不足，即使有所论及，也大多囊括、统摄在过去的现实主义话语之下，缺乏系统的梳理和独立的阐释。1936年，胡适在对新诗所作的总结分析时感言，"似乎是太偏重了前者，而太忽略了后者"。① 80多年后的今天，这种状况似乎仍然没有得到多大改观。当然，我们不应该看低西方诗学的这条主线，但一味强调和过于凸显这条线索，按照福柯的"话语—权力"理论②，就是对新诗历史真实的另一种遮蔽。

鉴于此，我们有必要去关注中国新诗中的"民间"问题。其原因如下：

1. 中国新诗研究者受传统文学观念和"现代性"思维方式的影

---

① 胡适：《〈歌谣〉复刊词》，载1936年4月4日《〈歌谣〉周刊》第2卷第1期。

② 在福柯看来，"权力，不是什么制度，不是什么结构，不是一些拥有权力的势力，而是人们赋予某一个社会中的复杂的战略形势的名称"（福柯《求知之志》，见杜小真编选《福柯集》，上海远东出版社1998年版，第346页）。但它却隐而不显，却无处不在。它没有母体，没有中心，充塞于社会的各个层面，各个角落，并且在不断地分化组合，"深深地、巧妙地渗透在整个社会的网络之中"（福柯《知识分子与权力》，见杜小真编选《福柯集》，第206页）。福柯认为，正是这样的话语实践构成了人类的历史与文化。

响，对"民间"的现代意义与价值认识不够。民间毕竟来自下层，来自乡野，从属于传统意义的"俗文学"范畴。在中国文学传统"雅"与"俗"的较量中，自然处于下风。而一般意义上的五四新文学传统，是以现代知识分子的精英意识为主导，以中国文学的现代性追求为指向，以现代民族国家想象与建构为最终目的。中国新诗的"民间"话语资源，因地位"低"、品味"俗"、形式"简"、意味"淡"，而与中国新诗的"启蒙"现代性与"审美"现代性追求存在相当大的差距。因而，新诗的"民间"意义，在有意无意之中，可能就一不小心地被忽略，也可能有意地被误读。在20世纪中国文学的研究视域内，"民间"要么被弃置在"通俗文学"之中，为正统的中国现代文学研究者所鄙夷；要么被淹没在中国文学"革命化""大众化""民族化"的政治旋流中，而失去了"民间"独立的价值和意义。相对于新诗大胆而有效地、自始至终地借鉴和利用西方话语资源并在创作上大显身手而言，新诗创作中的"民间"价值取向却显得顾虑重重，它时隐时显、时断时续，饱受诟病和争议。正因为如此，中国新诗的"民间"取向在实际创作中存在严重的不足，成绩也不明显。即使像胡适这样敢于尝试的诗人，对此也只能是"提倡有心"，而"创作无力"①。这种状况也就无法为新诗的"民间"话语资源理论提供强有力的创作支持。

2. "民间"是一个模糊的、笼统的、流动的、开放的、包容的、流动的概念。其所指具有不确定性，尤其是在20世纪上半叶中国历史发展的不同时期，有着不同的表现形态。"民间"一词的重心在"民"，而"民"在不同的社会文化语境下，常常与"国民""平民""民众""大众""老百姓""工农兵""人民"等概念混同，很难清晰地区分开来，需要我们结合具体的社会历史文化语境——予以考察分析。这就给新诗

---

① 胡适：《中国文艺复兴运动》，为1958年5月4日在台北中国文艺协会八周年纪念会上的演说词。见姜义华主编《胡适学术文集·新文学运动》，中华书局1993年版，第295页。

的"民间"话语资源研究带来了前所未有的学术难度。

同时，因为"民间"概念的模糊性与所指的不确定性，在理论上就给"民间"话语带来了巨大的言说与阐释空间。政治的、思想的、文化的、文艺的，民族的、民粹的、民主的、民俗的等，均可以在"民间"那里找到各自的话语资源。五四时期的"民主""自由"观念，以及"人"的话题、北京大学的征集歌谣运动及其后的民俗文化实践、五四乡土小说的"国民性"批判思想、1920年代"到民间去"运动的民粹主义倾向、1930年代的"文艺大众化"讨论、抗战时期文艺的通俗化实践、延安时期毛泽东所倡导的"中国作风与中国气派"等，几乎都与"民间"话语有关。

3. 对近年来"民间"理论热与"民间"文化热的审视与反思。1990年代，上海学者陈思和在探讨"重写文学史"和进行中国现代知识分子考察时，创造性地将"民间"引入当代文学批评和抗战以来的中国文学史研究领域，提出了知识分子的"民间写作立场"与"民间精神价值取向"等概念。陈思和及其"民间"理念，的确有其巨大的文学阐释空间，在陈思和本人及其追随者的不断阐释和演绎之下，"民间"的思想意义及学术价值得到极大拓展，并很快成为当代文学批评乃至整个当代文化研究中最炙手可热的理论和"关键词"①。"民间"仿佛一夜之间从一只人人鄙夷的"丑小鸭"，而成为万人拥趸的"白天鹅"，进入社会公共生活的各个层面，被频频挂在口边，见之于各大报刊媒体。诸如，"民间渠道""民间文化""民间传统""民间话语""民间记忆""民间写作""民间影像""民间情怀""民间立场""民间意识""民间精神""民间形态"等。几乎什么都能与"民间"交叉匹配，构成所谓的"民间"话语。

更值得玩味的是，在当下中国，仿佛任何事物或现象只要与"民

---

① ［英］雷蒙·威廉斯：《关键词：文化与社会的词汇》，刘建基译，生活·读书·新知三联书店2005年版。

间"一挂钩,就能成为"热点"、"焦点"乃至"经典"。1990 年代末诗坛扰攘吵闹的"民间"写作,学术大咖领衔的"民间"国学热、全国上下尤其是民间文化人士热衷的"非物质文化遗产"热,各报刊媒体推出的"民间影像""民间记忆""民间书写"等。在现代传媒与学术批评的双重演绎和鼓噪下,"民间",俨然已成为一个颠扑不破的文化"真理"和学术"神话",严重地影响着我们的视听,干扰了人们的判断。这就需要我们去考察、去审视,但更需要我们去甄别、去辨析、去反思。我们既要为"民间"祛魅,同时又要为"民间"招魂。①

基于以上的种种原因,本著从"民间"话语的历史考察与知识辨析入手,充分认识"民间"话语在 20 世纪中国文学阐释中的有效性和复杂性。在此基础上,选取五四左翼、抗战等中国社会从传统到现代转型的重要节点为论域,通过沉入五四以来的现代历史文化语境,重新梳理中国新诗的发展脉络,重点分析民间话语在中国新诗的现代性发生、本土性建构和社会革命转型中的存在意义和历史作用,并结合五四及其后中国新诗在传播发展过程中所表现出来的种种问题和症候,来展开对"民间"话语的现代考量和学理反思,以此来认识多重话语交织下的中国新诗乃至整个中国现代文学的复杂性。

第三节　研究的现状

中国新诗自晚清至五四发生始,就一直处在中与西、传统与现代、本土与西方的冲突与纠缠之中。这些冲突与纠缠所形成的"张力",就是中国新诗现代性的特质和魅力所在。它不仅左右着中国新诗的发展,也贯穿于整个现代中国文学发展的每一个重要阶段。我们对中国

---

① 刘继林:《民间话语:伴随新诗的成长岁月》,《光明日报》2013 年 4 月 30 日。

新诗现代性问题的研究与思考，就是要在这种多元而复杂的文化语境中展开，从中形成自己的研究思路和阐释逻辑。一般来讲，中国新诗的话语资源，无非是来自异域的"西方"和源于本土的"中国"。再细化一下，也就是"西方的现代性话语"、"中国的古典诗歌传统"以及"中国的民间话语资源"三个方面。

目前，学界对中国新诗与西方话语资源关系的研究，用力颇多，成果也最为丰富。① 对中国新诗与中国古典诗歌传统关系的系统研究，就相对不足。② 对新诗与中国民间话语资源的关注，则显得更少。从笔者搜集和掌握的资料来看，现有的与本论题相关的学术研究集中于：

（1）中国民间文艺学（民俗学）研究领域内，主要是对中国现代民间文艺学发展史的学术梳理，尤其是对五四前后兴起的歌谣运动的历史描述等；

（2）中国思想文化史研究领域内，主要是对晚清至五四时期中国下层社会启蒙运动的研究、对五四至抗战期间中国现代知识分子与民间文学运动关系的探讨等；

（3）在中国现代文学研究领域，主要是较为普泛的中国现代文学、现代作家与民间文化之间的关系研究，或者是某种较为逼仄的"民间"理念指导下的中国现代文学研究。

具体说来：

1. 中国现代民间文艺学（民俗学）研究领域

中国现代民间文学史论。作为"中国现代民俗学之父"，钟敬文

---

① 代表性著作有：王泽龙的《中国现代主义诗潮论》（华中师范大学出版社1995年版）、王毅的《中国现代主义诗歌史论》（西南师范大学出版社1998年版）、孙玉石的《中国现代主义诗潮史论》（北京大学出版社1999年版）、罗振亚的《中国现代主义诗歌史论》（社会科学文献出版社2002年版）、陈太胜的《象征主义与中国现代诗学》（北京大学出版社2005年版）、刘士杰的《现代主义诗歌在中国的命运》（社会科学文献出版社2009年版）等。

② 代表性著作有：李怡的《中国现代诗歌与古典诗歌传统》（修订版）（北京大学出版社2008年版）、赵黎明的《古典诗学资源与中国新诗理论建构》（人民出版社2015年版）等。

先生在《民间文艺学及其历史——钟敬文自选集》（山东教育出版社1998年版）①等著述中，以中国现代民间文学运动的参与者和见证人的身份，描述了晚清至五四中国资产阶级改良派、革命派和五四的现代知识分子，在西方人类学、文化学、民俗学的影响下所形成的现代民间文艺观，以及所倡导和开展的现代民间文艺实践。最为重要的是，钟敬文先生将五四前后兴起的民间歌谣学运动视为五四新文化运动的重要组成部分，并将之与五四新文学有机地联系起来。王文宝的《中国民俗学论文选》（中国民间文艺出版社1986年版）、《中国民俗学史》（巴蜀书社1995年版）等著作，也为本文的跨学科研究提供了比较珍贵的民间文艺学资料和比较清晰的民间文学史线索。刘颖的《中国文学现代转型的民俗学语境》（安徽人民出版社2007年版）为我们还原、营构出一幕幕中国文学从传统走向现代的民俗文化生态语境。刘锡诚的《20世纪中国民间文学学术史》（河南大学出版社2006年版）洋洋洒洒近百万言，从学术史的角度，详细地论述了整个20世纪中国民间文艺学的发展及学术研究的状况，书中关于中国现代作家、学者的民间文艺学研究对我们有一定的参考意义。

民间文学与作家文学的关系。美国学者M. E.布朗在《民间文学与作家文学》一文中认为民间文学的风格和技巧、形式和结构、语境和历史背景等是作家文学可利用的资源②。近年来，中国现代民间文艺学研究领域也充分注意到这一点，均将视角转向了中国现代民间文学与中国现代作家的关系研究。高有鹏的《中国现代民间文学史论》（河南大学出版社2004年版）、陈泳超的《中国民间文学研究的现代轨辙》（北京大学出版社2005年版）、刘锡诚的《20世纪中国民间文

---

① 该著主要收录有：《中国民间文艺学的形成与发展》、《晚清时期民间文艺学史初探》、《晚清改良派学者的民间文学见解》、《晚清革命派作家对民间文学的运用》、《"五四"前后的歌谣学运动》、《"五四"时期口承文艺的发掘》等多篇描述中国现代民间文艺学史的学术论文。

② 该文收入李扬编《作家文学与民间文学》，青岛海洋大学出版社2004年版。

学学术史》（河南大学出版社 2006 年版）等著作，均将胡适、周作人、刘半农、朱自清、郑振铎、闻一多、鲁迅、茅盾等著名的中国现代文学作家作为对象，重点阐释了他们的民间文艺观及民间文学研究，强调了他们的民间文学实践与现代文学创作之间的交融与互动关系。另外，黄永林的《20 世纪中国大众文学的现代转型及其品格》（珠海出版社 2003 年版）、《大众视野与民间立场》（新华出版社 2005 年版）等著作，围绕民间文学与作家文学的互渗、精英文学与通俗文学的互动、20 世纪中国文学对民间价值的发现与运动等问题展开论述。另外，李小玲的《胡适与中国现代民俗学》（学苑出版社 2007 年版）、常峻的《周作人文学思想及创作的民俗文化视野》（上海书店出版社 2009 年版），分别以胡适、周作人等现代重要作家为个案，系统而深入地论述了他们的民俗文化观以及他们的现代民俗学研究情况，并强调了民俗学在他们的文学思想建构过程中的意义和作用。总之，上述著作对于我们更好地把握 20 世纪民间文学与作家文学的关系有重大的参考价值。

五四"歌谣"研究。阿兰·鲍尔德的《民谣》（昆仑出版社 1993 年版）是一本研究西方"民谣"理论的小册子，主要介绍了德国人赫尔德、格林兄弟，英国人夏普、布朗森，以及美国人蔡尔德等的"民谣"理论，谈及民谣的民众性、民族性、口头性、音乐性、自由想象性和非道德化倾向等特征，还结合柯勒律治、华兹华斯、济慈、叶芝、庞德等分析了民谣对诗歌创作的影响。吕肖奂的《中国古代民谣研究》（巴蜀书社 2006 年版），虽说研究的主要是中国古代民谣，但其中的第三章"民谣的文学意义——作为民间文学的民谣"、第四章"民谣与文人谣"，谈到了民谣的风格、艺术形式、语言价值及对文人创作的影响等。这些有关的民谣研究著作，对我们认识和思考民间歌谣运动与中国新诗的现代性问题是有启发意义的。

1918 年，北京大学开始的以《〈歌谣〉周刊》为中心的五四"歌谣"运动,作为中国现代民间文学运动的起点,受到了中国现代民间文学研究界的相当注意。很多参与其中的民间文学学者都有一些关于"歌谣"运动的回忆性、描述性和纪念性的文字,① 这些都成为我们今天进行五四歌谣研究的重要文献。近年来,值得一提的是,徐新建先生的《民歌与国学——民国早期"歌谣运动"的回顾与思考》(巴蜀书社 2006 年版)一书,该著通过对民国"歌谣运动"的回顾,其描述和分析涉及民国时期从学界到官方、从精英到民众以及从知识到实践等各个层面的社会状况。该著将研究的焦点对准发起、参与和组织这场运动的"新知识界",重点考察他们如何处理"民"与"国"、"歌"与"学"的问题,即如何在"官方"与"民众"之间寻得某种平衡,又如何将这场"歌谣"运动融入"国家""学术"中。其鲜明的问题意识和深入的学理思考,突破了过去平面化的歌谣描述,而将之带入一个更学术化的思想研究层面。另外还有张弛博士的《传统与现代的激荡:报刊中的"歌谣运动"研究》(社会科学文献出版社 2016 年版),从报刊和传播角度,对"歌谣运动"进行了实证性解读。

2. 中国现代思想文化史研究领域

晚清至五四,是中国社会急遽转型和剧烈变动的非常时期,社会文化语境异常复杂。作为中国社会底层的"民间"文化及其话语言说,在促成中国社会从传统向现代转型的过程中起到了重要的调适和缓冲作用。这一点,在中国现代思想史研究领域基本得到了认同。李孝悌的《清末的下层社会启蒙运动:1901—1911》(河北教育出版社 2001 年版),认为清末的下层社会启蒙运动开了此后中国各种"走向

---

① 主要有:魏建功的《〈歌谣〉四十年》(《民间文学》1962 年第 1—2 期)、顾颉刚的《我和歌谣》(《民间文学》1962 年第 6 期)、常惠的《回忆〈歌谣〉周刊》(《民间文学》1962 年第 6 期)、周作人的《一点回忆》(《民间文学》1962 年第 6 期)、钟敬文的《〈歌谣〉周刊·我和她的关系》(《民间文学论坛》1992 年第 2 期)等。

民众"运动的先河，对五四时期的"整理民俗运动"（即五四的北大歌谣运动），以及 1920—1930 年代晏阳初、梁漱溟的乡村建设运动以及中国共产党领导的"工农大众"革命等都不无启示。受"从叙述史学到面向问题的史学的转变"[①] 的现代史学观念的影响，赵世瑜在《眼光向下的革命：中国现代民俗学思想史论（1918—1937）》一书中，有意把从五四到抗战期间的中国现代民俗学纳入思想史或社会思潮史的轨道，而将之作为一场"眼光向下"的革命来看待。并将之与五四新文化运动和"大革命"运动等有机地联系起来。认为"理解中国现代民俗学的产生与发展，不能不理解五四新文化运动和反对军阀的北伐革命；反过来说，不深刻理解中国现代民俗学的产生与发展，也就无法全面理解五四新文化运动和反对军阀的北伐革命"。[②] 美国学者洪长泰的《到民间去——1918—1937 年的中国知识分子与民间文学运动》，也从思想史的角度，梳理和阐释了中国现代知识分子与现代民间文学运动之间的复杂关系。作者认为中国现代民间文学运动的意义，不完全在于它把民间文学的研究纳入了学院式的正轨，而主要在于它对现代中国知识分子产生的深刻影响。尤其在该书的第七章"知识分子与民众"中，作者重点分析了民间文学之于中国现代知识分子的重要意义，"中国知识分子通过民间文学研究，发现了民众的重要性，最后更发现了'自己'的社会角色和文化使命。在学术探索与身份重新认同的纠结中，新一代的知识分子经常面对下列一些问题：我们是谁？我们对'平民'的立场是什么？什么是民众拥有而我们所没有的？我们'到民间去'的目的，是向民众学习，还是去教育他们？虽然这场运动至 1937 年 7 月告终，但青年民俗者在 20 世纪 20 年代至

---

　　① 弗朗索亚·菲雷（F. Furet）：《从叙述史学到面向问题的史学》，参见陈启能主编《八十年代的西方史学》（史学理论丛书），中国社会科学出版社 1990 年版，第 223—236 页。

　　② 赵世瑜：《眼光向下的革命：中国现代民俗学思想史论（1918—1937）》，北京师范大学出版社 1999 年版，第 4 页。

1930 年代所关注的大部分问题，至今仍是中国知识分子最关心的基本问题"。① 今天读来仍十分在理。

3. 中国现代文学研究领域

"民间"与文学史研究。胡适的《白话文学史》② 与郑振铎的《中国俗文学史》（商务印书馆 1938 年初版）是从"民间"观念出发的中国文学史经典。胡适以他的五四"白话"新诗实践为基础，在《白话文学史》中提出了"一切新文学的来源都在民间""庙堂的文学终压不住田野的文学；贵族的文学终打不死平民的文学"等著名论断，为中国新文学的合法性作论证。在此基础上，胡适将白话文学史置于中国文学史的中心位置、正统地位，并认为"白话文学史"是最富于创造性的文学史，乃活的文学史，从而在传统的文人文学史之外，提供了一条全新的文学史书写路径。其意义是十分重大的。郑振铎一直关注中国文学中的"俗文学"部分。在他看来，"'俗文学'就是通俗的文学，就是民间的文学，也就是大众的文学。换一句话，所谓俗文学就是不登大雅之堂，不为学士大夫所重视，而流行于民间，成为大众所嗜好，所喜悦的东西"。③ 郑振铎认为正统文学的范围太狭小，而俗文学的地盘则相对较大。因此，"中国文学史的中心是'俗文学'"。④ 这两部以"民间"为理念的中国文学史为此后的中国文学史研究拓展了视野、奠定了基础，也为本论文提供了重要的文学史理论借鉴。

陈思和的"民间"，是与"庙堂""广场"相对的一个概念，强调的是一种民间的精神和民间的价值立场。在陈思和看来，"民间"既

---

① ［美］洪长泰：《到民间去：中国知识分子与民间文学，1918—1937》（新译本），董晓萍译，中国人民大学出版社 2015 年版，第 163 页。

② 《白话文学史》完成于 1927 年，次年由新月书店出版。这是胡适在 1921—1922 年期间，在给教育部举办的第三、四届国语讲习班和南开大学讲授《国语文学史》时形成的讲义，后在《国语文学史》的基础上修改而成的一部文学史著作，原计划写成上、中、下三卷，并列出了详细的提纲，但只完成了上卷，甚为遗憾。

③ 郑振铎：《中国俗文学史》，东方出版社 1996 年版，第 1 页。

④ 郑振铎：《中国俗文学史》，东方出版社 1996 年版，第 2 页。

独立于国家权力之外，具有自由自在的特点，但同时又具有藏污纳垢的性质，是一个难以简单作价值判断的概念。① 陈思和的"民间"理念及其当代阐释，给20世纪中国文学研究带来了一个全新的研究视角和一种全新的话语体系，具有开创性意义。此后，王光东作为陈思和民间话语理论最重要和最执着的阐释者，他尝试着将陈思和的"民间"理念向前延伸，从当代拓展到现代，进入抗战以前的中国新文学研究中去，探究"民间"话语尽可能大的文学史阐释领域。王光东进入五四以来的中国新文学研究领域后，将"民间"视为新文学的另一种传统，强调了"民间"对于中国新文学的"现代"意义与"现代"价值，并结合较为典型的中国新文学作家，依次展开对"民间"与"启蒙"、"民间"与"大众"、"民间"与"审美"等多个现代文学命题的深入论述。在王光东看来，民间是一个多维度、多层次的概念，其意义是敞开的，存在着多样化的表达。②

"民间"概念，从陈思和的提出，经王光东等的阐释和发挥，到我们今天，几乎与"民间"相关的一切文学批评术语，如民间立场、民间精神、民间审美、民间记忆等，都受到追捧。许多作家、作品主动或被动地贴上了"民间"的标签，几乎新时期以来所有著名的作家都有过"被'民间'"的经历：汪曾祺、韩少功、阿城、王安忆、莫

---

① 陈思和的"民间"理念形成于1990年代中期，主要集中在《民间的沉浮——对抗战到文革文学的一个尝试性解释》（《上海文学》1994年第1期）、《民间的还原——文革后文学史某种走向的解释》（《文艺争鸣》1994年第1期）、《民间和现代都市文化——兼论张爱玲现象》（《上海文学》1995年第10期）等文中，此后又经过一定的完善和发展。

② 王光东的这些观点和论述，详见《民间意义的发现——五四新文学的另一种传统》（《上海文学》2001年第12期）、《"民间"的现代价值——中国现代文学与民间文化形态》（《中国社会科学》2003年第6期）、《在民间与启蒙之间——五四时期周作人的民间理论》（《文艺争鸣》2002年第1期）、《大众化与民间：文学意义的一种分析》（《社会科学》2003年第6期）、《民间审美的多样化表达——20世纪中国作家与民间关系的一种思考》（《当代作家评论》2006年第4期）等文。这些论文大部分出自王光东的博士学位论文《民间文化形态与新文学传统》（复旦大学，2002年，导师陈思和），后来大都收入《新文学的民间传统——"五四"至抗战前的文学与"民间"关系的一种思考》（山东教育出版社2010年版）、《20世纪中国文学与民间文化》（复旦大学出版社2007年版）等著作中。

言、余华、张炜、张承志、阿来……。在这样的语境下，"民间"被无限放大且成为一个无处不在、无所不能的批评能指。这就值得我们去注意和反思了。显然，"民间"已经明显地被妖魔化了，这种妖魔化的背后其实预示着"民间"理论的某种文化虚妄性。

与"民间"相关的中国现代文学研究。郭国昌的《20世纪中国文学的大众化之争》（百花洲文艺出版社2006年版）以"大众化"思潮在20世纪文学演进中所引发的论争为线索，具体考察、梳理了近一百年来大众化思潮的衍化与流变，将20世纪中国的"文学大众化"归纳为启蒙、革命、救亡三种类型，认为20世纪中国文学的"大众化"存在被政治化、被民间化的倾向。该书的"民间化的必要性"和"新诗的歌谣化"等章节对本著有一定的参考价值。王文参的《五四新文学的民族民间文学资源》（民族出版社2006年版）从民族民间文学资源的角度来研究五四新文学，具体描述了五四前后的民间文学概况、《歌谣周刊》与新文学的关系、民间方言土语与新文学建设，并以刘半农、鲁迅的文学创作为个案分析了五四作家对于民间文学的利用等。该著关于"民间"的资料比较翔实，但也比较驳杂，还停留在堆砌的层面，缺少有效的提炼和深入的学理分析。另外，曹而云的《白话文体与现代性——以胡适的白话文理论为个案》（上海三联书店2006年版），从发生学的角度对五四的"白话"文体作了知识考古和身份辨析，并以胡适为个案，将胡适及其白话文理论放在中国文学的现代性背景中作全方位的考察，依次展开白话文理论与现代性、传统性、语言问题、文学问题等之间的关系的论述，给我们还原并展示了现代"白话"文体的多元性与复杂性。这种研究问题的方法和思路是值得我们认真借鉴的。刘进才的《语言运动与中国现代文学》（中华书局2007年版）在掌握了大量原始材料的基础上，从"语言—文学"的角度，从现代文学的外围和文学场域出发，将中国现代的语言运动，包括汉字改革、白话文体、国文教学、方言调查、语言规划等，作为考察对象，来分析语言运动对于中国现代文学的发生、发展的重要作用，从而将中国现代文学研究推进到一个新的研究空间。岳凯华的《五四激进主义的缘起与中国新文学的发生》（岳麓书社 2006 年版）的第六章"民间的想象"将五四文人对"民间"的发现以及他们的民间情怀，纳入五四激进主义的阐释体系中，也有一定的新意。

另外，贺仲明从大众化、本土化、民族化和农民的角度研究与思考中国新文学，[①] 王爱松关于《文学本土化的困惑与难题》（《江海学刊》2002 年第 4 期）的思考，赵黎明的《"汉字革命"——中国现代文化与文学的起源语境》（中国社会科学出版社 2010 年版），刘继林的《现代中国文学"民间"话语的考量与反思》（《中国现代文学研究丛刊》2013 年第 6 期）、《20 世纪上半叶中国民间话语现代意义的生成与衍变》（《兰州大学学报》2016 年第 4 期）等，也对本著关于"民间"问题的思考有启发意义。

与"民间"相关的中国新诗研究。李怡比较早的注意到中国新诗与民间诗歌传统的关系，在《中国现代新诗与古典诗歌传统》（西南师范大学出版社 1994 年版）一书中，就有一个章节专门论述了《国风》《乐府》与中国现代新诗的歌谣化趋向，并将新诗的"歌谣化"纳入新诗对古典诗歌传统资源的继承和发展上来考察。其实，我们换一个角度看，也就是在探讨中国新诗的"民间"传统问题。近年来，在中国现代诗歌研究领域，对"中国现代诗歌的发生"的研究成果比较多，尤以博士学位论文的写作为代表。姜涛的《"新诗集"与中国新诗的发生》（北京大学，2002 年）、谢应光的《中国现代诗学发生论》（四川大学，2005 年）、荣光启的《晚清至五四：现代汉诗的发

[①] 主要集中体现在《"大众化"讨论与中国新文学的自觉》（《中国社会科学》2006 年第 6 期）、《文学价值与本土精神》（《文学评论》2010 年第 6 期）、《从本土化、民族化的角度反思新文学》（《首都师范大学学报》2009 年第 5 期）、《如何重估百年新文学的成就——兼论新文学的本土化与民族化》（《探索与争鸣》2010 年第 5 期）等代表性论文以及近著《一种文学与一个阶层——中国新文学与农民关系研究》（人民出版社 2008 年版）中。

生》（首都师范大学，2005 年）、赖彧煌的《晚清至五四诗歌的言说方式研究》（首都师范大学，2006 年）、邓庆周的《外国诗歌译介对中国新诗发生的影响研究》（首都师范大学，2007 年）等，这些博士学位论文置身于晚清至五四的社会历史语境中，从公共话语空间、传播媒介、翻译阅读、消费接受、话语言说方式（语言、文字句式）等层面，勾勒出了五四新诗发生的现代性历史场域，为本著从民间的视角研究中国诗歌（尤其是五四新诗）提供了更为开阔的思维。

在中国新诗研究中，与"民间"相关的研究话题近年来已经有人开始涉足。王泽龙的《中国诗歌民族化历程的回眸》（《人文杂志》2001 年第 1 期）、刘继业的《新诗的大众化和纯诗化》（北京大学出版社 2008 年版），描述出了中国新诗发展史中的"民族化"历程，以及"大众化"与"纯诗化"的变奏与消长。邓晓成的《现代性视域中的大众化诗潮：1917—1949》（中国社会科学出版社 2009 年版），从现代性出发，论述了大众化诗潮在其现代性的发生、展开与演进过程中与诗歌的平民化运动、大众化运动及民族形式想象的关系，并对大众化诗潮的现代性问题进行了深入的探讨，揭示出了大众化诗潮与现代性的纠缠、矛盾与冲突。颜同林的博士学位论文《方言与中国现代新诗》（中国社会科学出版社 2008 年版），从纵横两个层面交错阐释了方言与中国现代新诗的复杂纠结关系，既肯定方言（包括歌谣、口语、土语等）作为一种语言资源在中国新诗建构中的意义和作用，同时也清楚地认识到了方言本身所存在的局限和劣势。文中，作者对于"方言入诗"问题的困惑和思考也是难能可贵的。姚涵的《刘半农对五四新文学的贡献》（上海社会科学院出版社 2015 年版）以刘半农为个案，对其在中国现代文学中的实践进行了全方位的研究，该著的第三章"民间文学纳入新文学的建构——以 1917—1925 年诗歌创作和理论为中心"，重点分析了刘半农首倡的歌谣运动、刘半农的诗歌理论以及新诗创作情况，充分肯定了刘半农将"民间文学纳入新文学的建构"的文学革命初衷及其文学创作实践的意义。

另外,在"歌谣"与"新诗"问题上,贺仲明的《论民歌与新诗的复杂关系——以三次民歌潮为中心》(《中国现代文学研究丛刊》2008 年第 4 期)、张桃洲的《论歌谣作为新诗自我建构的资源:谱系、形态与难题》(《文学评论》2010 年第 5 期)、赵黎明的《开辟新文学的另一种传统——〈歌谣〉周刊活动与五四新文学的构建》(《长江学术》2009 年第 1 期)、刘继林的《民间歌谣与五四新诗的现代性建构》(《厦门大学学报》2017 年第 5 期)等,也为我们的研究提供了不少的借鉴。还有其他的一些著作和论文,由于篇幅所限,在此就不一一赘述了。

第四节 解决的问题

通过以上对国内外相关研究的考察与分析,我们发现:

1. "民间"在 20 世纪中国特殊的历史文化场域中,是一个复杂而存在巨大张力的概念。它与中国传统文化、主流意识形态、大众消费文化语境等密切相关。具体到文学,它则与 20 世纪中国文学的传统性、现代性甚至是后现代性纠缠在一起。从学界现有的研究和分析来看,对"民间"话语的阐释有着明显的简化、俗化、圣化的倾向,存在着较大的误读和争议的成分。因而,我们有对"民间"话语作进一步梳理和研究的必要。在"民间"话语的研究上,我们要认识到"民间"话语的复杂性、多样性,尽量地从具体的社会历史文化语境出发,去作具体分析和阐释。

2. 由于学科间的界限很分明,中国现代文学研究界对民俗学、民间文学等其他学科领域的研究成果的重视和转化不够,最新的民俗学、民间文学以及其他学科的相关研究没有被及时纳入中国现代文学(尤其是中国新诗)的研究视野中来。近年来在民间文学(民俗学)领域的一些代表性成果,如吕微从现代性的角度对中国现代民间文学学科的思考①，户晓辉以跨文化的眼光和现代性的思维对中外民间文学或民俗学话语中"民"的思考②，以及高丙中、刘晓春、施爱东等对"民间"问题的研究和关注等③，这些成果经过适当的转换，其实都可以给我们的中国现当代文学研究提供借鉴。因而，本著尝试突破学科的界限，进行跨学科研究的尝试，以更加宽泛意义的"民间"话语为研究视角，去研究五四诗歌，希望有更多的发现（包括理念、材料等）。

3. 在中国现代文学研究领域中，虽然已经有学者注意到中国现代文学的"民间"文学资源，以及与之相关的"大众化""民族化""本土化"等命题，也有人注意到歌谣、国语、方言、音乐等与五四文学、与中国新诗的关系问题，但至今尚无人对"民间话语"与"中国新诗的现代性"作具体的观照和深入的分析。

本著以"民间"话语为研究视角，以中国现代新诗的传播接受、呈现形态为研究对象，通过对五四到中华人民共和国成立前民间话语在中国新诗的现代性发生、本土化建构、社会革命、新的民族国家重建中的意义和作用加以考察，展开对中国新诗的"民间"话语所引发的一系列问题的思考，借此来加强对"民间"话语和中国新诗复杂现代性的认识。

我们以中国现代思想史、现代文学史为线索，既考察历史，又关注当下，力求做到史述与史论的有机结合。研究的大致理路是：从五四至中华人民共和国成立前某些被忽视的文学史细节出发，在叙述的

---

① 主要包括：《现代性论争中的民间文学史写作》（《河北学刊》1998 年第 6 期）、《现代性论争中的民间文学》（《文学评论》2000 年第 2 期）、《论学科范畴与现代性价值观——从〈白话文学史〉到〈中国民间文学史〉》（《文学评论》2001 年第 4 期）、《内在的和外在的民间文学》（《文学评论》2003 年第 3 期）等文。

② 详见户晓辉的《现代性与民间文学》（社会科学文献出版社 2004 年版）一书。该著的第五章《中国现代民间文学或民俗学话语中的"民"》，应该说思考达到了一定的高度。

③ 高丙中：《民俗文化与民俗生活》，中国社会科学出版社 2000 年版；刘晓春：《一个人的民间视野》，湖北人民出版社 2006 年版；施爱东：《中国现代民俗学检讨》，社会科学文献出版社 2010 年版。

过程中提出问题，引出相关论题。以历史的发展为序，在论题的绵延展开与深入分析中，引出相关问题，以此来逐步推进本论题及相关问题的探讨与研究。我们的写作，其目的不在于得出某个或某些具体的结论，而在于展示 20 世纪上半叶中国文学尤其是中国新诗现代性的复杂性，同时也为新诗的传播接受研究提供新的视域。

第一章 民间话语的传统诗学意义
及其现代转化

通过对中国文学史的考察，我们发现："民间"不仅是诗歌艺术重要的话语资源，而且在历次诗歌的重大转型与嬗变中扮演着十分重要的角色。晚清至五四，在中国社会趋新求变和文化启蒙的共同推动下，"民间"及其话语系统再一次被激活，并不断地被赋予新的"现代性"意涵。

"民间"，顾名思义，乃"民之间"，其意义一般与"乡土中国"紧密相连。民间，是一个土生土长的汉语词，一个纯正的中国概念。①长期以来，"民间"只是一个普通的、静态的概念，主要指向底层民众和乡土社会，即一个相对稳定、封闭的文化群落，一个原始自足的社会存在。"民间"作为一种话语资源，虽然为文学（尤其是诗歌）提供了不少的给养，但受中国传统社会"雅/俗"文化观念的影响和支配，"民间"却一直处于被忽略、被贬抑、被遮蔽的边缘状态，为"荐绅学士家所不道"，而"难登大雅之堂"，更难以作理论上的发挥

---

① 刘继林：《20世纪上半叶中国民间话语现代意义的生成与衍变》，《兰州大学学报》2016年第4期。

与阐释了。

　　"民间"话语的这种存在状态和言说模式的被打破、被改变，并进而接受理论上的系统总结和学理上的价值提升，则很大程度上得益于晚清至五四中国社会的近现代转型。19 世纪末 20 世纪初，封建专制传统开始瓦解，新的民族国家思想和下层社会的启蒙运动得到有效传播和开展，为"民间"话语意义的现代转化作了有益的铺垫。

第一节　民间话语的前现代考察

一　基于汉语语法语义的分析

　　同印欧语系相比，汉语语法具有这样的特点：（1）汉语是分析型语言，缺少形态手段。汉语在构词时，多用"意合"①，而不是"形合"。古汉语中的词汇大多是单音词，一个字一个音节，也就是一个词。古代也有双音词，但大多是人们按照习惯把两个单音节词拼合在一起，凸显表意成分，而隐去诸多细节。（2）汉语是重语用的语言。一个词语可能有多重意义指向，其"能指"可能无限丰富，而其"所指"则相当的模糊。其具体的语法关系和语义跟词语使用的语境密切相关。②（3）汉诗是诗性的语言。它感性而写意，虽言简意赅，却模糊而笼统，在反映事物的细致与精确性上，在逻辑推理及理性思维上，存在一定的缺陷。"民间"一词的构词及使用就典型地体现了这样的特点。

　　从语法构词的角度看，"民间"（jiān）是一个复合性名词，由表

---

　　①　所谓"意合"（parataxis）是指不借助语言形式手段而借助词语或句子所含意义的逻辑联系来实现它们之间的连接。

　　②　以上两点参见安华林的《论现代汉语语法的特点》一文，载《信阳师范学院学报》2008 年第 4 期。

示人物的名词"民"与表示方位的名词"间"意合而成的。从字面上，我们就很容易将"民间"理解为"老百姓中间"、"民众中间"或者"人民群众中间"。从古至今，在我们的汉语使用中，"民间"的意义似乎都相当稳定，没有太明显的语义变化。但我们若细细地去作一番探究和考察，就会发现："民间"这一使用频率极高的汉语词语，其意义其实相当含混。在其构成和使用中，我们都隐去了很多细节性的问题。诸如：（1）"民"到底指向哪一部分人群？（2）"民"在汉语史中，其意义有无具体而明显的变化？现代汉语中的"民"与古汉语中的"民"有无差异？（3）"间"到底如何去理解？是一个"时间"概念，还是一个"空间"概念，还是二者兼而有之？（4）"民"与"间"组合在一起，"民"与"间"构成怎样的复合性关系？到底是不是偏正关系？偏义的重心是在"民"上还是在"间"上？……而要弄清楚这些细节性的问题，就必须在"上下文"，即具体的使用语境中去把握。

下面，我们分别来考察一下"民"和"间"：

首先，我们来看看"民"。

中国是一个传统的农业社会，"民"乃国家之根本。据比较权威的《汉语大字典》①对"民"的解释，上古时期的"民"的意义有三种：

（1）人，人类。作为群像出现，以区别于动物。最典型的例子有："厥初生民，时维姜嫄"（《诗经·生民》），"民受天地之中以生"（《左传·成公十三年》），孔颖达疏曰："民者人也。"

（2）奴隶。古代奴隶社会将比较驯服的战俘的左眼刺瞎，强迫他们劳动而使之成为奴隶。这种瞎了左眼的奴隶便是"民"。根据郭沫若在《甲骨文字研究》中从造字法来解释"民"（𢆉）："民，作一左目形，而有一刃物以刺之"，"周人初以敌囚为民时，乃盲其左目以为奴征"。梁

---

① 《汉语大字典》编委会：《汉语大字典》，四川辞书出版社、湖北辞书出版社 1995 年版。

启超在《太古及三代载记·附三苗九黎蚩尤考》中也认为民就是奴隶，"因其蒙昧，亦谓之民"，梁启超自注"民之本义为奴虏"。①

（3）庶民，百姓。指有别于君主、群臣百官和士大夫以上各阶层的庶民，多与"君""臣""人"相对，处于社会的底层，地位较为低下。"宜民宜人，受禄于天"（《诗经·大雅·假乐》），朱熹注曰："民，庶民也。人，在位者也。"（《诗集传》）

"民"作为古汉语中最为重要的词汇之一，其基本义或原初义如上所述。但我们不能否认的是，该词在使用和诠释中，很容易让人联想到：（1）芸芸众生"绵绵民民"的群体特征（初民、民众）；（2）种田务农者"俯首力作"的职业特征（乡民、野民）；（3）平民百姓"微贱低下"的身份特征（贱民、草民）；（4）萌俗氓隶"懵懂无知"的心智特征（愚民、群氓）；② 凡此种种。正是这些从"民"的形象概括出的特征，构成了"民"与生俱来的某种贬义。故《说文》释"民"曰："民，瞑也，盲也，盖皆愚昧无知之义。"因而，在"民"的话语实践中，我们不仅要了解"民"的基本意义，还要通过还原"民"在话语实践中的具体历史、文化、语境、氛围等，来探究"民"可能存在的不言之义或者说贬义，以此来窥探其背后所潜隐的文化或意识形态内涵。当我们结合具体的上下文，意识到话语言说中"民"的潜隐之义时，也许我们就可以顺藤摸瓜，参透"民间"话语背后所隐藏的"权力"（福柯语）。

其次，我们再来看看"间"。

"间"，本作"閒"（闲），从门从月，"大门当夜闭，闭而见月光，是有閒（jiàn）隙也"（《说文·徐锴注》）。后世在表示间隙（空间概念）、间隔（时间概念）时，为了表示与"闲"的区别，重新造

---

① 万齐洲：《"公民"观念的输入及其在近代中国的传播——从"citizen"的汉语对译词谈起》，载《湖北大学学报》2011年第6期。

② 张分田：《政治文化符号视角的"民"字核心词义解读》，《人文杂志》2007年第6期。

了一个"間"字，从門从日。"间"（jiān）作为名词，其意义有二：
（1）表示一时间或空间概念。如，"子之还兮，遭我乎猺之间兮"。
（《诗经·齐风·远》），"七八月间旱，则苗槁矣"。（《孟子·梁惠王
上》），"一动一静者，天地之间也"。（《礼记·乐记》），"黄河远上白
云间"（王之涣《凉州词》）。（2）表示两个事物的关系概念。如，
"傅毅之于班固，伯仲之间耳"（曹丕《典论·论文》）。

长期以来，作为表时空概念或表关系概念的名词"间"，一般都
是附着在其他名词的后面，构成偏义性的"×间"或"××间"，词
义的重点在"×"和"××"上，"间"只起到辅助性作用。诸如
"田间""时间""空间""人间""晚间""车间""坊间""民间"
"天地间""君臣间""人世间"等。特别是在中国这样一个"以民为
本"的传统社会里，人们在"民间"一词的使用和理解上，均把意义
的重心和考察的重点放在"民"上，"间"就只是一个辅助性的后缀
或尾巴。

其实，"民间"之"间"还存在巨大的阐释空间。因为"间"，既
可以指向"时间"，也可以指向"空间"。按照英国社会学家安东尼·
吉登斯"时间和空间是社会生活环境"的说法①，我们完全可以将
"间"视作"民"之社会、历史、文化存在的时空场域，即"社会生
活环境"来看待，"民间"的考察也许呈现出的就是另一番情景。从
时间的维度，我们可以考察"民间"话语的历史演变，特别是考察中
国社会在从传统走向现代的过程中，"民间"作为一种传统是如何被
言说以及怎样言说的，其中又发生了怎样的变异等。从空间的维度，
我们可以考察，自近代以来，西方"民间"话语（民俗学、人类学、
民族主义、大众文化、后现代文化等）与中国本土"民间"话语的差
异，以及两者间的冲突与碰撞、融通与交流；还可以考察，自20世

---

① ［英］安东尼·吉登斯：《社会理论与现代社会学》，文军、赵勇译，社会科学文献出版
社2003年版。

以来，中国在从一个以乡村为主体的传统农业社会走向以都市为主体的现代工业社会时，"民间"话语言说的背景和场域发生了巨大变化，由此导致了社会文化的一系列连锁反应。

二　基于中国社会历史的考察

"民间"一词，古已有之。成书于战国至西汉初年的《墨子》[①] 上有这么一段："子墨子言曰：执有命者以杂于民间者众。执有命者之言曰：命富则富，命贫则贫，命众则众，命寡则寡，命治则治，命乱则乱，命寿则寿，命夭则夭。命虽强劲，何益哉？上以说王公大人，废大人之听治，下以说天下百姓，妯百姓之从事。故执有命者不仁，故当执有命者之言，不可不明辨。"（《墨子·非命上》）这大概是"民间"作为一个独立的汉语词汇使用的最早记载，此处的"民间"主要指向的是与王公大人相对的下层平民百姓。此后，"民间"一词开始较为广泛地被使用。诸如：

> 齐桓公微服以巡民间。（《韩非子·外储说右下》）
>
> 诸侯出疆必具左右备一师以备不虞，今蔡侯恣以身出入民间，至死闾里之庸，甚非人君之行也。（董仲舒《春秋繁露·王道第六》）
>
> 于是项梁然其言，乃求楚怀王孙心民间，为人牧羊，立以为楚怀王，从民所望也。（司马迁《史记·项羽本纪》）
>
> 至若北道姚氏、西道诸杜、南道仇景、东道赵他羽公子、南阳赵调之徒，此盗跖居民间者耳，曷足道哉！（司马迁《史记·游侠列传》）
>
> 汉官行庙略，簪笏落民间。[②]（唐·黄韬《寄献梓山侯侍御时

---

① 李光辉：《〈墨子〉成书年代及著者考证综述》，《殷都学刊》2006 年第 4 期。
② 古代臣僚奏事执笏簪笔，笏以记事，簪笔以备写。因而，常用"簪笏"代指官员。

常拾遗谏诤》）

得旧纸本于民间，比今所见犹为完好。（苏轼《书琅玡篆后》）

民间皆言爷人起兵事尤不成，从之者甚众。（《资治通鉴·晋纪二十一》）

中秋夜，贵家结饰台榭，民间争占酒楼。（《东京梦华录》卷八《中秋》）

冬至谓之亚岁，官府民间各相庆贺，一如元日仪。（《增补武林旧事·西湖游幸》）

圣上喜迎新进士，民间应得好官人。（元·王冕《送王克敏之安丰录事》）

宣德间，宫中尚促织之戏，岁征民间。（清·蒲松龄《聊斋志异·促织》）

······

特别是到了唐代以后，随着小商品经济的出现和发展，"市"开始热闹和繁荣起来，原来散居的乡民开始向以城镇为中心的商品集散地会集，成为以交换和贸易为生存手段的工匠、商贩、艺人。在当时主要的大都市，长安、东京、临安、大都、苏州、扬州等地，出现了特殊的"市民"阶层。"市民"社会的形成和"市民"阶层的出现之后，"民间"的意义也随之发生了一定的变化。此时的"民"，不再仅仅是"乡野草民"，也包括这些来自乡村而在城市乞食的"市民"。随着城市经济的发展，市民意识（主要是朦胧的"自由""独立"观念）得到了高扬，"市民"不仅有着强烈的经济利益驱动，而且还有着基本的政治渴求。"民间"与官方相对立的意义越来越明显。究其原因，唐宋，尤其是元明以来，政治层面上，统治阶级强化了封建的专制统治，加大了对底层特别是"民间"社会打压的力度，使底层与上层、民间与官方的对立情绪越来越明显；经济层面上，城市经济的发展，市民阶层的强势崛起，出现了带有早期资本主义色彩的商品经济形式；思想层面上，以阳明心学与李贽"童心说"为代表，大力宣扬思想与人欲的双重解放；文化层面上，以市民为主导的通俗文化相当繁荣，倡导真性、真情的文艺观等。这一切导致了思想文化的下移、市民意识的高扬，共同催生并形成了一个庞大而独立的、与官方（庙堂）相对的古代"民间"社会。

综合起来看，中国前现代社会"民间"话语主要呈现为：

（1）空间意义的"民间"——"民间社会"。主要指向以自然状态呈现的乡土中国社会，包括田间地头、桑间濮上、勾栏瓦肆、街头巷陌等场域和空间。

（2）文化意义的"民间"——"民间文化"。主要呈现一种自由自在、无拘无束的边缘和在野状态，身居边缘而远离朝廷，远离中心，远离主流，远离正统。

（3）社会意义的"民间"——"民众群体"。主要以"群"和"众"的姿态呈现，处于社会和文化的底层，主要相对于贵族、官吏、富人阶层而言，是一种潜在的可资利用的社会力量。

通过以上我们对"民间"的语法语义的分析和对中国古代社会（前现代）"民间"话语的梳理，我们发现：在中国古代社会，人们在使用"民间"这个概念时，上述三种意义一般兼而有之，并不能截然分开。"民间"作为一个中国概念，在其话语实践中，实际隐含着中国人极其强烈的"功能指向"和"实用色彩"以及根深蒂固的二元对立思维模式。

从"民间"一词的语义上来看，"民"的意义具体而实在，易于理解和把握；而"间"的意义则相对抽象而虚空，难以去阐释和说明。因而，中国人在"民间"问题的处理中，就很自然地把重点放在了"民"上。中国历代统治者也十分重视"民"以及来自底层社会的"民间"声音。诸如孟子曰："民为贵，社稷次之，君为轻。是故得乎丘民而为天子……"（《孟子·尽心下》），"君者舟也，庶人者水也。水则载舟，水则覆舟"（《荀子·王制》）。其实，中国古代社会所倡导的"以民为本"，乃是聪明的统治者看到了"民"对于维护其统治的重要性，正所谓"民惟邦本，本固邦宁"（《尚书·五子之歌》）。因为通过考察"民间"话语，王者可以"观风俗，知得失"，亦可以"观风俗，知厚薄"（《汉书·艺文志》），最终通过"民间""以驭其民"（《周礼·天官·大宰》），使民众服从其统治罢了。所以，"民间"从最初的被言说以来，就一直带有很明显的功能指向和实用色彩。透过"民本"的外衣，我们可以看到：中国古代社会的"民间"话语存在一个巨大的被利用、被功能化的成分，是一个"在"而"不属于"的存在。"民间"话语言说的背后其实隐藏了许多隐而不显的"权力"。

另外，在中国古代社会的"民间"话语中，潜隐的二元对立思维方式广泛存在。诸如"主"与"奴"、"君"与"民"（"民为贵，君为轻"）、"官"与"民"（"民，庶民也。人，在位者也""当官不为民做主，不如回家卖红薯"）、"官府"与"民间"，以及与之相关的"雅"与"俗"、"贵"与"贱"、"上"与"下"等概念，都鲜明地烙有互相对立的痕迹。"民间"话语实践中的二元对立思维，说明了中国底层民众与上层统治阶层在社会文化中的不对等地位，以及由此导致的"民间"对上层强烈的反抗情绪和不懈的战斗精神，民众的这种可贵品质是值得肯定的。但与此同时，我们也要意识到，这种二元对立的思维，在峻急的社会转型语境或所谓的民族主义、集体主义语境下，很容易促成一种激进而盲动的反叛情绪。民间英雄的慷慨激昂与民间大众的热血沸腾，交相呼应，互为激荡，形成 Le Bon[1] 和 Park 等多年前所谓"彼此不分、万众一心"的集体行动效应。[2] 民间的这种极度

---

[1] 勒庞（1841—1931），法国著名社会心理学家，著有《乌合之众——大众心理研究》，冯克利译，中央编译出版社 2004 年版。

[2] 甘阳：《"民间社会"概念批判》，见张静主编《国家与社会》，浙江人民出版社 1998 年版，第 35 页。

情绪化的集体盲动效应，就具有"群氓"的色彩。他们拒绝理性而复杂的思考，只简单地选择两个极端，或者全盘接受，或者一概拒绝，将其视为绝对真理或绝对谬误，这样就极容易被利用，成为统治阶级改朝换代的工具。① 在某个特定的历史时期，"民间"就可能成为政治革命的利器和意识形态的工具。中国历史上历次的农民起义、市民暴动，都充分说明了这一点，并在 20 世纪中国急剧变动的社会革命中扮演重要的角色。

第二节　民间意义的诗学发现

虽然，在中国古代社会，"民间"阶层及其话语言说是一个被压抑的存在。但我们不可否认的是，"民间"一直以来都是文学艺术最重要的话语资源。我们只要简单梳理一下中国文学史（特别是中国诗歌史），我们就会发现，中国文学中的"民间"脉络相当清晰。从最早的"断竹，续竹，飞土，逐肉"（《弹歌》）这首源于原始初民的"杭育杭育"派（鲁迅语）诗歌算起，"民间"就与文学结下了不解之缘。故有"歌咏所生，自生民始"（沈约《宋书·谢灵运传论》）、"古人作诗，循天籁之自然"② 等说法。最典型的，如《诗经》中的"国风"，汉魏的"乐府""古诗"，北朝的"民歌"，唐代白居易的"新乐府"，刘禹锡的"竹枝词"，宋元时期的词、曲、话本，明代的"民歌时调"、通俗小说，晚清黄遵宪的"山歌"；等等。不仅民间文学自身有着较高的思想和审美价值，而且"许多的正统文学的文体原都是由'俗文学'升格而来的"③，所以胡适在写《白话文学史》时，

---

① 参见［法］塞奇·莫斯科维奇《群氓的时代》，许列民、薛丹云、李继红译，江苏人民出版社 2003 年版。

② 刘光汉（师培）：《论谣谚》，见苑利主编《20 世纪中国民俗学经典·史诗歌谣卷》，社会科学文献出版社 2002 年版，第 1 页。

③ 郑振铎：《中国俗文学史》，东方出版社 1996 年版，第 2 页。

能够理直气壮地断言："一切新文学的来源都在民间……这是文学史的通例，古今中外都逃不出这条通例。"①

　　然而，由于长期受到儒家诗教传统和文学雅俗观念的影响，在20世纪以前，文学及其阐释总习惯于将本属于"民间"话语的文学言说纳入"言志"、"载道"和"教化"的统一体系中去推演和诠释。孔子论诗和删诗，将一部洋洋洒洒、包罗万象的民间诗歌总集《诗经》"一言以蔽之，曰思无邪"（《论语·为政第二》），并将诗歌的功能简单地界定为"可以兴、可以观、可以群、可以怨"（《论语·阳货第十七》），有意地规避了《诗经》对"民间"真性、真情的表现。《毛诗序》（"'风'，风也，教也。风以动之，教以化之。诗者，志之所之也。在心为志，发言为诗。"）、《汉书·艺文志》（"仲尼有言：'礼失而求诸野。'方今去圣久远，道术缺废，无所更索，彼九家者，不犹愈于野乎？若能修六艺之术，而观此九家之言，舍短取长，则可以通万方之略矣。"）等则更进一步强化了这一点。此后，历代的诗论、文论，都基本上是沿着儒家诗教的范式和路数来阐释和论说诗歌的。这种局面一直持续到明代中后期才有所改变，"民间"之于文学（尤其是诗歌）的意义才被逐渐地发掘出来。

一　晚明："真诗"与"民间"

　　明代中后期，政治上，统治阶级对民间社会的舆论统治和严厉打压，造成了民间强烈的反抗情绪，各地农民起义此起彼伏；经济上，早期资本主义萌芽在江浙一带出现，以娱乐、消费为主体的市民社会初步形成；思想上，受阳明心学及王门后学（以徐渭的"本色说"、李贽的"童心说"、汤显祖的"主情说"和袁宏道的"性灵说"为代

---

① 胡适：《白话文学史》，见姜义华主编《胡适学术文集·中国文学史》（上），中华书局1998年版，第155页。

表）的影响，中国社会的一体化模式有所松动，来自下层社会的观念与意识开始萌动，并不断得到凸显和张扬，一场思想文化的解放运动已经到来。

王阳明作为明清之际启蒙思想运动的先导，充分认同并肯定其弟子关于"满街人都是圣人"（《传习录》）的言论。王门后学王艮更是提出"百姓日用是道"的观点，把"百姓日用"提高到与"圣人之道"相等同的高度。李贽则进一步提出"穿衣吃饭即是人伦物理"（《焚书》）的说法。在这样的思想文化语境下，以市井平民、下层百姓为主体的民间社会得到了文人前所未有的重视。与此同时，大量被封建体制所埋没、拒斥甚至是被抛弃而游离于体制外的文人，得以重新复活，在传统"修身、齐家、治国、平天下"的模式外，找到了一个容纳自己的新场域——民间。

这些文人远离了朝廷、跳出了科场、走出了书斋，来到了农人日常生活的田间地头、市民休闲娱乐的勾栏瓦肆，甚至是男女谈情说爱的桑间濮上，在这些过去文人鄙夷的所在，他们呼吸到了一缕缕久违的清新空气，发现了一个迥异的文学世界："今间阎妇人孺子所唱《擘破玉》《打草竿》（亦作《打枣竿》）之类，犹是无闻无识真人所作，故多真声，不效颦汉魏，不学步盛唐；任性而发，尚能通于人之喜怒哀乐嗜好情欲。"① "正德初尚《山坡羊》，嘉靖初尚《锁南枝》，……。二词哗于市，虽儿女初学言者，亦知歌之。但淫艳亵狎，不堪入耳，其声则然矣，语急则直出肺肝，不知雕刻，俱男女相与之情。虽君臣友朋，亦多有托此者，以其情尤足感人也。"②

元明以来，传统的文人诗词、道德文章走向衰落，而来自社会下

---

① （明）袁宏道：《叙小修诗》，见郭绍虞主编《中国历代文论选》（第三册），上海古籍出版社 2001 年版，第 211—212 页。

② 李开先：《市井艳词序》，见郭绍虞主编《中国历代文论选》（第三册），上海古籍出版社 2001 年版，第 85 页。

层的"民间"通俗文学，如长篇章回体小说、话本、拟话本、传奇戏曲、民歌时调以及其他的讲唱文学，得以勃兴。有人记载了当时民歌盛行的情形：

> 自宣（德）正（统）至成（化）弘（治）后，中原又行《锁南枝》、《傍妆台》、《山坡羊》之属。李崆峒先生初从庆阳徙居汴梁，闻之，以为可继《国风》之后。何大复继至，亦酷爱之。今所传《捏泥人》及《鞋打卦》、《熬髹髻》三阕，为三牌名之冠，故不虚也。自兹以后，又有《耍孩儿》、《驻云飞》、《醉太平》诸曲，然不如三曲之盛。嘉（靖）隆（庆）间，乃兴《闹五更》、《寄生草》、《罗江怨》、《哭皇天》、《干荷叶》、《粉红莲》、《桐城歌》、《银纽丝》之属。自两淮以至江南，渐与词曲相远，不过写淫媟情态，略具抑扬而已。比年以来，又有《打枣竿》、《挂枝儿》二曲，其腔调约略相似，则不问南北，不问男女，不问老幼良贱，人人习之，亦人人喜听之，以至刊布成峡，举世传诵，沁入心腑。
>
> ——清·沈德符《万历野获编（卷二十五）·时尚小令》

"民间"曲调这种空前受欢迎的局面，引起了文人学子的高度重视。"前后七子""唐宋派""公安派""竟陵派"以及不少不入派的文人，都对"民间"流露出了极高的热情，并从诗学的意义上给予了积极的理论探讨和高度的审美评价，反复多次地表达了"真诗在民间"的诗学理念。"民间"的诗学意义由此得以开掘和彰显。

以李梦阳、何景明等"七子"，作为"复古派"代表性诗人，从革新明代诗歌的意义上，在中国诗歌史上第一次较为正式地提出了向"民间"学习的口号，倡导"乐府"诗的制作，并就民间诗学的有关问题予以了较为深入的探讨，从而形成了中国文学史上第一次较有规模效应的民间诗学运作。① 李梦阳在他的《诗集自序》一文中，曾引王叔武言曰："夫诗者，天地自然之音也。今途咢而巷讴，劳呻而康吟，一唱而群和者，其真也，斯之谓风也。孔子曰：'礼失而求之野。'今真诗乃在民间，而文人学子顾往往为韵言谓之诗。"何谓"真"？"真者，音之发而情之原也，非雅俗之辩也"。何谓"诗"？"诗者，天地自然之音也"。② 在李梦阳看来，民间诗歌的可贵之处就在于自然而率性地抒发真情真性，而这正是"出于情寡而工于词多"的文人学子所欠缺的。

在李梦阳等的倡导下，晚明的文人学子似乎也意识到了问题所在，都不约而同地把目光转向了"民间"。他们十分看重当时所盛行的民歌时调，充分肯定了它们任情、尚真的内容和活泼、自由的形式，并在诗学上给予了积极的评价。在《词谑·论时调》中，李开先引何景明的话说："十五国风，出诸里巷妇女之口者，情词婉曲，有非后世诗人墨客操觚染翰、刻骨流血所能及者，以其真也。"并在此基础上更进一步强化了"风出谣口，真诗只在民间"③ 的观点。袁宏道也十分欣赏来自民间"无闻无识真人所作"之"真声"，认为它们完全不同于时下文人的那些粉饰蹈袭之作，并在与其兄袁宗道的书信中谈及民歌时调给整个诗坛带来的积极变化："近来诗学大进，诗集大饶，诗肠大宽，诗眼大阔。世人以诗为诗，未免为诗苦；弟以'打草竿''擘破玉'为诗，故足乐也。"（袁宏道《与伯修书》）

不过，对"民间"的诗学意义论述最充分的还是冯梦龙。他的《叙山歌》对"民间"的理论开掘和学术建构具有重要的诗学意义：

---

① 黄卓越：《明中后期文学思想研究》，北京大学出版社 2005 年版。该书第二章《前七子乐府诗制作与明中期的民间化运动》对此作了较为详尽的论述。

② 李梦阳：《诗集自序》，见郭绍虞主编《中国历代文论选》（第三册），上海古籍出版社2001 年版，第 55 页。

③ 李开先：《市井艳词序》，见郭绍虞主编《中国历代文论选》（第三册），上海古籍出版社 2001 年版，第 85 页。

书契以来，代有歌谣。太史所陈，并称《风》《雅》，尚矣。自楚骚唐律，争妍竞畅，而民间性情之响，遂不得列于诗坛。于是别之曰山歌，言田夫野竖矢口寄兴之所为，荐绅学士家不道也。唯诗坛不列，荐绅学士不道，而歌之权愈轻，歌者之心愈浅。今所盛行者，皆私情谱耳。虽然，桑间、濮上，《国风》刺之，尼父录焉，以是为情真而不可废也。山歌虽俚甚矣，独非郑、卫之遗欤？且今虽季世，而但有假诗文，无假山歌，则山歌不与诗歌文争名，故不屑假。苟其不屑假，而吾藉以存真，不亦可乎？抑今人想见上古之陈于太史者如彼，而近代之留于民间者如此，倘亦论世之林云尔。若夫借男女之真情，发名教之伪药，其功于《挂枝儿》等，故录《挂枝词》而次及《山歌》。①

首先，冯梦龙对民歌（"民间性情之响"）长期以来被遮蔽的地位、被文人传统所抑制而"不得列于诗坛"的状况深表不满。其次，冯梦龙认为"情真"是民歌俗曲的最高品质，"情真而不可废""苟其不屑假，而吾藉以存真"等，准确地概括民歌俗曲"以真为美"的审美特点。冯梦龙认为"但有假诗文，无假山歌"，指出民歌价值应该在专事模拟作伪的正统诗文之上，给予了民歌俗曲以高度的评价。再次，冯梦龙指出自己收集、整理《挂枝儿》《山歌》的目的，固然在于"存真"，更重要的是，"借男女之真情，发名教之伪药"，将"民间"的真情至性作为批判的武器，直指封建的伪道学，以及戕害自然人性的"名教"，大大深化了"民间"的诗学内涵。

下面简单列举几首冯梦龙收集的明代歌谣，从中可以看出明代歌谣的思想及文学价值之所在：

---

① 冯梦龙：《叙山歌》，见郭绍虞主编《中国历代文论选》（第三册），上海古籍出版社2001年版，第231页。

要分离，除非天做了地！要分离，除非东做了西！要分离，除非官做了吏！你要分时分不得我，我要离时离不得你。就死在黄泉，也做不得分离鬼！(《挂枝儿·分离》)

月儿高，望不见我的乖亲到。猛望见窗儿外，花枝影乱摇。低声似指我名儿叫。双手推窗看，原来是狂风摆花梢。喜变做羞来，羞又变做恼。(《挂枝儿·错认》)

送郎出去并肩行，娘房前灯火亮瞪瞪。解开袄子遮郎过，两人并作一人行。(《山歌·送郎》)

不写情词不写诗，一方素帕寄心知。心知接了颠倒看，横也丝来竖也丝，这般心事有谁知？(《山歌·素帕》)

郎做天平姐作针，一头砝码一头银。情哥你也不必闲敲打，我也知得重与轻，只要针心对针心。(《山歌·天平》)

1935 年，顾颉刚先生在《山歌·序》中，高度评价了《山歌》的丰富内容及艺术价值，认为它"所反映的背景是当时民间的情形，所表现的文字也总是民众的情绪与思想"，"拨开礼教的瘴雾，把亿万被压迫者的梦想和呼声流传给我们，于是，那数百年前怀着满腹悲哀的民众在这部书里复活了！"①

二　晚清："创诗"与"民间"

在晚明"民间"诗学理念的影响下，清代也有很多文人开始注意民间的歌谣，尤其是广东的客家山歌。王士禛的《渔洋诗话》、李调元的《粤东笔记》、梁绍壬的《两般秋雨庵随笔》等，都有关于客家山歌的记载和论述。"粤俗好歌，……词必极艳，情必极至，使人喜

---

① 王煦华：《顾颉刚先生对民间文学、民俗学的研究与贡献》，《文史哲》1993 年第 2 期。

悦悲酸而不能已已，乃为极善。……情深词艳，深得风人之遗。"① 在这里，值得一提的是，晚清"有别创诗界之论"的黄遵宪。

作为近代"诗界革命"的主要倡导者和"新派诗"的代表诗人，其"我手写我口，古岂能拘牵？即今流俗语，我欲登简编，五千年后人，惊为古斓斑"。(《杂感》），"仆尝以为诗之外有事，诗之中有人。今之世异于古，今之人亦何必与古人同？尝于胸中设一诗境：一曰复古人比兴之体，一曰以单行之神运，排偶之体，一曰取离骚乐府之神理而不袭其貌，一曰用古文家伸缩离合之法以入诗。其取材也，自群经三史，逮于周秦诸子之书，许郑诸家之注。凡事名物名切于今者，皆采取而假借之。其述事也，举今日之官书会典方言俗谚，以及古人未有之物，未辟之境，耳目所历，皆笔而书之"。② 充分体现了黄遵宪在诗歌理念及创作上的革新意识和创造精神。然而，我们若探究这种"别创诗界"的意识及精神，会发现这一切与黄遵宪浓厚的"民歌情结"是分不开的。③

黄遵宪出生于"客家之乡"的广东梅县，自幼就受到客家文化（主要是客家山歌）和家庭教育的影响，"牙牙初学语，教诵《月光光》④，一读一背诵，清如新炙簧"（《拜曾祖母李太夫人墓》）。在耳濡目染之中，黄遵宪对民间文学有了特别的偏好。黄遵宪喜爱民歌，收集并研究民歌，并将民歌渗透自己的创作中。黄遵宪曾有过召集友人作大规模搜集山歌的打算，还带头辑录了十五首《山歌》。其中有这样几首：

---

① 梁绍壬：《两般秋雨庵随笔》，上海古籍出版社 1982 年版，第 296—297 页。与李调元在《粤东笔记·粤俗好歌》中的表述大致相同。有关论述可参见罗香林编《粤东之风》（北新书局 1928 年版，第 25、82 页）。

② 李玲：《黄遵宪文学地位的形成与奠定（1899—1949）》，博士学位论文，苏州大学，2013 年；黄遵宪：《人境庐诗草·自序》，见吴振清等编《黄遵宪集》，天津人民出版社 2003 年版，第 79 页。

③ 郭延礼：《黄遵宪的"民歌情结"及其与诗歌创作的关系》，载《文史哲》2006 年第 2 期。

④ 嘉应州儿歌。内容为："月光光，秀才娘。骑白马，过莲塘。莲塘背，种韭菜，韭菜花，结亲家。亲家门口一口塘，放个鲤鱼八尺长，长个拿来抄酒食，短个拿来取姑娘。"

催人出门鸡乱啼，送人离别水东西，挽水西流想无法，从今不养五更鸡。

邻家带得书信归，书中何字侬不知。等侬亲口问渠去，问他比侬谁瘦肥。

送郎送到牛角山，隔山不见侬自还。今朝行过记侬恨，牛角依然弯复弯。

做月要做十五月，做春要作四时春。做雨要做连绵雨，做人末做无情人。

见郎消瘦可人怜，劝郎莫贪欢喜缘。花房蝴蝶抱花睡，可能安睡到明年？

一家女儿做新娘，十家女儿看镜光。街头铜鼓声声打，打着中心只说"郎"。

这些都是《山歌》中的上品，有的谐音双关，寓意深远；有的清新优美，情趣盎然。黄遵宪还为其所辑录的《山歌》写了一篇题记，从中可以看出他对于民歌的态度：

十五国风妙绝古今，正以妇人女子矢口而成，使学士大夫操笔为之，反不能尔，以人籁易为，天籁难学也。余离家日久，乡音渐忘，辑录此歌谣，往往搜索枯肠，半日不成一字。因念彼岗头溪尾，肩挑一担，竟日往复，歌声不歇者，何其才之大也？①

他将客家的山歌与《诗经》中的"国风"联系起来，认为其之所以能够"妙绝古今"，就在于它们是"妇人女子失口而成"，自然而天成，正所谓"人籁易为，天籁难学"。黄遵宪以自己辑录山歌的亲身

---

① 黄遵宪：《山歌题记》，吴振清等编《黄遵宪集》，天津人民出版社 2003 年版，第 384 页。

感受，通过对比，感叹乡野村夫"其才之大"，充分肯定了民众在艺术创造中的作用。黄遵宪还对某些山歌作了简短的附注和评点，如"土俗好歌，男女赠答，颇有《子夜》，《读曲》遗意"①，"'月子弯弯照九州'等篇，皆哀感顽艳，绝妙好词"，"山歌每以方言设喻，或以作韵，苟不谙土俗，即不知奇妙"，"八月十五看月华，……。此歌虽阳春二三月不及也"。"（乞儿歌）'一天只有十二时，一时只走两三间，一间只讨一文钱，苍天苍天真可怜！'悲壮苍凉"等②，从思想或艺术的角度，对民间歌谣作了较高的审美评价。

黄遵宪在晚明民间诗学"情真"说的基础上，提出了"要不失乎为我之诗"（《人境庐诗草·自序》），即要有"人境"的诗学思想，这也是黄遵宪将自己的诗集命名《人境庐诗草》的原因。黄遵宪认为"诗固无古今也，苟能即身之所遇，目之所闻，而笔之于诗，何必古人？我自有我之诗者在矣"。黄遵宪反对一味模仿古人，强调诗歌创作要写"我之诗"，抒发个人的真情真性，"即市民之谩骂，女儿之嬉戏，妇姑之勃谿，皆有真意以行其间者，皆天地之至文也。不能率其真，而舍我以从人，而曰吾汉吾魏吾六朝吾唐吾宋，无论其非也；即刻画求似而得其形，肖则肖矣，而我则亡也，我已忘我，而吾心声皆他人之声，又乌有所谓诗者在耶？……吾今日所遇之时，所历之境，所思之人，所发之思，不先不后，而我在焉，前望古人，后望来者，无得与我争之者"。③ 只有这样，诗才能自成一家。

黄遵宪的这些诗歌理念，对于晚明以来的民间诗学理论作了重要的补充和发展。同时，他亦十分重视向民歌学习，并将民间诗歌的精神和形式技巧融入自己的诗歌创作实践中。像他的著名的《己亥杂

---

① 吴振清等编：《黄遵宪集》，天津人民出版社 2003 年版，第 92 页。
② 吴振清等编：《黄遵宪集》，天津人民出版社 2003 年版，第 384—385 页。
③ 以上两段引语皆出自黄遵宪《与朗山论诗书》一文，见吴振清等编《黄遵宪集》，天津人民出版社 2003 年版，第 412 页。

诗》，其中的"相约儿童放学时，小孙拍手看翁嬉。平生两事轰轰乐，爆竹声腾鹞子飞"等诗句，明显地受到了"民间"诗歌的影响。长诗《八月十五夜太平洋舟中望月作歌》"几家儿女怨别离，几处楼台做歌舞"，显然就脱胎于民歌"月子弯弯照九州，几家欢乐几家愁？几家夫妇同罗帐，几个飘零在外头？"《新嫁娘诗》中的"洞房四壁沸笙歌，伯姊诸姑笑语多，都道一声'恭喜也'，明年先抱小哥哥！""卿须怜我我怜卿，道是无情却有情。几次低声问夫婿，烛花开尽怕天明。""袖中携得绿荷包，戏与藏讴赌那宵。还是枣仁是莲子？道郎果甚是推敲。"等诗作，采用山歌七言四句的形式，将民间的婚俗情调极清新地表现出来，情趣盎然。《拜曾祖母李太夫人墓》的开头，就采用民歌的比兴手法，"郁郁山上松，呀呀林中乌，松有荫孙枝，乌非反哺雏"。诗中还运用了汉乐府和《木兰辞》的句式，儿时的记忆如叙家常般的流淌而去，语言清新、通俗、晓畅，而被胡适认为是"《人境庐诗钞》中最好的诗，……。此诗能实行他的'我手写我口，古岂能拘牵'的主张"。①

　　梁启超亦是十分推崇黄遵宪，并将他的诗歌创作总结为"以旧风格含新意境"，并作为"诗界革命"的样板予以推广。但"旧风格"与"新意境"总是有矛盾的，这种冲突和矛盾也是中国文学（诗歌）新旧交替时代必然存在的问题。黄遵宪对此也深有感触，为此，他与梁启超就"新体诗"的探索展开了探讨：

　　　　报中有韵之文，自不可少。然吾以为不必仿白香山之《新乐府》、尤西堂之《明史乐府》，当斟酌于弹词与粤讴之间，或三、或九、或七、或五、或长短句，或壮如陇上陈安，或丽如河中莫

---

　　① 胡适：《五十年来中国之文学》，作于1922年3月3日，载于1923年2月《申报》五十周年纪念刊《最近之五十年》，详见姜义华主编《胡适学术文集·新文学运动》（中华书局1993年版，第122页）。

愁，或浓至焦仲卿妻，或古如《成相篇》，或俳如俳枝辞。易乐府之名而曰杂歌谣，弃史籍而采近事。①

在黄遵宪看来，要解决"新体诗"新内容与旧形式的矛盾，一条可行的路子就是：向民间歌谣学习，即"斟酌于弹词与粤讴之间"，采用民间歌谣的自由体式，"弃史籍而采近事"，承续"感于哀乐，缘事而发"，写亲身经历的、晚近发生的现实之事。为此，他先后尝试创作了大量"歌行体"的诗歌，如《下水船歌》《出军歌》《军中歌》《幼稚园上学歌》《小学校学生相和歌》《东沟行》《台湾行》《伦敦大雾行》《到广州》《到香港》《哭威海》《悲平壤》等。尽管这些"新体诗"在艺术上还不太成熟，但其借鉴民间歌谣来革新诗歌的精神和大胆尝试的勇气，给中国诗坛带来了新的气象，也为十多年后胡适的白话诗倡导作了有力的铺垫。

1922 年，胡适在《五十年来中国之文学》一文中，认为黄遵宪是"一个有意做新诗的"诗人，并高度评价了黄遵宪从"民间"寻找诗歌创作资源的做法："他早年受了本乡山歌的感化力，故能赏识民间白话文学的好处；因为他能赏识民间的白话文学，故他能说'即今流俗语，我若登简编，五千年后人，惊为古斑斓！'"②

通过以上对"民间"话语的知识学考察，我们发现"民间"作为一个重要的汉语词汇，或者说一个文化研究意义的"关键词"，它具有以下几个主要的特征：

（1）概念的开放性。随社会和时代的语境变化，民间的所指也随之发生变化。其意义、内涵具有流动性和不确定性的特点。任何人都

---

① 1902 年，黄遵宪致梁启超信，谈及梁主编《新小说》上的一些诗作。原文见《黄遵宪集》，第 494 页。

② 胡适：《五十年来中国之文学》，见姜义华主编《胡适学术文集·新文学运动》（中华书局 1993 年版，第 118—120 页）。

可以拿"民间"来说事，并将"民间"视为一种可资利用的话语，而从不同的出发点来阐释它。

（2）文艺的审美性。因为"民间"及其话语的真实、自然，并富有一种创造的精神，历代的文人学士十分注意从民间吸取资源和养分，从而促成文学的变革和发展。在古代文学史上，文人文学一直与民间文学之间保持着良好的互动。因而"正统文学的发展和'俗文学'的发展是息息相关的"。①

（3）社会的边缘性。在中国传统社会，民间因其地位的卑微、趣味的粗俗，经常遭到来自上层、中心、主流的排斥，而不得不退居边缘。长期以来，民间呈现被忽略、被遮蔽和被压抑的状态。

（4）思想的反叛性。因为民间身居边缘，长期被忽略、被压抑甚至是被利用，因而，在某种适宜的气候下，民间会呈现出"反抗"的一面：反传统、反中心、反主流。但我们也要注意到民间的反叛，一般情况下都有盲目的一面和情绪化的成分，具有"群氓"的特点……

第三节　民间话语现代性意义的生成与转换

如前所述，在中国古代社会，"民间"作为一个汉语词汇，虽在汉语史上频率极高地被使用，却仅处于日常应用的"静态"层面；"民间"作为一种社群存在，在中国古代社会的更替嬗变中虽发挥过历史性的作用，却无法改变其"盲从"的状态；"民间"作为一种话语资源，为文学（尤其是诗歌）提供了不少的给养，却难登大雅之堂。究其根本，这是因为在儒家正统文化的强势统摄下，"民间"话语只是统治阶级用以调适、延续自己统治的重要抓手，正所谓"观风俗"而"知厚薄"、"得民心者，得天下"也。实际上，统治阶级和社

---

① 郑振铎：《中国俗文学史》，东方出版社 1996 年版，第 2 页。

会上层是有意识地截取、改造和利用"民间",并不是真正重视来自"民间"的创造和来自"民众"的声音。文人学士亦只是在闲暇或失意之时,才把玩"民间",平时则多以鄙夷和不屑的眼光来看待"民间",视"民间"为"陋""俗"而加以排斥。"民间"的这种被遮蔽、被压抑、被疏离、被遗忘、被误读乃至被拒斥的状态,可以说是中国文化一以贯之的传统。

"民间"话语的这种存在状态和言说模式的被打破、被改变,并进而接受理论上的系统总结和学理上的价值提升,在很大程度上得益于晚清至五四中国社会的近现代转型。"民间"话语现代性意义的发现,源于清末民初民族主义的兴起和下层社会的启蒙运动,并在"五四"新文化运动的反传统中不断得以彰显。

一 民间话语现代性意义的发生

晚清以降,随着西方帝国主义军事殖民与资本主义的不断入侵,中国民族危机进一步加深,沿袭了近两千年的封建政治、经济、文化制度开始解体,千疮百孔的满清政府对于地方的控制力也越来越弱。地方实力派、民间社会团体的影响力越来越大。过去作为传统社会精英的"士人"(或者说知识分子),在西学东渐的背景下,视野和眼光都得到了极大的拓展,"开眼看世界"带来了思想和意识的深刻变化。尤其是1905年科举制度废除之后,他们不得不彻底放弃过去的想法,远离庙堂而栖身于民间,成为一个相对独立的群体,身居"江湖"而为"民间"代言。与此同步,经济资本、文化生产等也普遍下移,这一切,共同营造并形成了近代中国社会的"公共领域"。清末民初,来自西方文艺复兴以来的科学主义、人文主义思想也被大量的翻译、介绍,外来文化与来自本土的、日益式微的上层文化以及来自民间社会的下层文化,发生了激烈的交流与碰撞,形成了19—20世纪之交思想文化"众声喧哗"的局面。以严复、梁启超、章太炎为代表的近代启蒙思想运动，就是在这样一个"众声喧哗"的时代语境下发生、并由来自下层"民间"社会的自发性努力推动而产生广泛影响的。①

晚清的这场思想启蒙运动，以现代的"民族—国家"想象为背景，以梁启超的"新民说"为核心。在近代以前，"中国"的"国"作为一个"统一体"，是"家国天下"，主要是以"文化中国"的形态呈现出来的，即儒家所倡导的"修身"—"齐家"—"治国"—"平天下"，与现代意义上的"民族—国家"概念完全不同。作为个体的"个人"和作为群体的"民众"，似乎都缺乏一种现代意义上的"国家"认同感，以致"民不知有国，国不知有民"。陈独秀当年就感言道："我生长二十多岁，才知道有个国家，才知道国家乃全国人的大家……现在西洋各强国的国民，国家思想极其发达。那班有学问的人，著出书来，讲究国家的道理，名叫'国家学'……"② 在西方现代"国家"学说及民主理念启示下，近代先进的知识分子重新梳理了"国"与"民"的关系，激活了中国传统以"民本"为核心的"民间"理念，而赋予"民间"初步的现代性意涵。诸如"天下之治，以民为先，所谓民为邦本，本固邦宁也"，"今夫富国强兵之本，系于民而已矣"（王韬《重民·上》）③ "致治之道，莫切于亲民之官；生乱之源，莫急于病民之政"（郑观应《吏治·上》）④ 等。而严复则第一个将国民的精神素质与救亡兴邦的大业联系起来，认为"国之强弱贫富治乱者，其民力、民智、民德三者之征验也"，将民力、民智、民德作为国家之根本，并提出了"鼓民力、开民智、新民德"的救世方略。从而奠定了晚清以"新民"为核心的启蒙主义基调。

---

① 李孝悌：《清末的下层社会启蒙运动》（1901—1911），河北教育出版社 2001 年版，第238—239 页。

② 陈独秀：《说国家》，载《安徽俗话报》1904 年第 5 号。

③ 王韬：《弢园文录外编》，辽宁人民出版社 1994 年版。

④ 郑观应：《盛世危言》，辽宁人民出版社 1994 年版。

戊戌变法失败以后，梁启超被迫流亡海外，这给了他更广泛接触西学的机会。西方近现代以来国家学说、政治制度、自由民主思想，使梁启超对"民族—国家""新民"有了更多更新的认识，"今日欲救中国，无他术焉，亦先建设一民族主义之国家而已"（《论民族竞争之大势》）。正是在这样的背景和认识下，梁启超提出了《新民说》（1902 年）："今日欲抵挡列强之民族帝国主义，以挽浩劫而拯生灵，惟有行我民族主义之以策；而欲实行民族主义于中国，舍新民末由。"梁启超将"新民"与"新国"有机地联系起来，并视"新民"为"今日中国之第一急务"，"苟有新民，何患无新政府？无新制度？无新国家？"这样一来，"民"的现代性意义和价值就被充分地凸显出来。

梁启超的"新民"之"民"，已不同于中国古代社会所谓的"民本"之"民"。在这里，宏大的现代民族国家想象与建构就与过去具体而卑微的"国民"形象建立起了某种同构性的关联，无怪乎梁启超有如此之喟叹："呜呼！不有民，何有国？不有国，何有民？民与国，一而二，二而一者也。"① 要建立现代的民族国家，必须得培育现代意义的"民"，即新型的"国民"。所谓"国民"？梁启超曰："国民者，以国卫人民公产之称也。""国者，集民而成，舍民之外，则无有国。以一国之民，治一国之事，定一国之法，谋一国之利，悍一国之患，其民不可得而侮，其国不可得而亡，是之谓国民"，② 强调了"国民"在现代国家中的绝对主体性地位。然而纵观中国的历史，结果发现："中国人无历史，中国人之所为二十四朝之史，实一部大奴隶史也。"③ "这历史没有年代，歪歪斜斜的每叶上都写着'仁义道德'几个字。

---

① 梁启超：《爱国论》，《梁启超全集》，北京出版社 1999 年版，第 272 页。

② 梁启超：《论近世国民竞争之大势及中国前途》，《梁启超全集》，北京出版社 1999 年版，第 309 页。

③ 邹容：《革命军》，见丁守和主编《中国近代启蒙思潮》（上卷），社会科学文献出版社 1999 年版，第 383 页。

我横竖睡不着，仔细看了半夜，才从字缝里看出字来，满本都写着'吃人'两个字！"（鲁迅《狂人日记》）"举一国之人而无一不为奴隶，即举一国之人而无一可为国民。"①

现实中的"民族性""国民性"诚然如此，"新民"（"国民性"）看来则是一项长期而艰巨的系统工程，既需要意识形态上层的改良，更需要意识形态下层的革命。为此，严复、梁启超等比照西方和日本，追根溯源，通过考究中国传统文化，发现中国积弱的根本原因在"风俗"。"风俗……及其既成，虽其极陋甚蔽者，举国之人习以为然，上智所不能察，大力所不能挽，严刑峻法所不能变夫事……举国人展转沈锢于其中而莫能少越，习之囿人也大矣。"② 正因为如此，梁启超十分重视来自意识形态下层的风俗、习惯、文学、美术等质素对于现代"国民性"建构的意义："凡一国之能立于世界，必有其国民独具之特质。上自道德、法律，下至风俗、习惯、文学、美术，皆有一种独立之精神。"③ 被梁启超誉为"近代诗界三杰"之一的蒋观云（字智由），对民间"风俗"与"国家"的关系作了更为系统而详尽的论述。他说，"国之形质，土地人民社会工艺物产也，其精神元气则政治宗教人心风俗也。人者血肉之躯，缘地以生，因水土以为性情，因地形以为执业，循是焉而后有理想，理想之感受同，谓之曰人心，人心之措置同，谓之风俗。……大政治家、大宗教家亦以其一己之理想，欲改易夫人心风俗。人心风俗以之造政治宗教，而政治宗教又还而以之造人心风俗。是故人心风俗，掌握国家莫大之权，而国家万事其本原亦于是焉"。④ 梁启超、蒋观云等将来自民间的、日常的、琐碎的"人心""风俗""习惯"等与宏伟的、壮阔的、重大的现代"民族—国

---

① 佚名：《说国民》，载《国民日报》1901 年第 2 期。

② 黄遵宪：《日本国志·礼俗志一》，吴振清等点校、整理，天津人民出版社 2005 年版，第 819—820 页。

③ 梁启超：《新民说》，辽宁人民出版社 1994 年版，第 8 页。

④ 蒋观云：《海上观云集初编·风俗篇》，上海广智书局 1902 年版。

家"想象与建构联系起来，从而使"民间"在理念上突破了传统的"民本"言说，而初步获得了"现代性"的意涵。①

二　民间话语现代性意义的转换与呈现

晚清末年，在严重的民族国家危机与急切的现代民族国家想象语境下，在近代启蒙知识分子"新国""新民"学说的鼓动之下，长期被遮蔽的"民间"话语浮出了历史的地表，得到了梁启超等近代有识之士的高度关注，并被赋予近代"民族—国家"意义上的"现代性"内涵。因而，我们可以说，近代"民间"话语的激活及其"现代性"意义的生成与整个中国社会"现代性"追求的大背景是步调一致的。"民间"话语成为"现代性"话语的重要组成部分。中国近代的思想启蒙者，严复、梁启超、黄遵宪、夏曾佑、蒋观云等，先后都表达过对神话、风俗、歌谣等民间相关话题的兴趣，并将民间话语与文学、历史等量齐观，充分强调其鼓荡"人心"、培育"国民性"的意义和作用。20 世纪初，随着大批留学生前往欧美、日本留学，西方更多有关"民间"的理论被译介到中国，涉及人类学、文化学、语言学、神话学、民俗学等。这些学说和流派在其中国化的翻译与阐释、传播和接受的过程中，与中国本土的"民间"理念发生冲突和碰撞，经过长期的选择、交流和艰难的齿合、融会，并最终在五四前后完成了"民间"话语现代性意义上的转换，形成了中国现代的"民间"话语体系。

1. "民间"的主体构成：从"乡民"到"大众"

如前所述，"民间"是一个流动性的概念，"民间"的构成主体"民"，在不同时期，不同的社会背景下，其所指也不一样。20 世纪以

---

① 刘继林：《20 世纪上半叶中国民间话语现代意义的生成与衍变》，《兰州大学学报》2016 年第 4 期。

前，中国还是一个典型的以农耕文明为主导的乡土社会，"民间"的主体是原始、纯朴、处于自然状态的"乡民"，或为樵者、牧者，或为耕者、织者，大多是凡夫俗子、贩夫走卒、布衣百姓。晚清以来，中国被动进入"现代化"的进程，"民间"的构成主体自然也发生了一系列的变化。随着一次次阶级、社会、思想、文化的革命，中国社会完成了一次又一次的大跨越。在五四前后的几十年里，中国社会完成了从传统到现代的转型。经济上，经历了从传统的农耕文明向现代的工业文明的转变，都市取代了乡村而成为国家经济命脉的主体，以城市的工人、小手工业者、无业游民为代表的无产阶级队伍开始壮大；政治上，推翻了封建帝制，建立了民主共和国，"民主""自由""平等""博爱"等现代启蒙思想开始深入人心。当时先进的现代知识分子将个人的发展与"民族—国家"的前途紧密地联系起来，渴望建立一个独立自主的现代民族国家。中国社会形态的变化，必将带来"民间"构成主体相应的变化。

五四时期，"民间"之"民"，一般都被理解为"国民""民众""平民"，是一个比较宽泛的民族性概念，指向的是全体国民。1918年，北京大学开始的征集歌谣运动以及此后创办的《〈歌谣〉周刊》，最初的目的是希望从歌谣这种民间的文学资料中"编成一部国民心声的选集"①，并"从民歌里考见国民的思想、风俗与迷信等"②。可见，以周作人为代表的五四民间论者十分强调"民间"的启蒙功能，并直接将"民间"话语与他们所重视的"国民性"问题联系起来。文学研究会为了更好地"为人生"，切近现实人生，启蒙"民众"，特意在《文学旬刊》上辟专栏开展关于"民众文学"的讨论。文学研究会的主要成员郑振铎、朱自清、俞平伯、叶圣陶等都参与其中。何谓"民

---

① 《〈歌谣〉周刊·发刊词》，见1922年12月17日《〈歌谣〉周刊》第一号。
② 周作人：《歌谣》，见《周作人自编文集·自己的园地》，河北教育出版社2002年版，第37页。

众"？朱自清的观点具有代表性，"我们所谓民众，大约有三类：一、乡间的农夫、农妇……；二、城市里的工人，店伙，佣仆，妇女，以及兵士等；三、高等小学高年级学生和中等学校学生，商店或公司底办事人，其他各机关底低级办事人……"。而将达官、贵绅、通人，名士等排除在"民众"之外。① 五四的"民间"论者，在西方启蒙思想的影响下，强化了"民间"话语的"民主性"内涵和"启蒙性"诉求，在民主主义和人道主义旗帜下，还打出了"劳工神圣""关注民众""关注底层""为人生""到民间去"的口号，充分肯定了下层民众、普通平民给予现代社会的意义，他们也对底层民众的生存现状给予人道主义关怀。②

20 世纪 20 年代中后期，中国的社会革命形势发生了巨大变化，"国民"内部阶级分化的趋势十分明显，阶级之间的矛盾冲突也日趋尖锐。1927 年，广州的中山大学创办的《民间文艺》（后改为《民俗》）就充分注意到了这一点："从历史上演成的一种势力，使社会分出贵族和平民的两个阶级，不但他们在生活上迥异，而且文化悬殊。"③ 并强调了自己的"民间—民众"文化立场："我们要站在民众的立场上来认识民众！我们要探检各种民众的生活，民俗的欲求，来认识整个的社会！我们自己就是民众，应该各各体验自己的生活！我们要把几千年埋没着的民众艺术，民众信仰，民众习惯一层一层地发掘出来！我们要打破以圣贤为中心的历史，建设全民众的历史！"④ 在中山大学的民俗学者那里，"民"已成为一个相对狭窄的、带有一定阶级色彩的概念。和民俗学者相对温和的文化"民间"立场不同，

---

① 朱自清：《民众文学的讨论》（四），载 1922 年 1 月《文学旬刊》第 26 期。
② 最典型的例子就是，1918 年《新青年》上刊发的胡适、沈尹默的同题新诗《人力车夫》，由此开了中国现代文学史上"人力车夫派"的先河，刘半农、鲁迅、顾颉刚、郁达夫、老舍等也曾创作过"人力车夫"题材的作品。
③ 董作宾：《为〈民间文艺〉敬告读者》，载《民间文艺》1927 年 11 月 1 日创刊号。
④ 《民俗·发刊辞》，载《〈民俗〉周刊》（台湾中山大学语言历史学研究所编印）1928 年 3 月 21 日第 1 期。

1928 年兴起的"普罗—大众"革命思潮则在民间的阶级性上走得更远，直接将"民间"的主体与革命的"普罗大众"等同。在无产阶级革命话语的主导下，广大深受地主剥削的"农民"、饱受资产阶级压榨的"工人"、城市流氓无产者、小资产阶级知识分子等构成了革命文学"民间"话语主要的言说对象："我们要努力获得阶级意识，我们要使我们的媒质接近农工大众的用语，我们要以农工大众为我们的对象。"[1] 1930 年成立的"左联"，更是旗帜鲜明地确定了"文艺大众化"的工作路线，将列宁的"属于大众，为大众所理解，所喜爱"作为文学创作与批评的原则。[2] 1933 年 2 月创刊的《新诗歌》，作为中国诗歌会的会刊，致力于大众化的诗歌运动："我们要用俗言俚语，／把这种矛盾写成民谣小调鼓词儿歌，／我们要使我们的诗歌成为大众歌调，／我们自己也成为大众中的一个。"[3] 至此，"民间"话语的主体就发生了巨大而深刻的变化：从五四时期普泛性的"国民""民众"，而衍化为 1930 年代具有强烈阶级色彩的"大众"；从一个思想文化意义上审视和批判的对象，而成为阶级革命表现和依托的对象。[4]

在五四前后急剧变动的社会文化语境下，"民间"的指向是流动性的，其构成主体也是变动不居的。从最初一般意义的"乡民""国民"，过渡到思想启蒙意义的"民众"，再到具有阶级性质的"大众"。在这样的嬗变中，"民间"从一个普通的社会学概念（"乡民"），发展到一个思想意义的概念（"国民""民众"），最后被塑造为一个具有浓重意识形态色彩的政治概念（"大众"），并且在此后中国的现代化进程中扮演着十分重要的角色。

————————

① 成仿吾：《从文学革命到革命文学》，《创造月刊》1928 年第 1 卷第 9 期。
② 见《中国无产阶级革命文学的新任务——一九三一年十一月中国左翼作家联盟执行委员会的决议》，载《文学导报》1931 年 11 月 15 日第 1 卷第 8 期。
③ 本刊同人等：《发刊诗》，载中国诗歌会编辑《新诗歌》（旬刊）1933 年 2 月 11 日第 1 卷创刊号。
④ 刘继林：《现代中国文学民间话语的考量与反思》，《中国现代文学研究丛刊》2013 年第 6 期。

2. "民间"的空间场域：从"乡村"到"都市"

如果说"民间"的构成主体我们谈论的主要是"民间"之"民"，那么这里要论及的则是"民间"的空间维度，即"民间"之"间"。

在漫长的中国农业社会里，"民间"主要指向广大的乡村社会，桑间、濮上、高山、旷野。这样一个空间场域，虽地处外省、边缘，远离了京畿，也不关乎庙堂，却孕育了思想和艺术价值极高的"国风"、"乐府"、宋词、元曲、明清之小说等，并源源不断地为所谓的文人传统、高雅文化注入清新、刚健、真挚、性灵等艺术元素。不可否认的是，"民间"长期以来是一个被压抑、被忽视、被遮蔽的所在。"民间"似乎也甘于这种边缘的状态，在近乎田园牧歌的状态中如此的循环往复。民间的这种状态持续了约两千来年。民间，宁静；民间，无争；民间，无为；民间，封闭……。中国如此，西方社会也大致差不多。

"民间"这种静止状态和循环局面的被打破，或者说被改变，很大程度上得益于从英国开始波及整个世界的"产业革命"。英国的"圈地运动"、俄国的"农奴制改革"、美国的"西部大开发"等都成为"现代化"的象征，预示着以乡村和农业为主导的传统社会形态将被以新兴的大机器生产为标志的资本主义形态所取代。现代化的大机器生产、规模化的工商业贸易，需要开拓更多的贸易市场，并最大限度地激发消费者的购买欲望，世界范围内的殖民扩张和都市化浪潮席卷而来。原本宁静无为的乡村社会受到了前所未有的冲击，"民间"传统赖以存在的空间场域也逐渐被蚕食和鲸吞。这一切使"都会生活者和乡间生活者、殖民地上支配者和被支配者之间，发生道德上、信仰上、思想上、感情上种种龃龉"① 和矛盾。"民间"社会不得不回应"现代化"的挑战！要么抵抗，收复失地，延续"民间"传统的存在

---

① 何思敬：《民俗学的问题》，载《〈民俗〉周刊》1928 年第 1 期。

方式；要么变通，适应现代化的发展需要，寻求更大的发展空间。历史实践证明，后一种路数的"民间"才在强势的"现代化"语境中存在了下来，并找到了新的生长点。

这个新的生长点就是"都市民间"。进入 20 世纪，在西方现代文明的冲击和影响下，中国社会经历了从传统到现代的转型。其最显明的表现就是上海、广州、北京、天津、大连、青岛、南京、杭州、武汉、重庆等现代化大都市的纷纷崛起，纵深影响、辐射到广大的周边地区，形成了星罗棋布的小城镇。在此基础上，20 世纪中国社会呈现出"大都市—小城镇—乡村"三位一体的社会结构层次。这样的社会结构层次，在作家茅盾的笔下表现得尤为明显：《子夜》（大都市）—《林家铺子》（小城镇）—《春蚕》（乡村）。茅盾从政治和经济的层面，对中国社会进行了全方位的整体剖析，引领了 1930 年代左翼文学"社会剖析小说"的创作潮流。自此，"乡下人进城"、"都市人还乡"、"都市"与"乡村"的冲突与纠葛，开始成为 20 世纪中国最为重要的社会、文化和文学命题。

五四以来的中国现代知识分子，都来自"乡土中国"。青年时代，都曾有过"走异路，逃异地，寻求别样的人们"的经历，接受过现代"异域"文化的熏陶和影响。成年后，他们却寄寓在现代化的大都市。这种"侨寓者"①"地之子"②"乡下人"③的身份，决定了他们割舍不断的"乡土情缘"，难以斩断与乡土中国的脐脉联系。他们将儿时的

---

　　① 鲁迅称五四时期的乡土小说作家大多是"侨寓文学"的作者，他们寓居于现代都市北京，其作品却"隐现着乡愁"，带有浓郁的乡土气息和地方色彩。详见《中国新文学大系（1917—1927）·小说二集导言》，上海良友图书出版公司 1935 年版。

　　② 五四乡土小说家台静农有一本小说集《地之子》，1930 年代诗人李广田有一首诗题为《地之子》，艾青"为什么我的眼里常含泪水，因为我对这土地爱得深沉"，……。"地之子"仿佛已成为一个象征，喻示着中国现代知识分子与乡土中国的关系。更为详尽深入的论述，可参见赵园《地之子》，北京大学出版社 2007 年版。

　　③ 沈从文在多篇文章中，反复声称自己是一个"乡下人"，"有着根深蒂固的乡巴佬性情"，"保守，顽固，爱土地"（《习作选集代序》，见《沈从文选集》第 5 卷，四川人民出版社 1983 年版，第 229 页）。

记忆、乡间的习俗、传统的观念等耳濡目染的"民间"文化因子带进了都市，构成了"都市民间"的文化形态。相对于乡村民间的具象性（可观、可闻、可感）而言，都市民间则以虚拟的价值和潜隐的形态存在于人们的心理深处。在某一个特定的时刻，这些遗留在记忆深处的童年生活、乡村片段、传统习俗等就会浮现在眼前："这时候，我的脑里忽然闪出一幅神异的图画来：深蓝的天空中挂着一轮金黄的圆月，下面是海边的沙地，都种着一望无际的碧绿的西瓜，其间有一个十一二岁的少年，项带银圈，手捏一柄钢叉，向一匹猹尽力地刺去，那猹却将身一扭，反从他的胯下逃走了。"（鲁迅《故乡》）

这种潜隐的乡村文化记忆在与现代都市文化的冲突与碰撞中，经常会闪现出颇有意味的思想火花。作为富有现代理性的中国知识分子，一方面，当他们用"现代都市"（开放、繁华、现代）的眼光来审视乡土"民间"时，他们看到了现实"民间"社会（诸如"未庄""鲁镇"）的闭塞、守旧和落后，看到了"民众"（诸如"闰土""阿 Q"）的麻木、愚昧和顽劣，故有鲁迅现代启蒙精神烛照下的"立人"理念和"国民性"改造思想；另一方面，当他们以"乡土民间"的和谐、真实与自然的视角来审视"现代都市"时，他们看到了"现代""都市"的狰狞面孔，看到了现代文明对人性的扭曲和异化，故有沈从文"乡下人"的执拗与坚守。他希望借此来疗治都市"阉寺性"人格和建筑"人性神庙"。这样一来，当"民间"话语的言说场域从"乡村"拓展到"都市"之后，"民间"话语的批判功能就被凸显出来。在现代"启蒙论"者那里，"民间"就成为"藏污纳垢"之地，好像阿 Q 之"癞疮疤"，免不了遭人指戳和修理；而在现代"审美论"者那里，"民间"就成为"万恶都市"之"他者"，亦如湘西的"边城"、传说中的"香格里拉"，成为现代社会最后的一片"处女地"，引人作无限之遐想而向往之。

由此可见，在从传统到现代的社会转型过程中，"民间"不但没有被汹涌的现代化、都市化浪潮所湮没、吞噬，出现所谓的生存危机，反而在与都市的冲突与碰撞中，拓展了话语言说的空间和阐释的能度。"民间"突破了"乡村—传统"相对单一的言说维度（感性的、抒情的、自然的、真挚的、人性的、古典的），而进入"都市—现代"更为多元的言说维度（复杂的、两难的、冲突的、悖论的、理性的、欲望的）。从此，"民间"作为一个言说平台、作为一种话语方式，从单薄走向丰腴，从平面走向立体，在与"现代性"话语、"都市"话语、"革命"话语的碰撞与融通中，具有了更大的张力和弹性。①

3. "民间"的功能指向：从"边缘"到"中心"

在传统社会里，"民间"主要指"多数不文的民众"②，包括"民间的小儿女，村夫农妇，痴男怨女，歌童舞姬，弹唱的，说书的"。③他们大多散乱无序地生活在原始自然的乡间社会，过着日出而作、日落而息的生活，他们很少有机会去接触系统的思想文化教育，更不会从政治上对统治阶级的特权地位产生影响。他们远离朝廷，也不关乎庙堂，自由自在地在祖辈的自留地上繁衍生息。日复一日，年复一年，如此的循环往复。"民间"以这种近乎"无为"的状态而为"诗坛不列""荐绅学士家所不道"，其"权"也"轻"，在传统文化体系中的位置注定是"边缘"。不过，也正是这种不为政治权力所累的"边缘"位置，才使"民间"的生命呈现出一种健康、完整而自足状态。陈思和、王光东将这种状态界定为"自由—自在"，并视之民间文化形态最基本的审美风格和最重要的精神特质。④

进入近现代社会以后，一方面，中国社会的农业文化形态受到现

---

① 刘继林：《20 世纪上半叶中国民间话语现代意义的生成与衍变》，《兰州大学学报》2016年第 4 期。

② 周作人：《中国民歌的价值》，载《歌谣周刊》1923 年第 6 期。

③ 胡适：《白话文学史》，见姜义华主编《胡适学术文集·中国文学史》（上），中华书局1998 年版，第 155 页。

④ 参见陈思和等的《民间的沉浮——对抗战到文革文学的一个尝试性解释》（《上海文学》1994 年第 1 期）、王光东的《"民间"的现代价值——中国现代文学与民间文化形态》（《中国社会科学》2003 年第 6 期）等文。

代化的强烈冲击，民间赖以存在的外部环境遭到破坏，它不可能继续维持那种完整自足、"自由—自在"的"边缘"状态；另一方面，在"启蒙"和"救亡"双重变奏的大背景下，现代意义的"民间"话语被激活。"民间"从"无为"而"无不为"，积极主动地承担起20世纪中国"现代性"建构的重大使命，从而成为推动现代中国社会历史文化进程的一支重要力量。

晚清末年，梁启超所倡导的"新民"说，将"新民"作为建构现代"民族—国家"的基础，从而引发了晚清社会对"民间"话语的高度关注，中国现代的"民间"话语亦由此滥觞。此后，资产阶级革命党人在孙中山"驱除鞑虏、恢复中华"的民族主义信条下，也将"民间"话语作为其民族革命的重要内核。他们"谈论民族祖先起源神话，谈论乐舞、民间戏剧的作用，乃至谈论撒旦的功绩、荷马的教育价值……都不是无所为的，是要鼓吹民族自豪感，排斥清朝统治者，是要激起国民的自强、抗争的意识，争取自由、独立的地位。换一句话：唤起革命思想，达到革命目的"。① 由此，我们可以看出："民间"自滥觞期"现代性"的获取开始，就开始将自己与20世纪中国轰轰烈烈的社会革命捆绑在一起，从而带上了鲜明的意识形态色彩。

五四时期，受"劳工神圣"和19世纪俄国民粹主义"到民间去"运动的影响，李大钊率先提出"非把知识阶级与劳工阶级打成一气不可"的口号，倡导并发动了五四时期的"到民间去"运动。在李大钊看来，"民间"就应该是起于平民而终于乡间，当时一切中国问题的解决，就应该从"农民"开始、从"农村"开始。"他们若是不解放，就是我们国民全体不解放；他们的苦痛，就是我们国民全体的苦痛；他们的愚暗，就是我们国民全体的愚暗；他们生活的利病，就是我们政治全体的利病。"并号召青年"速向农村去吧！日出而作，日入而

---

① 钟敬文：《晚清革命派著作家的民间文艺学》，见《民间文艺学及其历史》，山东教育出版社1998年版，第308页。

息，耕田而食，凿井而饮"。① 稍后成立的"北京大学平民教育讲演团"，更是将李大钊的号召化为实际行动，其宗旨就是：增进平民知识，唤起平民之自觉。1920 年代，中国社会运动的积极分子就充分认识到，知识分子只有"与乡间人接近而浑融"，中国问题才有解决的希望，并要求知识分子"向乡间民众讲演"，"跃入乡间社会的大圈里去，去观察乡间的实况"。在此种倡导之下，即使是象牙之塔中的诗人、剧作家等，亦不能不正视"民间"。现代中国第一份诗歌刊物《诗》月刊就明确地指出，诗人"不能单靠玄想"，而"应注意生活"，"须向民间"。② 1926 年，著名的剧作家田汉还拍摄了一部题为《到民间去》的电影，以中国知识青年"到民间去"的运动来表现"中国民众底美丽的生底苦恼"，影片给我们传递出了来自民间的"一种崭新的美与力，即反抗的群众之美与力"③。

　　1920 年代至 1940 年代，中国进入社会革命和阶级斗争最为集中的时期。"农民"问题、"土地"问题、"大众化"问题、"民族战争"问题，成为纠缠和贯穿现代中国社会的根本性问题，也是关乎中国社会革命成败的重大政治性命题。在这样的背景下，民族"救亡"压倒了思想"启蒙"、"民间"立场取代了"精英"意识、"大众群体"湮没了"知识个体"。随着社会阶级斗争和革命战争形势的急遽变化和发展，知识分子已开始自觉地意识到："民间"，不仅是现代中国一种潜在的可供挖掘和借鉴的社会文化资源，同时更是现代中国社会革命和阶级斗争可资利用和依傍的政治力量。④ 在"大众化"思潮的宣传鼓动下，在阶级革命与民族战争的现实需要下，"民间""大众"的社

---

　　① 李大钊：《青年与农村》，原载 1919 年 2 月 20—23 日《晨报》，见《李大钊选集》，人民出版社 1959 年版，第 146—150 页。

　　② 云菱：《小评坛·（一）去向民间》，载 1922 年 3 月 15 日《诗》第 1 卷第 3 号。

　　③ 田汉：《我们的自己批判》，载《南国》第 2 卷第 1 期，收入《田汉文集》（14），中国戏剧出版社 1983 年版。

　　④ 刘继林：《20 世纪上半叶中国民间话语现代意义的生成与衍变》，《兰州大学学报》2016年第 4 期。

会政治功能与意识形态色彩被逐步放大，民间的、大众的、集体的话语受到普遍的欢迎和认同，相反，知识分子的、精英的、个人的话语则渐次遭到政治权力和意识形态的批评和压制。1942年，"延安整风"及毛泽东《在延安文艺座谈会上的讲话》的发表，则正式标志着"民间"已彻底告别了过去被遮蔽的状态，从社会文化的"边缘"跃居政治文化的"中心"。

通过以上几个不同维度的考察与分析，我们可以清晰地看到"民间"话语在20世纪上半叶的衍变轨迹。五四之初，"民间"如同一素朴自然之乡村少女，受到"德先生"和"赛先生"的鼓动，带着自己的梦想，告别了温和而慈爱的"母亲"，来到了现代化的大都市，走进了新文化运动的大课堂，倡导白话，反对传统，呼唤自由，追求民主，紧跟时代的脉搏。可不久，五四落潮了，中国社会充斥的是风花雪月的浪漫颓废、阶级革命的粗暴叫喊，一切都变得喧嚣和复杂。我们原本清纯的乡村少女（"乡村民间"）经不住"爱情"与"革命"的双重诱惑，而成为一都市之现代女性（"都市民间"），在十字街头，恋爱着，呐喊着。当"革命的浪漫蒂克"梦想破灭之后，她要么临街卖笑，委身于金钱，取悦于市场，成为一个摩登而俗气的"舞女"（以张恨水、张爱玲为代表，都市民间的"世俗化""日常化"形态）；要么走进无产阶级的游行队伍中，成为普罗"大众"中的一员（以中国诗歌会为代表，都市民间的"革命化""大众化"形态）；要么，通过自己执着的打拼，在自由的都市空间中赢得一块"自耕地"（以沈从文为代表的、都市民间的"乌托邦"形态）。如此繁复的"民间"话语形态，是如何影响中国新诗的，需要我们进一步地去梳理和辨析。

通过对中国现代民间话语的考察，我们发现，上述"民间"话语之种种现代性表象、症候，都十分明显地体现在中国现代文学进程之中。现代"民间"话语，作为一种重要的社会文化思潮，已成为现代文学史中一个不可忽视的重要存在。但在过去的"革命的文学史"① 以及"启蒙的文学史"② 叙述中，对"民间"都有所误读或遮蔽。本著以中国现代诗歌为中心，兼顾整个现代文学，主要考察"民间"话语在 20 世纪上半叶（1916—1949）的衍变，重点分析民间话语在五四新诗的现代性发生、1920 年代初新诗的本土化探寻以及左翼—抗战—延安新诗的大众化、政治化走向中的意义和作用，借此来展开对中国现代"民间"话语复杂性的认识和思考。

---

① 以王瑶、丁易、刘绶松、唐弢为代表的 1980 年代以前的新文学史研究模式。
② 以严家炎、王富仁、钱理群、汪晖等为代表的 1980 年代以来的现代文学史研究模式。

第二章　民间话语与五四新诗的现代性发生

在五四新与旧、传统与现代激烈的碰撞之中，"民间"话语在白话新诗的酝酿、鼓吹、经营和建构中，起到了重要的触发、渲染和调适作用。胡适、周作人、刘半农、刘大白等都十分注意挖掘"民间"的话语潜力，彰显其"启蒙现代性"和"审美现代性"意义，并将之创造性融入五四新诗话语系统的建构中。

从晚清到五四，从时间上来看，只有半个多世纪，放在中国几千年的历史的长河中，可能根本不值得一提。可就是这历史长河中的一个片段，却是中国历史最值得探讨、最需要阐释的一个时期。鸦片战争以来，"开眼看世界"的知识分子，通过比照西方强大的欧美和身边迅速崛起的日本，开始了对中国社会的全面反思。围绕祖宗之法"变"还是"不变"，曾展开过激烈的讨论，最后的结论是"变亦变，不变亦变"。延续千年的传统中国开始进入历史上最剧烈变动的时期，从"器物"到"制度"，再到"文化"，一切都处于"嬗变"之中。"新""变""改良""革命"可以说是这个时期中国思想文化界使用频率最高、意义最为重大的"现代性"语汇。人们在使用这些"现代性"词语时，不管是"新"、"变"、"改良"还是"革命"，都有一个作用的对象或者说对立面，那就是"传统"。这就决定了"传统"自

一开始，就扮演着中国"现代性"话语言说中的"他者"角色。

第一节 "民间"与五四文化"反传统"

一 五四文化"传统"与"反传统"的悖论

"传统"（tradition），一词来源于拉丁文 traditum，意思是从过去延传到现在的事物。作为代代相传的事物，传统既包括物质实体，又包括各种制度、观念、习惯、信仰等。它们以有形，但更多是以无形的方式，普遍地存在于社会生活的方方面面，深深地扎根于人们思想意识的深处。根据美国著名社会学家希尔斯（Edward Shills）的观点，传统之所以能够代代相传，并被不同时代的人们所接受和认同，就在于传统及其变体"同出一源"，具有"共同的主题"。① 在希尔斯看来，社会之所以得以正常的延续和持续的发展，是因为有"实质性传统"的存在。"所谓实质性传统，也即崇尚过去的成就和智慧，崇尚蕴涵传统的制度，并把从过去继承下来的行为模式视为有效指南的思想倾向。如对宗教和家庭的感情，对祖先和权威的敬重，对家乡的怀恋之情等。"② 但这些"实质性传统"似乎又造成了人们在新的历史起点上的矛盾心态：我们来自"传统"，情感上自然珍视和眷恋着"传统"，但要发展和前进又不得不"反传统"，理智上寻求着超越和突破。尤其是在思想文化大变动、社会历史大转折的时期，这种两难的处境表现得更为明显。人们似乎总走不出这样的怪圈：来自"传统"而"反传统"。最开始是否定"传统"、反叛"传统"，成为激进的"反传统"主义者；而当这种反叛所建立的"传统"成为新的"传统"时，

---

① ［美］希尔斯：《论传统》，傅铿、吕乐译，上海人民出版社2009年版，第14页。
② 傅铿：《传统、克里斯玛和理性化——译序》，见［美］希尔斯《论传统》，傅铿、吕乐译，上海人民出版社2009年版，第2—3页。

他们又倾向于维护"传统"、坚守"传统"，成为保守的"传统"主义者，最后又成为下一次反叛的对象。一代又一代，不断地推移，不断地延续。这似乎就是"传统"的悖论与"反传统"的逻辑。晚清是如此，辛亥是如此，五四亦是如此。

五四之前，洋务运动、维新改良、辛亥革命都曾有过"反传统"主张，诸如洋务派的"中学为体、西学为用"，维新派的"戊戌变法"与梁启超倡导的"三界革命"，孙中山的"三民主义"等，都将矛头指向了"传统"。在当时，这些"反传统"的思想和主张在思想文化界都引起过强烈的震荡甚至是激烈的论争，但最终都归于失败。"其原因之小部分，则为三次革命，皆虎头蛇尾，未能充分以鲜血洗净旧污；其大部分，则为盘踞吾人精神界根深底固之伦理，道德，文学，艺术诸端，莫不黑幕层张，垢污深积，并此虎头蛇尾之革命而未有焉。此单独政治革命所以于吾之社会，不生若何变化，不收若何效果也。推其总因，乃在吾人疾视革命，不知其为开发文明之利器故。"① 因而，面对"传统"，如此的一个庞然大物，要走出所谓的"传统"的悖论或"反传统"的怪圈，取得"反传统"的胜利，就必须在"否定"和"反叛"的道路上走得更坚决、更彻底一些，彻底作一个"不肖子"，弑"父"弑"母"，"全盘性的反传统"和"整体性的反传统"，割断与"传统"的联系，实现与"传统"的决裂。这是五四之初的那一代"革命者"们对历史经验的总结，同时也是一种现实的文化策略和峻急的革命需要。

以《新青年》为中心的陈独秀、胡适、钱玄同、刘半农、鲁迅、吴虞等新文化运动的主将，在"民主"和"科学"的旗帜下，"重新估定一切价值"（Trans-valuation of all values），并直言不讳地表达了他们与"传统"决裂的文化立场。"他们所非难本志的，无非是破坏孔

---

① 陈独秀：《文学革命论》，载 1917 年 2 月 1 日《新青年》第 2 卷第 6 号。

教，破坏礼法，破坏国粹，破坏贞节，破坏旧伦理（忠孝节），破坏旧艺术（中国戏），破坏旧宗教（鬼神），破坏旧文学，破坏旧政治（特权人治），这几条罪案。这几条罪案，本社同人当然直认不讳。"①为此，胡适、陈独秀、鲁迅等大刀阔斧地、不遗余力地向传统文化，首先是向旧文学，发起了猛攻。"追本溯源，本志同人本来无罪，只因为拥护那德莫克拉西（Democracy）和赛因斯（Science）两位先生，才犯了这几条滔天的大罪。要拥护那德先生又要拥护赛先生，便不得不反对国粹和旧文学。"②"今欲革新政治，势不得不革新盘踞于运用此政治者精神界之文学。"③

历史也的确如此。1917 年，当时还在美国留学的胡适，在《文学改良刍议》中首先对"旧文学"发难，提出"文学改良"须从"八事"入手："一曰，须言之有物。二曰，不摹仿古人。三曰，须讲求文法。四曰，不作无病之呻吟。五曰，务去烂调套语。六曰，不用典。七曰，不讲对仗。八曰，不避俗字俗语。"④ 与之相呼应，国内的陈独秀在《文学革命论》中亦大声疾呼"文学革命"之"三大主义"："曰，推倒雕琢的阿谀的贵族文学，建设平易的抒情的国民文学；曰，推倒陈腐的铺张的古典文学，建设新鲜的立诚的写实文学；曰，推倒迂晦的艰涩的山林文学，建设明了的通俗的社会文学。"⑤ 共同举起了五四"文学革命"的大旗。此后，钱玄同、刘半农、周作人、傅斯年、鲁迅等也纷纷撰文响应，一场轰轰烈烈"反传统"的"文学革命"就此拉开了大幕。

陈独秀、胡适苦心孤诣、殚精竭虑地制造了"文学革命"这样一个"大事件"。他们急切地想通过几场痛痛快快、酣畅淋漓的大争论、大辩

---

① 陈独秀：《本志罪案之答辩书》，载 1919 年 1 月 15 日《新青年》第 6 卷第 1 号。
② 陈独秀：《本志罪案之答辩书》，载 1919 年 1 月 15 日《新青年》第 6 卷第 1 号。
③ 陈独秀：《文学革命论》，载 1917 年 2 月 1 日《新青年》第 2 卷第 6 号。
④ 胡适：《文学改良刍议》，载 1917 年 1 月 1 日《新青年》第 2 卷第 5 号。
⑤ 陈独秀：《文学革命论》，载 1917 年 2 月 1 日《新青年》第 2 卷第 6 号。

难，将"传统"屠之而后快。可有意思的是，现实并非如此。作为"文学革命"对立面的"他者"——"传统文学"或者说"旧文学"——并没有作出积极的回应。林纾虽作过《论古文之不宜废》《论古文白话之相消长》等文章，可并没有说出个什么道理来；黄侃因不满胡适的"两个黄蝴蝶"，而呼胡适为"黄蝴蝶"，并在《文心雕龙札记》中大骂白话诗文"驴鸣狗吠"。但都没有构成对"文学革命"论者的挑战，令胡适、蔡元培等大失所望。而另一位古文大家严复，却抱着"优者自存，劣者自败"的"天演"论调，认为"文学革命"论者（"千陈独秀，万胡适、钱玄同"）"则亦如春鸟秋虫，听其自鸣自止可耳，林琴南辈与之较论，亦可笑也"，根本不屑与陈独秀、胡适等论战。① "桐城""选学"们的"拙劣"表现完全出乎他们的意料，不能令他们满意，"旧文人们的反抗言论既然竟是寂寂无闻，他们便好像是尽在空中挥拳，不能不有寂寞之感"。② 一种未尝经验的无聊、无可措手的孤独和置身荒原的寂寞感，笼罩着文学革命的勇士们，让他们感到了"革命"没有"对象"的无聊与尴尬。没有了"假想敌"，"新文学"如何得以确立呢？在这种情形下，为了造成"革命"轰轰烈烈的预期效果，形成真正论争的局面，钱玄同、刘半农策划了中国新文学史上著名的"双簧信"事件，作为《新青年》记者的刘半农，与假想的强大"对手"王敬轩（一个虚拟的、被建构的"旧文学"形象），展开了一对一、点对点的辩驳，从而将五四新文学革命的"反传统"引向了深入。③

我们若将胡适、陈独秀等倡导"文学革命"的文字作一大致的分

---

① 严复：《严幾道书札》（六十四），原载《学衡》第二十期。见郑振铎编《中国新文学大系·文学论争集》，上海良友图书印刷公司1935年版，第96页。

② 郑振铎：《中国新文学大系·文学论争集导言》，上海良友图书印刷公司1935年版，第6页。

③ 1918年3月5日《新青年》第4卷第3号上发表了钱玄同化名"王敬轩"给《新青年》杂志写的一封公开信《文学革命之反响》，列举了《新青年》和新文化运动的诸多罪状，公然向文学革命倡导者叫板。刘半农以《新青年》记者的身份作了一篇《复王敬轩书》予以反驳，文章洋洋洒洒，气势如虹，将"王敬轩"驳得体无完肤，在社会上引起了强烈的反响。

析，我们会很容易发现：

（1）完全否定、不容置疑的语气。"改良中国文学，当以白话为文学正宗之说，其是非甚明，必不容反对者有讨论之余地，必以吾辈主张者为决定之是，而不容他人之匡正。"①

（2）二元对立的思维方式（"死"与"活"、"旧"与"新"、"鬼"与"人"②、"破"与"立"、"推倒"与"建设"）。这一切，都表明了五四文学革命者决绝的"反传统"立场。

这些激进的"反传统"言论和实践，其实是五四文学革命的一种策略，在当时也的确达到了预期的革命效果，痛痛快快地给了"传统"以致命的一击。

在"文学革命"狂风暴雨般的攻势之下，"旧文学"传统在舆论上很快就被打倒。但我们不得不承认的是，破坏容易建设难。对于五四新文学来说，"破"只是手段，"立"才是目的。在此后的数十年内，建构新文学、新文化的实际是不能令人满意的。外来的民主主义、无政府主义、马克思主义、自由主义、实用主义都曾在中国产生过影响，并且还有着一定的市场和号召力，但似乎都无法承担得起建构中国现代思想与文化的重任。正因为如此，自20世纪20年代的《学衡》"昌明国粹，融化新知"始，到我们21世纪的今天，海外、港澳台以至大陆，有着一波又一波的文化保守主义思潮，即所谓"新儒学""新汉学""新国学"的出现。他们在对20世纪中国思想与文化作历史考察后，都将现代中国社会的种种问题最终归结到五四激进的"反传统"上来，对五四以来的新文化传统及"现代性"的追求提出了普遍质疑并给予了全面的反思，将五四的"反传统"与"中国意识的危机"、"文革"的灾

---

① 这是陈独秀答胡适书信中的话，原载1917年5月1日《新青年》第3卷第3号，见姜义华主编《胡适学术文集·新文学运动》，中华书局1993年版，第31—32页。

② 刘大白称"文言"为"鬼话"、"白话"为"人话"，得到了胡适的认可，胡适说，"只有真有价值、真有生命的人话文学才可以服人之口，服人之心；如赤日当空，一切鬼影自然消灭了"。见刘大白《白屋文话·自序二》，上海世界书局1929年版。

难、"被压抑的现代性"等联系起来。① 这些质疑的声音和反思的言说,的确对于我们今天的五四及现代文学研究富有建设性意义,但同时我们也必须注意到他们的文化价值取向与意识形态立场。

五四是"传统"和"现代"中国的分水岭,是中国近现代以来新的民族国家想象中最为重要的一环。但在五四"反传统"的问题上,我们必须明确的是:"这种叛逆传统并不表明他们要彻底抛弃传统或割断传统,五四新诗人所反对的是传统诗歌的流弊,它与五四新文化思潮一样,以激烈的批判方式甄别传统、反思传统、扬弃传统,从而得以继承真正的优秀传统。"② 因为,新的民族国家的建构,既要"破",更要"立"。正是这个"立",决定了新的民族国家、现代思想文化建构除了借鉴西方的现代性成果之外,还得脚踏实地地在我们自己的国度上挖掘潜力,那就是对民族"优秀传统"的改造和借用。中外文化发展的历史经验告诉我们,"历史上向前一步的进展,往往是伴着向后一步的探本穷源"。③ 任何一个国家、任何一种文化、任何一个后继时代的文学,都不可能彻底与传统"断裂"。"新的艺术,没有一种是无根无蒂,突然发生的,总承受着先前的遗产。"④ 因而,我们说五四是"反传统"的,这是肯定的!说五四是"全盘性反传统",我们又必须予以否定!在这一点上,海外汉学家和中国学者都有过很多经典的论述。周策纵认为,五四"只有少数激烈分子反整个传统;大多数人,尤其是较好的领导知识分子,多只是反对传统中某一部分,却采

---

① 主要包括林毓生的"激烈反传统主义"(《中国意识的危机——五四时期激烈的反传统主义》,贵州人民出版社 1986 年版)、杜维明将五四与义和团相提并论、宫崎市定的五四开了"文化大革命"的先河、唐德刚认为五四乃"感情用事"(见王元化《传统与反传统——为五四文化作一辩》,载《人民日报》1988 年 11 月 28 日),以及王德威"没有晚清,何来五四?",用"晚清"驳杂的"现代性"来消解五四新文学传统(《被压抑的现代性——晚清小说新论》,北京大学出版社 2005 年版)等。

② 王泽龙:《中国新诗民族化历程回眸》,《人文杂志》2001 年第 1 期。

③ 宗白华:《中国艺术意境的诞生》,见《美学散步》(插图本),上海人民出版社 2005 年版,第 118 页。

④ 鲁迅:《致魏猛克》,《鲁迅全集》(第 13 卷),人民文学出版社 2005 年版,第 70 页。

纳、提倡或尊重其中另一部分。他们所极力反对的是当时许多顽固派和流行观点认为凡传统的都是对的。因此，我后来常说，这不如叫做'反—传统主义'（anti-traditionalism）"① 亦有学者指出："在五四时代，中国传统中一切非正统、反正统的作品（从哲学思想到小说戏曲歌谣）都成为最时髦的、最受欢迎的东西了。胡适把'整理国故'当作'新思潮的意义'的一部分，正可见'五四'与传统之间是有着千丝万缕的牵连的。"② 史华慈说："就攻击传统的'新文化派'学者自身而言，他们的目标也并非完全是破坏的。……无论是顾颉刚还是胡适，他们都的确能够从传统的中国思想中发现他们自己满意的、具有现代意义的东西。"③ 著名的胡适研究专家耿云志认为，"中国新文化不是全盘反传统的产物，恰恰是从本土文化传统中汲取了营养才得以生根、立足和发育起来的"。④ 上述学者所说的中国传统中的"另一部分""非正统、反正统的""与传统之间有着千丝万缕的牵连的""具有现代意义的东西"，其中最主要也是最重要的组成部分，就是本著所说的来自本土的"民间"文化传统。如此一来，我们就有必要探究"民间"到底在五四文学革命中起到了怎样的作用？"民间"为五四新文学的建构做了些什么？民间及其相关话语能否为我们提供一种新的研究视角和新的阐释向度？

二 "民间"传统与五四新文学革命的爆发

其实，历史的"在场"远远比我们的"描述"要丰富、复杂得

---

① 周策纵：《认识·评估·再充——香港再版自序》，见《五四运动史》，陈永明等译，岳麓书社1999年版，第13页。

② 见萧延中、朱艺编《启蒙的价值与局限——台港学者论五四》，山西人民出版社1989年版，第82页。

③ ［美］本杰明·史华慈：《论五四及其以后新一代知识分子的崛起》，见王跃、高力克编《五四：文化的阐释与评价——西方学者论五四》，山西人民出版社1989年版，第108页。

④ 耿云志：《中国新文化的源流及其趋向》，《历史研究》1994年第2期。

多。社会史是如此，思想史是如此，文学史亦是如此。可能某个我们过去看来"无关紧要"的、"可以忽略"的历史细节，也许就会改变我们的某些认识和判断。我们若改变过去文学史中的粗线条、大脉络、主框架的叙述模式，改变曾经支配过我们的二元对立的逻辑思维模式（"传统"—"现代"、"文言"—"白话"、"新"—"旧"、"革命"—"保守"、……），改变我们对文学史某些核心问题（或者说"关键词"）的理解，朝我们的文学史中添加一些原始的资料文献，选择更多的叙述视角和更多的叙述方式，也许我们的文学史"再叙述""再书写"将呈现出另一番全新的面貌。

1956年，美国人类学家罗伯特·雷德菲尔德（Robert Redfield）在《乡民社会与文化：一位人类学家对文明之研究》一书中，首次提出了"大传统"（Great Tradition）与"小传统"（Little Tradition）这对概念。雷德菲尔德认为，"文化中存在着小众、精英化的大传统和大众、世俗化的小传统。大传统薪火相传地承传于经院之中；小传统则自在自为地存在于非书写文化的村社生活之中。哲学家、神学家、文学家的传统被有意识地精致化而传承下来，而细民百姓的传统则在无意识中被视为自然而然，无须进一步精细化和提高"①（In a civilization there is a great tradition of the reflective few, and there is a little tradition of thelargely unreflective many. The great tradition is cultivated in schools or temples; the little tradition works itself out and keeps itself going in the lives of the unlettered in their village communities. The tradition of the philosopher, theologian, and literary man is a tradition consciously cultivated and handed down; that of the little people is for the most part taken for granted and scrutiny or considered not submitted to muchrefinement and improvement.）。②

---

① 李丹：《一个关键词的前世今生——陈思和的"民间"概念的理论旅行与变异》，《文艺争鸣》2009年第7期。

② Robert Redfield, *Peasant Society and Culture*, Chicago: University of Chicago Press, 1956, p.70.

换言之，"大传统"是指以城市为中心，社会中少数上层人士、知识分子所代表的文化；"小传统"则是指在农村中多数农民所代表的文化。①雷德菲尔德的"大/小传统"论述很快被学术界所接纳，并将之与"精英文化""大众文化"对等起来，成为欧美"文化研究"学派相当流行的理论工具。1980年代，海外学者余英时首先将雷德菲尔德的大、小文化传统理论引入中国文化研究领域，并将之与中国文化中的雅、俗两个层次等同起来，认为"中国文化很早出现了'雅'和'俗'的两个层次，恰好相当于上述的大、小传统或两种文化的分野"。②

综合起来看，所谓"大传统"，一般是指一个社会里上层的贵族、士绅、知识分子等"少数人"的文化，它代表着正统、权威和精英意识，并对社会下层有着教化的功能；所谓"小传统"，则是以下层民众为主体，是"大多数人"的文化，它通过口头的形式和日常的社会生活实践来传承，代表着大众的口味和民间的立场。"大传统"主要靠国家权威意识的影响和推行，"小传统"则潜移默化的、静悄悄的发生。在中国，大、小传统之间的差异和界限显然相当明显，但相比较于欧洲，两者之间交流则似乎更加流畅。"根据中国人的一贯观点，大传统是从许多小传统中逐渐提炼出来的，后者是前者的源头活水。大传统（如礼乐）源自民间，而且最后又回到民间，并在民间得到较长久的保存，至少这是孔子以来的共同见解。"③

根据以上对大、小传统理论的简单梳理，我们完全可以将中国的"传统"作如下的处理：

（1）将以儒家思想为主导的"贵族传统""文人传统"归为"大

---

① 韩社林：《云南文化的艺术地理考察》，《西华大学学报》2011年第3期。
② 余英时：《中国文化的大传统与小传统》，见《士与中国文化》，上海人民出版社1987年版，第129—130页。
③ 李丹：《一个关键词的前世今生——陈思和的"民间"概念的理论旅行与变异》，《文艺争鸣》2009年第7期；余英时：《中国文化的大传统与小传统》，见《士与中国文化》，上海人民出版社1987年版，第134页。

传统"；将以乡村文化、民间精神为主导的"民间传统""白话传统"归为"小传统"。

（2）视儒家传统思想文化为"传统"的"主流"，视"民间传统"为"传统"的"支流"。

这样的理论预设与中国的社会文化实际是吻合的。中国一直是一个以农民为主体、以农业文化为主导的乡土社会，"民间""乡土""农民"，作为与"庙堂""朝廷""文人"相对的社会范畴，是我们无法忽视也无法回避的存在，古代社会是如此，近现代社会亦是如此。因而，我们完全可以将"民间"视为中国社会文化的一种"传统"——"小传统"。

从晚清开始，中国社会开始进入剧烈的变动期。西方科学主义与人文主义思想的大量进入，引发了中国社会对"传统"问题的思考。"重新估定一切价值"，决定了"传统"必将成为首当其冲的批判对象。五四"反传统"也就是在这样的文化语境下发生的。从"传统"过渡到"现代"是历史的必然趋势，谁也无法阻挡。但若是"全盘性""整体性"将所有的"传统"都予以彻底的摧毁、破坏，必将带来"传统"的本能抵抗，给"改革""革命"带来极大的阻力。从事实上讲，"反传统"也不可能做到这一点。更何况，胡适、陈独秀、刘半农、钱玄同、周作人、鲁迅等，这些五四文学革命的主将们，都来自中国传统社会，还受过良好的传统教育，有着深厚的传统文化底蕴和修养。他们从中国传统中汲取养料，再对传统进行批判性的反思，才开创了五四这样一个全新的局面。这也是为什么胡适一直以来坚持认定五四新文化运动为"中国的文艺复兴"的重要原因。①

为了真正实现文学的"革命"，胡适、陈独秀是很讲究"反传统"的方式和策略的，是有比较、有分析地进行的。他们在激烈抨击传统

---

① 胡适：《中国文艺复兴运动》，见姜义华主编《胡适学术文集·新文学运动》，中华书局1993 年版，第284—296 页。

文化中的精英思想的同时，对传统文化中的民间思想却并不摒弃，而是大力提倡。在胡适的《文学改良刍议》与陈独秀的《文学革命论》这两篇"文学革命"的战斗檄文中，他们并非全盘否定古典文学传统，而是通过对文学发展历史的重新整合，从中挑选了自己所需要的师从对象。① 这个对象就是自《国风》开始的白话文学传统和平民文学传统，亦即本文所言之"民间传统"、与正统文学大异其趣又长期被忽视的民间文学。胡、陈的策略，简单一点说，就是用"民间"这个"小传统"来反"儒家"那个"大传统"、用"民间"这个"支流"来反"儒家"那个"主流"，用民间的"刚健""清新"来实现"传统的再造"，亦即借鉴和利用"民间"话语来建构一个不同于"传统"的"新文学传统"。

让我们再回到五四"文学革命"发生的历史场景中来。

从史料来看，胡适关于"八事"的表述前后有三个不同的版本：

1916 年 8 月 19 日，胡适在给朱经农的信中，将前期关于"文学革命"的讨论和思考予以总结，形成为"文学革命的八条件"，即"八事"的第一个版本：

> 新文学之要点，约有八事：
>
> （1）不用典。
>
> （2）不用陈套语。
>
> （3）不讲对仗。
>
> （4）不避俗字俗语。（不嫌以白话作诗词）
>
> （5）须讲求文法。——以上为形式的方面。
>
> （6）不作无病之呻吟。
>
> （7）不摹仿古人。

---

① 刘纳：《嬗变——辛亥革命时期至五四时期的中国文学》（修订版），中国人民大学出版社 2009 年版，第 185 页。

（8）须言之有物。——以上为精神（内容）的方面。①

信中的八点只是一个粗略的大纲。两天后，也就是 8 月 21 日，胡适又将此"八事"稍适改动寄给了《新青年》的主编陈独秀。成为"八事"的第二个版本：

今日欲言文学革命，须从八事入手。八事者何？

一曰，不用典。

二曰，不用陈套语。

三曰，不讲对仗。（文当废骈，诗当废律）

四曰，不避俗字俗语。（不嫌以白话作诗词）

五曰，须讲求文法之结构。

此皆形式上之革命也。

六曰，不作无病之呻吟。

七曰，不摹仿古人，语语须有个我在。

八曰，须言之有物。

此皆精神上之革命也。②

1916 年 11 月，胡适在陈独秀的建议与催促之下，作了较大的调整与扩充，完成了《文学改良刍议》的写作。他用复印纸抄了两份，一份在当时的《留美学生季报》上发表，一份寄给陈独秀，后在《新青年》上发表。这就是"八事"的第三个版本：

---

① 胡适：《寄陈独秀·附二：文学革命八条件》，见姜义华主编《胡适学术文集·新文学运动》，中华书局 1993 年版，第 18—19 页。

② 胡适：《寄陈独秀》，见姜义华主编《胡适学术文集·新文学运动》，中华书局 1993 年版，第 15—17 页。

吾以为今日而言文学改良，须从八事入手。八事者何？

一曰，须言之有物。

二曰，不摹仿古人。

三曰，须讲求文法。

四曰，不作无病之呻吟。

五曰，务去烂调套语。

六曰，不用典。

七曰，不讲对仗。

八曰，不避俗字俗语。

……①

　　《刍议》版中的"八事"，先后次序有所调整，并作了一些删改，之后还用了大量的篇幅对"八事"一一作了详细的阐释。

　　胡适这三个版本的"八事"，表面上看，内容并没有太多实质性的变化，均将革命的矛头指向了旧文学的弊端，均采用了完全否定性的"不……"和完全肯定性的"须……"来强化表达的效果，"革命"的语气和"反传统"的态度不容置疑。

　　但我们若仔细考察，就会发现：

　　（1）第二个版本的"反传统"的语气最坚决，"革命"的色彩也最强烈。它在第一个版本的基础上作了几处增改（引文中笔者加有着重号的文字）：①将传统文学的代表"骈文"和"律诗"当作了"靶子"，认为这些传统的文法应该废弃；②强调了文学创作应该具有独特的个性和鲜明的自我色彩；③"当废""革命"等词的增添，强化了其"反传统"的意味和"革命"的色彩。

　　（2）第三个版本篇幅最长，对"八事"进行了详尽的阐释，可

---

　　①　胡适：《文学改良刍议》，见姜义华主编《胡适学术文集·新文学运动》，中华书局1993年版，第19—29页。

"革命"的色彩、"反传统"的意味却谈了许多,"刍议""改良""谓之'刍议',犹云未定草也。伏惟国人同志有以匡纠是正之",显得似乎很没有底气。

胡适后来在谈到《文学改良刍议》写作中的某些变化时,说:

> ……可是我受了在美国的朋友的反对,胆子变小了,态度也谦虚了,所以此文标题但称"文学改良刍议",而全篇不敢提起"文学革命"的旗帜。篇末还说:
>
> 上述八事,乃吾年来研思此一大问题之结果。……谓之"刍议",犹云未定草也。伏惟国人同志有以匡纠是正之。
>
> 这是一个外国留学生对于国内学者的谦逊态度。文字题为"刍议",诗集题为"尝试",是可以不引起很大的反感的了。①

按照胡适当时主张的"文学进化"逻辑和现实的"反传统"需要,我们一般都会这样认为:胡适在《文学改良刍议》这样一篇十分正式、相当重要的"文学革命"发难之作中,更应该旗帜鲜明地标明自己的"文学革命"立场,语气似乎火药味更应该重一点才对啊!可胡适却偏偏"刍议"起来,"商榷"起来,似乎失却了先前笑侃"白话"的勇气和胆量。这就值得我们去怀疑、去揣摩了。

胡适所说的这位"美国的朋友"是谁?他究竟是"如何反对"胡适的?为什么在他的反对之下,胡适的胆子就变小了、态度也变谦虚了呢?

第二节 "文学革命自当从'民间文学'入手"

众所周知,1917 年 1 月,胡适《文学改良刍议》的发表,正式

---

① 胡适:《逼上梁山》,见姜义华主编《胡适学术文集·新文学运动》,中华书局 1993 年版,第 217 页。

标志着五四"文学革命"的开始。而胡适"文学革命"理念的形成则要更早一些。根据胡适后来在《逼上梁山——文学革命的开始》①中的追述，1915 夏，胡适与他的一帮美国留学的朋友任叔永（鸿隽）、梅觐庄（光迪）、杨杏佛（铨）、唐擘黄（钺）在绮色佳（Ithaca）度暑假，他们常常聚在一起讨论中国文学的问题。他们散步于康奈尔的校园，泛舟在凯约嘉的湖上，经常为一些中国文学的问题争论得面红耳赤。"这一班人中，最守旧的是梅觐庄，他绝对不承认中国古文是半死或全死的文字。因为他的反驳，我不能不细细想过我自己的立场。他越驳越守旧，我倒渐渐变的更激烈了。我那时常提到中国文学必须经过一场革命；'文学革命'的口号，就是在那个夏天我们论谈出来的。"②

1916 年，胡适等人的争论变得更为激烈，效果越来越明显。他们争论的焦点是"白话是否可以作诗"。胡适提出"诗国革命何自始？要须作诗如作文"，却遭到了众人尤其是梅光迪的坚决反对。梅光迪认为"文章体裁不同。小说词曲固可用白话，诗文则不可"。当年，意气风发的胡适，戏作了一首一千多字的白话打油诗《答梅觐庄》来调侃观念较为保守的梅光迪："老梅牢骚发了，老胡呵呵大笑。且请平心静气，这是什么论调！文字没有古今，却有死活可道。……"在这段被胡适和我们的新文学史所津津乐道的佳话中，梅光迪一直是以保守者的姿态作为五四新文学革命的对立面出现的。在这样的文学史叙述中，我们都忽略了一个重要细节，那就是梅光迪的"民间文学"观念对胡适"文学革命"的直接启示以及对后来胡适思想文化观念转变所产生的潜移默化的影响。

梅光迪（1890—1945），字觐庄，安徽宣城人。1909 年，考取清

---

① 该文脱稿于 1933 年 12 月 3 日，原载 1934 年 1 月 1 日《东方杂志》第 31 卷第 1 期，后收入胡适主编《中国新文学大系·建设理论集》，上海良友图书出版印刷公司 1935 年版。
② 姜义华主编：《胡适学术文集·新文学运动》，中华书局 1993 年版，第 197 页。

华留学预备学校。1911 年，赴美入威斯康星大学，后转入芝加哥的西北大学文理学院攻读西洋文学。1915 年春，他读到了白璧德的《现代法国批评大家》，甚为钦佩，而于 1915 年转学哈佛大学研究院，追随白璧德从事文化与文学批评研究。这一年的 9 月 17 日，胡适作诗送别将前往哈佛大学的梅光迪，"梅生梅生毋自鄙！神州文学久枯馁，百年未有健者起。新潮之来不可止；文学革命其时矣！吾辈势不容坐视。且复号召二三子，革命军前杖马箠，鞭笞驱除一车鬼，再拜迎入新世纪！"① 在这首诗中，胡适首次提出"文学革命"，并将革命的矛头指向了"旧文学"。但"文学革命"从哪儿开始，在何处寻得"旧文学"的软肋？又如何对之发起进攻？对于当时的文学革命者来说，是一个十分重要且棘手的问题。面对"旧文学"这么一个庞然大物，胡适策略性地选择了"诗歌"，将之作为"文学革命"的突破口："诗国革命何自始？要须作诗如作文。琢镂粉饰丧元气，貌似未必诗之纯。"胡适很得意于自己从"文体"（诗歌）和"形式"（白话）入手来进行"文学革命"，梅光迪却对胡适"作诗如作文"的所谓革命性搞法颇不以为然。在他看来：

> 诗文截然两途。诗之文字（Poetic diction）与为文之文字（Prose diction）自有诗文以来，（无论中西）已分道而驰。泰西诗界革命家最剧烈者莫如 Wordsworth〔华兹华斯〕，其生平主张诗文文字（diction）一体最力（不但此也，渠且谓诗之文字与寻常语言 ordinary speech 无异）。然观其诗则诗并非文也。足下为诗界革命家，改良诗之文字（Poetic diction）则可。若仅移文之文字（Prose diction）于诗，即谓之改良，谓之革命，则不可也。……一言以蔽之，吾国求诗界革命，当于诗中求之，与文无涉也。②

① 姜义华主编：《胡适学术文集·新文学运动》，中华书局 1993 年版，第 197 页。
② 罗岗、陈春艳编：《梅光迪文录》，辽宁教育出版社 2001 年版，第 159—160 页。

一向严谨的梅光迪，虽没有能够打消胡适"作诗如作文"的念头，却促成了胡适白话文学史观的初步形成："我到此时才把中国文学史看明白，才认清了中国俗话文学（从宋儒的白话语录到元朝、明朝的白话戏曲和白话小说）是中国的正统文学，是代表中国文学革命自然发展的趋势的。我到此时才敢正式承认中国今日需要的文学革命是用白话替代古文的革命，是用活的工具替代死的工具的革命。"① 无疑，这样的认识是积极的，意义也是重大的。

留学之初，梅光迪就明言其抱负："吾人生于今日之中国，学问之责独重：于国学则当洗尽二千年来之谬说；于欧学则当探其文化之原与所以致盛之由，能合中西于一，乃吾人之第一快事。"② 梅光迪这种中西文化"兼收并蓄"的态度无疑是十分可取的。正因为有着这样的文化态度，他当时的观点和看法才更值得我们去推敲和重视。1916年3月19日，他在回复胡适的一封关于宋元白话文学价值的信中，最先使用"民间文学"一词，并提出了"文学革命自当从'民间文学'入手"这一重要理念：

> 来书论宋元文学，甚启聋聩。文学革命自当从"民间文学"（Folklore，Popular poetry，Spoken language，etc.）入手，此无待言；惟非经一番大战争不可。骤言俚俗文学，必为旧派文家所讪笑攻击。但我辈正欢迎其讪笑攻击耳。③

此时，正值胡适酝酿并初步形成"文学革命"主张的关键时期，迫切需要得到友朋的支持。信奉白璧德主义的梅光迪，总是与胡适唱反调，反对其过激的"文学革命"言论。梅光迪信中的意见，的确出

---

① 姜义华主编：《胡适学术文集·新文学运动》，中华书局1993年版，第200—201页。
② 罗岗、陈春艳编：《梅光迪文录》，辽宁教育出版社2001年版，第120页。
③ 罗岗、陈春艳编：《梅光迪文录》，辽宁教育出版社2001年版，第162页。

乎胡适的意外："觐庄究竟是研究过西洋文学史的人，他回信居然很赞成我的意见。……这封信真叫我高兴，梅觐庄也成了'我辈'了！"①（注：着重号为笔者所加）。胡适字里行间透露出无法言表的欣喜和得意。但我们若"仔细研读胡适《逼上梁山》一文，感到这时的胡适，高兴归高兴，却似并没有理解到梅光迪的'文学革命自当从民间文学入手'的真意"。② 跳出胡适的主观叙述不说，我们反观梅光迪信函中的这段文字，我们可以将梅光迪的观点分解为以下三点：

（1）"民间文学"应当作为五四"文学革命"的"突破口"，其作用和意义不容置疑；

（2）"文学革命"时期，新旧文学必将发生激烈的拉锯战，相互间的讪笑、攻击是应有之义；

（3）在激烈的论战中，文学革命者应保持良好的革命心态。

与胡适此时的自负与得意相比，梅光迪则显得更为冷静和理性。梅光迪认为"究竟诗界革命如何下手，当先研究英法诗界革命家，比较 Wordsworth or Hugo（华兹华斯或雨果）之诗与十八世纪之诗，而后可得诗界革命之真相，为吾人借镜也"。③ 18 世纪的英法乃至整个欧洲，正处于浪漫主义运动阶段。欧洲的民俗学者几乎一致的相信欧洲文学上的浪漫主义运动与民俗学、民间文学有着天然而有机的联系，正是由民间传统而来的力量导致了诗歌、文学和音乐的更新。④ 梅光迪主张"文学革命"须借鉴英法浪漫主义诗歌运动的成功经验，可谓真知灼见，也是他对胡适的真诚建议和善意提醒，希望胡适能从西方的浪漫主义诗歌运动中得到启示。但中国历史选择的是"胡适"，摈弃的是"梅光迪"。这是我们无法改变的事实。

---

① 姜义华主编：《胡适学术文集·新文学运动》，中华书局 1993 年版，第 201 页。

② 刘锡诚：《20 世纪中国民间文学学术史》，河南大学出版社 2006 年版，第 74 页。

③ 罗岗、陈春艳：《梅光迪文录》，辽宁教育出版社 2001 年版，第 160 页。

④ 赵世瑜：《眼光向下的革命——中国现代民俗学思想史论（1918—1937）》，北京师范大学出版社 1999 年版，第 59—61 页。

但当我们回到"文学革命"发生的现场，重新审视五四文学革命时，我们发现：梅光迪的"'文学革命'自当从'民间文学'入手"对"民间"的言说，以及将"民间文学"与"Folklore, Popular poetry, Spoken language, etc."对译的做法，似乎更符合文学的历史逻辑和学术的现代理性。更值得一说的是，梅光迪的翻译中充分注意到现代"民间"话语的复杂性和多义性。这一被我们的新文学史和现代学术史叙述所忽略、所遮蔽的细节，在我们看来其意义是重大的。

其一，从现代学术史的角度看，从梅光迪那儿开始，"民间"开始实现中西文化内涵的对接与互动，并逐步成为一个重要的现代学术"术语"。长期以来，"民间"作为一个汉语词汇，只是一个静态的、阐释空间相当有限的概念。近代以来，随着西方的神话学、歌谣学、民俗学、文化人类学的成果引介，民间文艺思想开始获得现代性的意义，并成为现代思想文化建构的一个重要组成部分。晚清至五四，作为现代"民间"话语滥觞期，维新派、革命派，以至五四的新文化运动，在思想启蒙的主导下，都积极发掘"民间"的现代性意涵，为各自的话语理论和革命实践服务。"民间"在这样的言说中，其语义纷乱而芜杂，翻译和理解也存在较大的差异，亟待学术上的梳理与规范。梅光迪将"民间文学"与"Folklore, Popular poetry, Spoken language, etc."对译的做法，实属首创，从而实现了中西"民间"话语的现代性意义上的对接。

其二，值得注意的是，治学态度严谨的梅光迪，在"民间"转借与对译上，一开始就没有作简单化的处理。他将"民间文学"翻译为"Folklore, Popular poetry, Spoken language, etc."，就是充分注意到"民间"话语的复杂性与多义性：

（1）"Folklore"，民间传说、民俗；民俗学。1921 年，胡愈之在梅光迪的基础上，第一个对"民间文学"作系统的学术化界定："民间文学的意义，与英文的'Folklore'，德文的'Volkskunde'大略相同，是指流行于民族中间的文学；像那些神话、故事、传说、山歌、船歌、儿歌等等都是。"① 胡愈之精通世界语，对欧美的民俗学、文化人类学的研究成果较为熟悉。他对"民间文学"的界定与梅光迪当初对"民间文学"的理解是一致的，都从知识性的角度，强调了"民间"话语的民俗学、文化人类学向度。

（2）"Popular poetry"，大众诗歌、通俗诗歌，流行诗歌。这一译法，从传播和接受的角度，从受众出发，强调了民间歌谣、大众诗等民间文艺形式，来源于普通民众，广泛传唱、流行于老百姓中间，深受老百姓喜爱。因而，"民间"是一个有别于官方的、学院的、职业的、个人的概念，具有大众化、通俗化、集体性的特点。

（3）"Spoken language"，口头语言。胡愈之认为"民间文学是口述的文学（Oral literature），不是书本的文学（Book literature），书本的文学是固定的，作品完成之后，便难变易。民间文学可是不然：因为故事歌谣的流行，全仗口头的传述，所以是流动的，不是固定的"。② 梅光迪的翻译在某种程度上又与胡愈之形成了契合。两者都从语言使用的层面，着重强调了"民间"语言的口头性、流动性和不确定性。

（4）"etc."，说明在不同的社会文化使用语境下，"民间"还可以具有其他的意义和功能，需要我们不断地予以界定或引申。在这一点上，说明梅光迪充分注意到"民间"话语在使用上的模糊性和不确定性。

其三，我们不能否认梅光迪给予胡适的启示，更不能否认梅光迪的"民间"理念对于五四新文学革命以及五四新文学话语体系建构的意义。

---

① 愈之：《论民间文学》，原载 1921 年 1 月《妇女杂志》第 7 卷第 1 号。见王文宝编《中国民俗学论文选》，中国民间文艺出版社 1986 年版，第 2 页。

② 愈之：《论民间文学》，原载 1921 年 1 月《妇女杂志》第 7 卷第 1 号。见王文宝编《中国民俗学论文选》，中国民间文艺出版社 1986 年版，第 3 页。

对于这一点，胡适本人一直就没有否认。1917 年，胡适本人在离美归国前夕，曾作诗别叔永、杏佛、觐庄，表达了自己对这段友情与时光的珍视与留恋。该诗序云："吾数年之文学兴趣，多出于吾友之助：若无叔永，杏佛，定无《去国集》。若无叔永，觐庄，定无《尝试集》。"①1945 年，梅光迪凄凉地病逝于贵阳。抗战胜利后，胡适受友人及梅氏家属的重托，答应为梅光迪作一传记，只是由于时局迭变，传记一直没有写成。胡适对此耿耿于怀："我回想起来，若没有那一班朋友和我讨论，若没有那一日一邮片、三日一长函的朋友切磋的乐趣，我自己的文学主张决不会经过那几层大变化，决不会渐渐结晶成一个有系统的方案，决不会慢慢的寻出一条光明的大路来。……因为他们的反驳，我才有实地试验白话诗的决心。……一班朋友做了我多年的'他山之错'，我对他们，只有感激，决没有丝毫的怨怼。"②

在轰轰烈烈的五四新文化运动中，新旧之争、白话与文言之争、西方与东方之争、现代与传统之争、革命与保守之争，充斥着整个文坛。两大阵营间针锋相对、口诛笔伐，似乎非得来一场轰轰烈烈、你死我活的革命，方能"除之而后快"。胡适与梅光迪关于"文学革命"的论争，作为其中重要的组成部分，最终是以胡适的胜利、梅光迪的失败而告终。胡适，成为五四新文化运动的旗帜和五四文学革命的先锋，受到万人的拥戴，"登高一呼"，而"应者云集"；梅光迪，则作为固执而迂腐的文化保守主义的代言人，反被新文化运动的主将们"讪笑而攻击之"。历史似乎有些无情，但历史也似乎更有意。不到十年，胡适却成了"新诗运动最大的罪人"，"胡适说'作诗须如作文'，那是他的大错"。③ 其白话新诗所造成的"非诗"化倾向也受到越来越

---

①　曹伯言编：《胡适日记全编》（2），安徽教育出版社 2001 年版，第 592 页。
②　转引自张家康《胡适"逼上梁山"的文学革命》，《文史精华》2005 年第 12 期。
③　穆木天：《谭诗——寄沫若的一封信》，原载 1926 年 3 月 16 日《创造月刊》第 1 卷第 1 期。见蔡清富、穆立立编《穆木天诗文集》，时代文艺出版社 1985 年版，第 263 页。

多的质疑和诟病。相反，今天我们在反思和重构五四的时候，人们不约而同地把目光转向了当时所谓的"保守派"，开始逐步重视和理解梅光迪等的保守主义思想。这也许就是我们经常所说的历史的"悖论"。

文章写到这里，我们似乎可以很明确而充分地解答前面的问题了。这"在美国的朋友"就是梅光迪、任叔永等吧！在梅光迪看来，胡适文学革命"反传统"的理念在某些说法上是值得推敲、有待改进的，"作诗如作文"的提法更值得商榷。为此，梅光迪提出了"文学革命自当从'民间文学'入手"的建设性理念。胡适可能出于"文学革命"激进反传统的需要，当时并没有正面接受梅光迪的建议，甚至还作诗戏谑、讨伐其保守的一面。但更为内在地看，胡适是很看重梅光迪这些建议的。也正是梅光迪的"文学革命自当从'民间文学'入手"的理念，使胡适不得不重新检视其过激的"反传统"表述，而在正式的《文学改良刍议》中，将姿态放得稍低了一点。同时我们也要看到，梅光迪的这些见解，在某种程度上对胡适后来的《白话文学史》《中国哲学史》等"传统"问题的研究也产生了不小的影响。

通过梅光迪的研究和梅光迪对胡适的启示，我们发现"民间"话语实际上来自传统（"小传统"——"传统"的支流），但又不同于我们通常意义的"传统"（"大传统"），介于"革命"（"反传统"）与"传统"之间。因而，在五四这样一个社会文化大变革、大转型的阶段，"民间"话语及其实践在新、旧两者之间就起到某种意义的桥梁和纽带作用，调适、缓和了二者之间的矛盾和冲突。也许，梅光迪充分认识到了这一点。只是还没有点破的是："民间"其实也是一种"传统"，是一种不同于"儒家传统"的"传统"。

第三节　民间话语与五四新诗的理论建构

为了造成"文学革命"的轰动效应，胡适等将文学革命的矛头直指"旧文学"中地位最高的"诗歌",对"旧体诗"发动了最猛烈的攻击。在经过短暂的"文言"与"白话"、"革命"与"复古"的论争之后,以胡适、陈独秀等为代表的"白话"论者阵营,彻底捣毁了既有的传统文学秩序,以压倒性的优势取得了"文学革命"的胜利。"白话新诗"从而取代"文言旧诗"走向了历史的前台。在五四"文学革命"的发生期,胡适通过对中国文字、中国文学的探讨,将"白话"这种源于"民间"的语言形式,作了理论上的提升,强化了它的社会意义和文学功能。胡适的"白话"理论,立足于:一、文学的进化论原则:"白话并非文言之退化,乃是文言之进化。""白话"替代"文言"是中国文学革命自然发展的趋势。二、文学的工具论原则。"白话"替代"文言"的革命,是用"活的工具"替代"死的工具"的革命。在此基础上,胡适形成了以"白话"为中心的"文学革命"主张。这个想法得到了陈独秀的全力支持,"改良中国文学,当以白话为文学正宗之说,其是非甚明,必不容反对者有讨论之余地,必以吾辈主张者为决定之是,而不容他人之匡正"。① 1918 年 4月,胡适在《建设的文学革命论》中,改《文学改良刍议》的"否定""破坏"的"八不主义"为"肯定""建设"的"四条",即"一、要有话说,方才说话;二、有什么话,说什么话;话怎么说,就怎么说;三、要说我自己的话,别说别人的话;四、是什么时代的人,说什么时代的话"。同时还将文学革命的宗旨概括为"十字纲领"——"国语的文学,文学的国语"。并强调说"中国若想有活文学,必须用白话,必须用国语,必须做国语的文学",语气不容置疑。② 在这样的舆论优势下,胡适的"白话"理论就获得了建构新文学体系的话语权。

---

① 这是陈独秀答胡适书信中的话,原载 1917 年 5 月 1 日《新青年》第 3 卷第 3 号,见姜义华主编《胡适学术文集·新文学运动》,中华书局 1993 年版,第 31—32 页。

② 胡适:《建设的文学革命论》,载 1918 年 4 月 15 日《新青年》第 4 卷第 4 号。

1917 年 2 月,《新青年》第 2 卷第 6 号上刊登了陈独秀的《文学革命论》,这是五四"文学革命"的标志性事件。也就是在同一期的《新青年》上,还刊有胡适的《白话诗八首》,这是中国新诗史上的标志性事件。胡适,作为五四"白话新诗"之第一人,他"登高一呼",而"四方响应"①,"北京有我的朋友沈尹默、刘半农、周豫才、周启明、傅斯年、俞平伯、康白情诸位,美国有陈衡哲女士,都努力做白话诗。白话诗的实验室里的实验家渐渐多起来了"。② 从而,掀起了五四白话新诗创作的第一波高潮。在他们的共同应和之下,形成了以《新青年》《新潮》《少年中国》《每周评论》《星期评论》《时事新报·学灯》等期刊为中心的五四白话新诗创作群体。在五四初期,"白话新诗",作为一个新生事物,创作上还处于"尝试"和"实验"阶段,既"做五言诗,做七言诗,做严格的词,做极不整齐的长短句",又"做有韵诗,做无韵诗,做种种音节上的实验"③,它们都相当的稚嫩、单调、粗拙,甚至被斥为"非驴非马之恶剧"。④ 艺术上是无法与此前的"同光""南社"诗人比肩的,更难以与两千年来的古典诗歌经典相比。这也可能是"桐城""选学"之流,对白话新诗以及新文学革命倡导者"不屑一顾""置之不理"的重要原因。因而,"我们顶要紧的事,就是谋新诗本身的进步",如何显示"白话新诗"的"重量"而不仅仅是"数量",勉力做"主义"与"艺术"一致的

---

① 这是愚庵(康白情)对胡适的评语,见北社编《新诗年选》,上海亚东图书馆 1922 年版。

② 胡适:《尝试集·自序》,作于 1919 年 8 月 1 日,上海亚东图书馆 1920 年版。

③ 胡适:《〈尝试集〉自序》,见姜义华主编《胡适学术文集·新文学运动》,中华书局 1993 年版,第 382 页。

④ "南社"的柳亚子在致杨杏佛的信中,这样评价白话新诗:"文学革命非不可不倡,而彼所言殊不了了。所作白话诗直是笑话。中国文学含有一种美的性质。纵他日世界大同,通行'爱斯不难读',中文中语尽在淘汰之列,而文学犹必占美术中一科,与希腊罗马古文颉颃。何必改头换面为非驴非马之恶剧耶!"见胡适《归国记》(二则),收入姜义华主编《胡适学术文集·新文学运动》,中华书局 1993 年版,第 38 页。

诗，就很自然地摆在了新文学的面前。① 否则，就难以消除人们对新诗"已有代替旧诗能力"的怀疑。②

1917—1922 年间，《新青年》《少年中国》《新潮》《时事新报》等刊物，先后开辟新诗专栏、专号，组织或展开关于新诗理论与创作的探讨，并引发了一系列的论争，形成了中国新文学史上最早的关于新诗的理论批评文字。③ 这些有关"白话新诗"的理论性文章，虽然作者不同，观点也不尽一样，但有一点是一致的，那就是均与"民间"的审美理念相关。从事民间文艺研究的学者们一般都认为，"民间"的作品"大多数都具有一种赏心悦目的简洁和许多自然的品质……它们的这些特点可以弥补它们所缺少的那种精雕细刻的美，并且，它们的独到之处，在于它们通常能触及灵魂"。④ 在五四时期，白话新诗论者大量而频繁地使用与"民间"审美有关的核心词语："自然""真实""创造""具体""形象""自由""诚挚"等。究其原因，是跟五四新文学革命倡导者的"民间"文学理念分不开的："文学革命自当从'民间文学'入手""一切新文学的来源都在民间"等。胡适、刘半农、周作人等既是五四新文学革命的倡导者，同时也是五四民间文学运动的倡导者。他们服膺于五四"思想启蒙"和"文艺复兴"的双重需要，十分注意发掘、彰显乃至利用"民间"文化中异质于古典诗歌传统的审美元素，并加以现代的改造，最后熔铸到五四白话新诗的理论建构中来，从而使"自然""真实""创造"等民间审美

---

① 俞平伯：《社会对于新诗的各种心理观》，载 1919 年 10 月 30 日《新潮》第 2 卷第 1 号。

② 李思纯：《诗体革新之形式及我的意见》，载 1920 年 12 月 15 日《少年中国》第 2 卷第 6 期。

③ 这些诗论主要包括：刘半农的《诗与小说精神上之革新》（1917），胡适的《谈新诗——八年来的一件大事》（1919），俞平伯的《社会上对于新诗的各种心理观》（1919）、《诗底进化的还原论》（1922），1920 年《少年中国》的"诗学研究号"（先后刊有宗白华的《新诗略谈》、康白情的《新诗之我见》、李思纯的《诗体革新之形式与我的意见》等），郭沫若的《论诗三札》（1920），以及《时事新报·学灯》关于《尝试集》的诗学讨论，《时事新报·文学旬刊》关于"散文诗"的讨论，闻一多、梁实秋的《〈冬夜〉〈草儿〉评论》等。

④ ［美］阿兰·鲍尔德：《民谣》（文学批评术语丛书），高丙中译，昆仑出版社 1993 年版，第 14 页。

传统成为五四白话新诗最基本、最重要的美学准则。①

一　自然：从"自然的音节"到"内在的韵律"

"自然"这一概念，首见于老子的《道德经》第二十五章，"域中有四大，而人居其一焉。人法地，地法天，天法道，道法自然"。"自然"，作为一个重要的哲学命题，主要指事物存在、运动、变化的一种非人为的、本然的特性或状态。在中国古典诗学中，有"人禀七情，应物斯感，感物吟志，莫非自然"（刘勰《文心雕龙》）、"诗者，天地自然之音也"（李梦阳《诗集自序》）、"人籁易为，天籁难学"（黄遵宪《山歌题记》）等说法，也有"采菊东篱下，悠然见南山"之陶渊明、"清水出芙蓉，天然去雕饰"之李白、"春潮带雨晚来急，野渡无人舟自横"之韦应物等诗人。"自然"，可以说是中国古典诗学最为重要的创作与批评原则。近人王国维主张"以自然之眼观物，以自然之舌言情"，更是将"自然"纳入他文学批评的最高境界——"无我"——之中。然而，这样一种至高的美学境界和诗学追求，在刻意雕琢和过于文饰的"文人之诗"中越来越难以找到。正所谓"琢镂粉饰丧元气，貌似未必诗之纯"（胡适诗句），要寻这种"自然"之诗，则只可求之于"民间"。即使在西方，"自然"，也是文学批评中一个使用频率很高的词语："在18世纪作家中，很少有人在五页之内不提及'自然'的律令，不管他鼓吹的是什么学说。"② 特别是在"回归自然"的欧洲浪漫主义运动中，"自然"与"人性"、"天才"、"创造"等同，成为"反传统"、"反理性"和"反技术"的一杆旗帜，具有了"原始主义"、"非理性主义"和"有机主义"的色

---

① 刘继林：《民间话语与五四白话新诗的理论建构》，《湖北大学学报》2014年第3期。
② 罗钢：《一个词的战争——重读王国维诗学中的"自然"》，《北京师范大学学报》2007年第1期。

彩。浪漫主义之所以崇尚"自然",其实与欧洲 18 世纪的民间歌谣运动有关。在谈及欧洲的浪漫主义运动时,谁也不能否认赫尔德、格林兄弟之于德国的狂飙突进运动,珀西之于柯勒律治、华兹华斯的关系:"是珀西激起了现代人对民谣的兴趣,并进而引发了浪漫主义的复兴。"①

1919 年 10 月 10 日,《星期评论》推出辛亥革命八周年纪念专号,邀请胡适为之撰文。胡适作文却避而不谈政治和国家大事,而将"谈新诗"作为"八年来的一件大事"来看待。此时,胡适的"文学革命"思想已从"白话文运动"初期的"破"转到了"新文学建设"的"立"上来,重点思考的是如何用"白话"这种民间的语言来创造一种"国语的韵文"——"新诗"。在这篇题为《谈新诗》的理论文字中,"自然"一词反复的出现、频率极高的被使用。② 按照英国著名的文化研究学者雷蒙·威廉斯的观点,"自然"可以说已成为胡适白话新诗理论最重要的"关键词"③ 了。胡适认为:

(1)"新诗"是诗歌发展的"自然"趋势和"自然"演进的结果。"近来的新诗的发生,不但打破五言七言的诗体,并且推翻词调曲谱的种种束缚;不拘格律,不拘平仄,不拘长短,有什么题目,做什么诗;诗该怎么做,就怎么做。这是第四次的诗体大解放。这种解放,初看去似乎很激烈,其实只是《三百篇》以来的自然趋势。"胡适这里所说的"自然",其实就是"进化"论的哲学观在文学上的表现。通过"自然"("进化"论)的文学观,白话新诗在中国诗歌史上的合法性地位就被确立起来。

---

① [美]阿兰·鲍尔德:《民谣》(文学批评术语丛书),高丙中译,昆仑出版社 1993 年版,第 12 页。

② 据陈均的统计,胡适的《谈新诗》一文使用"自然"共 29 次,除 1 次为引用,1 次用作状语外,其余 27 次具有具体的话语含蕴。详见陈均《中国新诗批评观念之建构》,北京大学出版社 2009 年版,第 16 页。

③ [英]雷蒙·威廉斯:《关键词:文化与社会的词汇》,刘建基译,生活·读书·新知三联书店 2005 年版。

（2）新诗的音节应该是"自然的音节"。"诗的音节全靠两个重要分子：一是语气的自然节奏，二是每句内部所用的自然和谐……。"在这里，胡适跳出了传统诗歌音节的外部律，而强调新诗的创作要注重"研究内部的组织"，只有这样才能创作出"和谐"的"自然的音节"来。

在五四文学革命的倡导期，"进化论"被奉为"至理"。因而，胡适第一种意义的"自然"，即"进化论的自然"就成为一个不容置疑和挑战的存在。所以，我们这里讨论的"自然"，也就主要是审美意义的"自然"。在胡适看来，白话新诗创作要真正做到"诗体的大解放"，就得遵循"自然"的审美原则："若要作真正的白话诗，就要充分采用白话的字，白话的文法，和白话的自然的音节，非做长短不一的白话诗不可。这种主张，可叫做'诗体的大解放'。诗体的大解放就是把从前一切束缚自由的枷锁镣铐，一切打破：有什么话，说什么话；话怎么说，就怎么说。这样方才可有真正白话诗，方才可以表现白话的文学可能性。"①

《谈新诗》发表之后，胡适的这篇诗论被大量转载和引用，并被当作新诗参考的"范本"和"老师"②，成了那个时期"白话新诗"的创造和批评的金科玉律③。五四新诗的后来者亦视"自然"（或与"自然"相近的，如"天然""自由""谐和"等）为白话新诗最高的美学原则和不二的诗学理想。④ 例如，俞平伯认为，"原始的诗，——诗底素质——莫不发乎天籁，无所为而然的"⑤。宗白华认为，"新诗

---

① 胡适：《我为什么要做白话诗》（后题为《〈尝试集〉序》），载 1919 年 10 月 1 日《新青年》第 6 卷第 5 号。

② 1920 年 1 月新诗社编辑出版的《新诗集·第一编》作为白话新诗最早的选本，将胡适的《谈新诗》附录在诗选后，称其"和新诗很有关系"。1921 年 3 月，闻一多在《清华周刊》第 211 期上发表《敬告落伍的诗家》，认为"若要知道旧诗怎样做不得，要做诗，定得做新诗"，并将《谈新诗》作为新诗参考之榜样。

③ 朱自清：《中国新文学大系·诗集·导言》，上海良友图书印刷公司 1935 年版，第 2 页。

④ 解志熙：《汉诗现代革命的理念是为何与如何确立的——论白话—自由诗学的生成与转换逻辑》，《中国现代文学研究丛刊》2005 年第 3 期。

⑤ 俞平伯：《诗底进化的还原论》，载 1922 年 1 月《诗》第 1 卷第 1 号。

的创造，是用自然的形式，自然的音节，表写天真的诗意与天真的诗境"。①；等等。

康白情在论述"自然的音节"时，认为"新诗排除格律，只要自然的音节"，还将"自然的音节"与诗人更内在的"感兴"联系起来。"情发于声，因情的作用起了感兴，而其声自成文采。看感兴底深浅而定文采底丰歉。这种的文采就是自然的音节。我们底感兴到了极深底时候，所发自然的音节也极谐和，其轻重缓急抑扬顿挫无不中乎自然的律吕。……情动于中而形于言，莫知其然而然的。无韵的韵比有韵的韵还要动人。……感情内动，必是曲折起伏，继续不断的。他有自然的法则，所以发而为声成自然的节奏；他底进行有自然的步骤，所以其声底经过也有自然的谐和。""诗要写，不要做；因为做足以伤自然的美。……总之，新诗里音节底整理，总以读来爽口，听来爽耳为标准。"②

正是鉴于康白情的认识，胡适在为《尝试集》再版写序时，将新诗的"自然的音节"论予以发展，阐释为："'凡能充分表现诗意的自然曲折，自然轻重，自然高下的，便是诗的最好音节'，古人叫做'天籁'的，译成白话，便是'自然的音节'。"按照这样一个再界定，胡适自己只承认《尝试集》中的《老鸦》《老洛伯》《关不住了》《希望》《应该》等十四篇是真正意义上的"白话新诗"。③ 至此，胡适关于白话新诗"自然的音节"的理论才基本定型，其侧重点也从最初的"诗体"过渡到现在的"诗意"，并成为早期白话新诗"自然"论的阶段性成果。

作为五四新诗中"异军突起"的郭沫若，在"自由""解放"的

---

① 宗白华：《新诗略谈》，载 1920 年 2 月 15 日《少年中国》第 1 卷第 8 期。

② 康白情：《新诗底我见》，载 1920 年 3 月 15 日《少年中国》第 1 卷第 9 期。

③ 胡适：《尝试集·再版自序》，见胡适编《中国新文学大系·建设理论集》，上海良友图书印刷公司 1935 年版，第 319 页。

道路上走得更远。"我自己对于诗的直觉，总觉得以'自然流露'为上乘。……诗的创作贵在自然流露。"① 他曾在一首题为《春蚕》的诗中，以春蚕"吐丝"喻诗人"作诗"："蚕儿呀！/我且问你：/你可是出于有心？/你可是出于无意？/你可是出于造作矫揉？/你还是出于自然流泻？"，"我想你的诗，/终怕出于无心，/终怕出于自然流泻。"郭沫若尤为注意新诗创作中的"无心"与"自然流泻"，将诗的"自然"与诗人更内在的"情绪""心灵"结合起来："诗之精神在其内在的韵律（Intrinsic Rhythm），内在的韵律（或曰无形律），并不是什么平上去入，高下抑扬，强弱长短，宫商徵羽；也并不是什么双声叠韵，什么押在句中的韵文！这些都是外在的韵律或有形律（Extraneous Rhythm）。内在的韵律便是'情绪的自然消涨'，……内在的韵律诉诸于心而不诉诸于耳。"② 这样一来，郭沫若的"自然"论在胡适、康白情的基础上又迈进了一大步，进入诗歌的"本体"论讨论的层面。

至此，新诗"自然"理论的重点就由"外"而"内"，从"自然的音节"过渡到"内在的韵律"，从"诗体""诗感"转向了"诗意""诗情"，从"语言""形式"层面推进了"情感""思想"层面。

二 真实："个性之真"与"社会之实"

与五四白话新诗的"自然"论紧密联系在一起的，是五四白话新诗的"真实"论。

"真"作为一个概念，始发于道家，指事物及人的本质、本相、本色，儒家以"诚"为"真"，重点指向人的天赋本性，一种自然而

---

① 郭沫若：《论诗三札》，见杨匡汉、刘福春编《中国现代诗论》（上编），花城出版社1985年版，第59页。
② 郭沫若：《论诗三札》，见杨匡汉、刘福春编《中国现代诗论》（上编），花城出版社1985年版，第51页。

又真实的存在状态。庄子首次将"真"引入文艺美学领域，"真在内者，神动于外"，司空图亦标举诗之"真体""真力""真迹"，晚明诗人提出"真人""真性""真诗"之说，从而确立了"真"在诗学中的审美地位。①

在五四"白话新诗"的倡导期，"真"这一诗学的本体范畴被重新发掘出来。"人言'山惟草树与泉石，/未加雕饰何新奇？'/我言'草香树色冷泉丑石都自有真趣，妙处恰如白话诗'。"沈兼士的这首题为《真》的白话诗，虽相当蹩脚，却恰如其分地概括出了五四初期白话新诗向民间真诗靠拢的美学追求。

作为五四文学革命"闯将"的刘半农，是一个对"真"一直情有独钟的人，"我爱看的是真山真水，无论是江南的绿畴烟雨，是燕北的古道荒村，在我看来是一样的美，只是色彩不同罢了。至于假山假水，无论做得如何工致，我看了总觉得不过尔尔"。② 他认为"作诗本意，只须将思想中最真的一点，用自然音响节奏写将出来，便算了事，便算极好"。为此，他痛斥古代那些所谓的诗人"灵魂中本没有一个'真'字，又不能在自然界及社会现象中，放些本领去探出一个'真'字来，却看得人家作诗，眼红手痒，也想勉强胡诌几句，自附风雅。于是，真诗亡而假诗出现于世"。在这里，刘半农极为看重诗人思想之"真"和性情之"真"，视"真"为诗歌最高的美学追求："《国风》是中国最真的诗，——《变雅》亦可勉强算得——，以其能为野老征夫游女怨妇写照，描摹得十分真切也。后来只有陶渊明、白香山二人，可算是真正诗家。以老陶能于自然界中见到真处，老白能于社会现象中见到真处。"并认为孔子以"思无邪"的眼光来删诗，"简直

---

① 关于"真"的详细论述，参看陈良运《论"真"的美学内涵》，《东南学术》2002 年第6 期。

② 刘半农：《国外民歌译·自序》，北新书局 1927 年版。

是中国文学上最大的罪人了"。①

> 我爱看的是真山真水，无论是江南的绿畴烟雨，是燕北的古
> 道荒村，在我看来是一样的美，只是色彩不同罢了。至于假山假
> 水，无论做得如何工致，我看了总觉得不过尔尔。因此我不大喜
> 欢逛公园。即如北海，在公园中也可以算得数一数二的了，但在
> 我脑筋中，总留不下一些影子，倒不如什刹海的秋田一角，陶然
> 亭的芦荻翻风，使我想到了就不禁悠然神往。②

刘半农的新诗"真实"论，显然是受到了"真诗在民间"理念的
影响。明朝末年，在阳明心学和人欲解放思想的启蒙下，追求"真性
真情"的诗人不满于"复古"的诗坛现状，将目光普遍转向了"民
间"和"底层"，在流行于桑间濮上、勾栏瓦肆的"民歌时调"中发
现了"真诗"：（1）为上层文人所不屑的民歌时调，自然而天成，不
虚伪，不矫饰，"乃民间性情之响"，是民间性情的真实表达；（2）文
人学子应学习民间诗作的赤子情怀，来"借男女之真情，发名教之伪
药"；（3）民间诗歌区别于文人之诗的地方就在一个"真"字上，如
冯梦龙所言"情真乃不可废"。刘半农认为，诗歌之"真"，一为诗人
个人思想、情感之"真"；一为自然、社会事实之"真"。正鉴于此，
刘半农十分羡慕儿童性情之"真"：

> 你饿了便啼，饱了便嬉，
>
> 倦了思眠，冷了索衣。
>
> 不饿不冷不思眠，我见你整日笑嘻嘻。
>
> 你也有心，只是无牵记；

---

① 刘半农：《诗与小说精神上之革新》，载 1917 年 7 月 1 日《新青年》第 3 卷第 5 号。
② 刘半农：《国外民歌译·自序》，北新书局 1927 年版。

你也有眼耳鼻舌，只未着色声香味；

你有你的小灵魂，不登天，也不坠地。

呵呵，我羡你，我羡你，

你是天地间的活神仙！

是自然界不加冕的皇帝！

——《题小蕙周岁日造象》

白话新诗的"真实"论，从古代民间诗学中获得某种启示，并服膺于五四新文学的主旨：一方面，要求诗人真实地表现个人的思想、灵魂和性情，暗合的是五四对"人"的张扬，即"人的文学"。"我们的诗只要是我们心中的诗意诗境之纯真的表现，生命源泉中流出来的Strain，心琴上弹出来的Melody，生之颤动，灵的喊叫，那便是真诗，好诗；便是我人类欢乐的源泉，陶醉的美酿，慰安的天国。"① 另一方面，又要求诗人去观察自然与社会，尤其是底层民众的生活情状，"在自然界中见到真处""在社会现象中见到真处"，暗合的是五四对"民"的凸显，即"平民的文学"。从这些来看，五四白话新诗的"真实"论，就带上了个性解放和社会解放的双重色彩，体现了五四新文学的启蒙性诉求。

"人到世间，本来是赤裸裸，/本来没有污浊，却被衣服重重的裹着，这是为什么？难道清白的身，不好见人吗？/那污浊的，裹着衣服，就算免了耻辱吗？"（沈尹默《赤裸裸》）"我们不过是穷乏的小孩子。偶然想假装富有，脸便先红了。"（郑振铎《赤子之心》），就是五四白话新诗追求"个性之真"的两个典型诗例。另外，胡适、沈尹默、周作人、刘半农、康白情、刘大白等早期白话诗人，在展示自己真实艺术个性的同时，也表达了诗人对弱势群体的关注与同情，自觉

---

① 郭沫若：《论诗三札》，见杨匡汉、刘福春编《中国现代诗论》（上编），花城出版社1985年版，第54页。

地配合着五四新诗的启蒙性诉求。如胡适、沈尹默的同题新诗《人力车夫》、刘半农的《相隔一层纸》《车毯》《学徒苦》《卖萝卜人》、康白情的《"棒子面"》《先生和听差》、刘大白的《田主来》《卖布谣》等，充分凸显了五四白话新诗的"平民化"品格和民间现实情怀。1922年，郑振铎在为《雪朝》（诗集）写的《短序》中说："我们要求'真率'，有什么话便说什么话，不隐匿，也不虚冒。我们要求'质朴'，知识把我们心里所感到的坦白无饰地表现出来，雕凿与粉饰不过是'虚伪'的逃遁所，与'真率'的残害者。"① 这是《雪朝》八诗人的真实表现，也是五四新诗的共同追求。

　　稍晚于刘半农的俞平伯，亦受到"真诗在民间"理念的影响。② 他将刘半农关于新诗的"真实"言论发展为两种信念，提出了新诗创作中的"自由"与"普遍"原则：（1）"自由"，指向诗人真实的个性："我相信诗是个性的自我——个人底心灵底总和——一种在语言文字上的表现，并且没条件没限制的表现"；（2）"普遍"，则指向群体和社会："诗不但是自感，并且还能感人；一方是把自己底心灵，独立自存的表现出来；一方又要传达我底心灵，到同时同地，以至于不同时不同地人类。"③ "自由"与"普遍"，看似矛盾，其实并不"相妨"，两者辩证地统一于"真实"。郭沫若有一个说法，"个性最彻底的文艺便是最有普遍性的文艺，民众的文艺"④，可以看作"自由"

---

① 郑振铎：《〈雪朝〉短序》，作于1922年1月13日，诗集《雪朝》是朱自清、徐玉诺、刘延陵、周作人、郭绍虞、郑振铎、俞平伯、叶绍钧八人合集，商务印书馆1922年版。

② 俞平伯说："我平素很喜欢民歌儿歌这类作品，相信在这里边，虽然没有完备的艺术，却有诗人底真心存在。诗人原不必定有学问，更不是会弄鼻头，只是他能把他所真感着的，毫无虚饰毫无做作的写给我们。"（《诗的自由与普遍》，载1921年10月《新潮》第3卷第1号）"他们只承认作家底诗为诗，把民间的作品除外。其实歌谣——如农歌，儿歌，民间底艳歌，及杂样的谣谚——便是原始的诗，未曾经'化装游戏'（Sublimation）的诗"（《诗底进化的还原论》，载1922年1月《诗》第1卷第1号）。

③ 俞平伯：《诗底自由和普遍》，载1921年10月《新潮》第3卷第1号。

④ 郭沫若：《论诗三札》，见杨匡汉、刘福春编《中国现代诗论》（上编），花城出版社1985年版，第52页。

与"普遍"关系的最好注解。

　　新诗如何达到这样的两个方面的"真实"呢？五四新诗人认为，首先，有赖于诗人人格的培养，包括诗人创作动机的纯正、自由独立个性的养成、艺术品性的完善等。"如真要彻底解决怎样做诗，我们就先得明白怎样做人。……诗底心正是人底心，诗底声音正是人底声音。'不失赤子之心'的人，才是真正的诗人，不死不朽的诗人。"①其次，还得多多接触真实的自然和社会：（1）"在自然中活动"。"直接观察自然现象的过程，感受自然的呼吸，窥测自然的神秘，听自然的音调，观自然的图画。……在自然中的活动是养成诗人人格的前提"。（2）"在社会中活动"。"诗人最大的职务就是表写人性与自然。而人性最真切的表示，莫过于在社会中活动——人性的真相只能在行为中表示——所以诗人要想描写人类人性的真相，最好是自己加入社会活动，直接的内省与外观，以窥看人性纯真的表现。"②

　　这样，五四新诗的"真实"论就将五四时期倡导的个性的解放与社会的解放有机地统一起来，共同指向五四文学的共同主题——"人的文学"与"平民的文学"。

三　创造："新诗的精神端在创造"

　　胡适在总结古代的民间文学时，曾指出"民间的小儿女，村夫农妇，痴男怨女，歌童舞妓，弹唱的，说书的，都是文学上的新形式与新风格的创造者"。③充分肯定了来自"民间"文学的创造性。郑振铎也曾指出"创造"是俗文学的一个重要特质，"勇于引进新的东西。

---

① 俞平伯：《〈冬夜〉自序》，上海亚东图书馆1922年版。
② 宗白华：《新诗略谈》，载1920年2月15日《少年中国》第1卷第8期。
③ 胡适：《白话文学史》，见姜义华主编《胡适学术文集·中国文学史》（上），中华书局1998年版，第155页。

凡一切外来的歌调，外来的事物，外来的文体，文人学士们不敢正眼儿窥视之的，民间的作者们却往往是最早的便采用了，便容纳了它来"。① 其实这一点，比较容易理解。民间由于较少受到传统和体制的约束，其自由自在的品格决定了民间的主体民众可以自由自在、随心所欲地去表现自己的"想象力"和"创造力"。

1916 年 7 月 22 日，胡适创作了中国新文学史上"第一首白话诗"② ——《答梅觐庄》。该诗虽是一首"打油"之作，还被梅光迪讽为儿时所听之"莲花落"，但胡适却坚定了这种敢于冒天下之大不韪的尝试精神。7 月 26 日，他在致任叔永信中说："吾志已决矣。吾自此以后，不更作文言诗词。"8 月 4 日，更是悲壮地说："我此时练习白话韵文，颇能新辟一文学殖民地。可惜须单身匹马而往，不能多得同志，结伴而行。然我去志已决。"③ 正是胡适的这种"敢于尝试"的精神与"放胆创造"的勇气，才能有后来五四新诗乃至整个五四新文学全新的局面。

对于业已延续千年的诗歌创作传统来说，五四新诗人如何摒弃"文言"而改用"白话"来写诗？又如何用"白话"来写"无韵"的新诗？的确是当时一个亟待探讨解决的诗学命题。

1920 年之前，白话新诗的创作还未能形成气候，白话新诗的理论建设更是相当薄弱。要彻底取代"旧诗"的统治性地位，巩固白话新诗的已有成果并谋其长远发展，新诗人需要有一种开辟洪荒的"创造"精神。"好凄冷的风雨啊！／我们俩紧紧的肩并着肩，手携着手，／向着前面的'不可知'，不住的冲走。／可怜我们全身都已湿透了，／而且冰也似的冷了，／不冷的只是相并的肩，相携的手了。"刘半农的这首《我们俩》，恰如其分地表达出了五四新诗人在困难面前

---

① 郑振铎：《中国俗文学史》，东方出版社 1996 年版，第 4 页。
② 司马长风：《中国新文学史》，（中国香港）昭明出版社 1975 年版，第 36 页。
③ 胡适：《逼上梁山》，载 1934 年 1 月 1 日《东方杂志》第 31 卷第 1 期。

相携作战、共同创造新诗美好未来的决心和想法。

　　刘半农早在"文学革命"的倡导期，就十分重视从民间汲取营养，敢于引进新的东西。他曾就"韵文"的改良提出了三点建议："破坏旧韵重造新韵""增多诗体""提高戏曲对于文学上之价值"，认为新诗应从古风、乐府、方言、戏曲中吸取养分，充分发挥民间资源在新诗建设中的作用。"彼汉人既有自造五言诗之本领，唐人既有造七言诗之本领。吾辈岂无五言七言之外，更造他种诗体之本领耶。"① 综观刘半农的新诗创作，其《扬鞭集》《瓦釜集》中的大部分诗作，均章无定节，节无定句，句无定字，字无定声，诗歌的语言和体式亦相当的自由与随意。在谈到自己的新诗创作时，刘半农不无得意地说，"我在诗的体裁上是最会翻新鲜花样的。当初的无韵诗，散文诗，后来的用方言拟民歌，拟'拟曲'，都是我首先尝试"。② 在此，仅以他的《拟儿歌》小作分析：

　　　　羊肉店！羊肉香！

　　　　羊肉店里结着一只大绵羊，

　　　　吗吗！吗吗！吗吗！吗！……

　　　　苦苦恼恼叫两声！

　　　　低下头去看看地浪格血，

　　　　抬起头来望望铁勾浪！

　　　　羊肉店，羊肉香，

　　　　阿大阿二来买羊肉肠，

　　　　三个铜钱买仔半斤零八两，

　　　　回家去，你也夺，我也抢——

---

　　① 刘半农：《我之文学改良观》，载 1917 年 5 月 1 日《新青年》第 3 卷第 3 号。

　　② 刘半农：《扬鞭集·自序》，见赵景深原评，杨扬辑补《半农诗歌集评》，书目文献出版社 1983 年版。

气坏仔阿大娘，打断仔阿大老子鸦片枪！

隔壁大娘来劝劝，贴上一根拐老杖。

这首诗模拟儿歌，用江阴方言创作而成。刘半农从羊面临被宰割时"苦恼"的叫声和吃羊肉者的"抢夺"中来赋予寓意，寓当时的北洋军阀政府的明争暗斗、你抢我夺，和平民老百姓被宰割的命运和无尽的苦恼。该诗充分运用民间的语言（江阴方言）、民间的形式（拟儿歌）、民间的手法（政治讽刺）等，实现了对民间歌谣的创造性改造。

刘半农在新诗创作中的这种敢于"增多诗体""翻新鲜花样"的创造精神，很大程度上与其重视民间文学的"创造精神"有关。康白情亦将民间的创造精神借用新诗中来，更加旗帜鲜明地指出"新诗的精神端在创造"："我以为与其研究关于作品底空论，宁肯观摩古今真正的作品，而与其观摩别人的作品，又宁肯自己去创造。新诗底精神端在创造。我愿世间文学的天才，努力探寻宇宙底奥蕴，创造成些新诗，努力修养，创造自己成一个新诗人！""因袭的，摹仿的，便失掉他底本色了。做一首诗就要让这一首诗有独具的人格。"① 康白情很好地将这种创造的精神灌注到了他的新诗创作中去，形成了完全的白话语言、不拘一格的散文句式、独具个性的思想情感等。郭沫若对其诗作《送许德珩赴欧洲》曾有过很高的评价，"那诗真真正正是白话，是分行写出的白话，其中有'我们喊了出来，我们做得出去'那样的辞句，我看了也委实吃了一惊"。②

相对于同时期的其他白话诗人而言，康白情在"创造"这一点上走得更远，"白情这四年的新诗界，创造最多，影响最大；……我们在当日是有意谋诗体的解放，有志解放自己和别人；白情只是要'自

---

① 康白情：《新诗底我见》，载 1920 年 3 月 15 日《少年中国》第 1 卷第 9 期。
② 郭沫若：《我的作诗的经过》，该文作于 1936 年 9 月 4 日。见王永生主编《中国现代文论选》（第一册），贵州人民出版社 1981 年版，第 167 页。

由吐出心里的东西'；他无益于创造而创造了，无心于解放然而他解放的成绩最大"。① "草儿在前，/鞭儿在后。/那喘吁吁的耕牛，/正担着犁鸢，/眣着白眼，带水拖泥，/在那里'一东二冬'的走着。"康白情的这首《草儿在前》将古诗音韵的"一东二冬三江……"融入新诗诗句中，化为耕牛在泥水中走路的声音"一东二冬"。这种颇有意思的写法为废名所激赏，"作者将对于旧诗的怨苦很天真的流露出来了，他不是有意的挖苦，只是一点儿游戏的讽刺，因此见他的一种'修辞立其诚'，比喊起口号来打倒旧诗有趣多了"，② 充分肯定了康白情在新诗创作中的"自由意识"和"创造精神"。俞平伯在为《草儿》作序时，也肯定了这一点："白情做诗底精神，……就是创造。他明知创造的未必定好，却始终认定这个方法极为正当，很敢冒险放开手做去。若这本集子行世，能使这种精神造成一种风气，那才不失他底意义。……如果但取形式，忘了形式后面底精神，那么辗转摹仿，社会上就万不会有新东西了"，"我最佩服是他敢于用勇往的精神，一洗千年来诗人底头巾气，脂粉气。他不怕人家说他 too mystic，也不怕人家骂他荒谬可怜，他依然兴高采烈地直直地去"。③ 康白情认为自己的《草儿》是"随兴写声，不知所云。……是去前年间新文化运动里随着的呼声，是时代的产物。……我不过剪裁时代的东西，表个人的冲动罢了"。④

因而，我们可以从某种程度上说，《草儿》《冬夜》等早期诗作跟胡适的《尝试集》一样，其意义和价值"不在建立新诗的规范，不在与人以陶醉于其欣赏里的快感，而在与人以放胆创造的勇气"。⑤

---

① 胡适：《评新诗集·康白情的〈草儿〉》，载1922年9月3日《读书杂志》第1期。

② 废名：《谈新诗·十〈湖畔〉》，见废名著，陈子善编订《论新诗及其他》，辽宁教育出版社1998年版，第97页。

③ 俞平伯：《〈草儿〉序》，作于1920年12月15日，上海亚东图书馆1922年版。

④ 康白情：《〈草儿〉自序》，作于1921年10月5日，上海亚东图书馆1922年版。

⑤ 陈子展：《中国近代文学之变迁/最近三十年中国文学史》，上海古籍出版社2000年版，第293页。

从胡适最初的"破"，到现在的"立"，五四白话新诗差不多走过了五六年筚路蓝缕的艰难历程。而其间，新诗的倡导者、创作者、诗论家均不约而同地把目光投向了"民间"，并发出了"喜欢做诗的，必得到民间去学啊！"① 的真切感言，他们希望从中国一切文化的"源头"——民间——来寻得足以供新诗话语建构需要的本土的资源。俞平伯的弟子吴小如先生谈到这一点时曾说："在'五四'时期，当时有些作家写新诗就从民族传统的韵文中去寻'根'觅'源'，比如刘半农、康白情的作品基本上就走的这条路。而为了在国内寻根觅源，又不想走五七言古近体诗的老路，于是很自然、也很容易地就找到了我国民间固有的民谣和山歌。这就是顾颉刚、魏建功诸先生为什么有一段时间大量采辑并提倡民谣和山歌的真正背景。而平伯师最后一本新诗集《忆》，走的也正是继承并发展民谣和山歌的道路。"② 民间话语分别在诗歌的语言形式、方法技巧、审美理念、思想情感等方面给予五四白话新诗以重要的参考和借鉴。五四新诗将从"民间"那里获得的鲜活资源，诸如，清新活泼的白话口语、和谐自然的韵律节奏、自由真挚的个性情感、具体直接的写作手法以及开拓创新的精神气质等，与从西方借鉴而来的现代诗学话语相掺和、交媾，充分地融合、搅拌，初步形成了五四新诗理论体系的"现代性"建构。③ 正是在这样的理论建构下，五四白话"新诗在文学上的正统以立"。④ 1920—1922 年间，仅以出版的新诗集就达十多种，⑤ 这些诗集既有力地回击

① 俞平伯：《诗底进化的还原论》，载 1922 年 1 月《诗》第 1 卷第 1 号。
② 吴小如：《俞平伯诗全编·序言》，浙江文艺出版社 1992 年版。
③ 刘继林：《民间话语与五四白话新诗的理论建构》，《湖北大学学报》2014 年第 3 期。
④ 北社编：《新诗年选·一九一九年诗坛略纪》，上海亚东图书馆 1922 年版。
⑤ 主要有：新诗社编《新诗集》（1920 年 1 月），胡适的《尝试集》（1920 年 3 月），郭沫若的《女神》（1921 年 8 月），俞平伯的《冬夜》（1922 年 3 月），康白情的《草儿》（1922 年 3 月），湖畔诗社的《湖畔》（1922 年 4 月），朱自清、周作人、俞平伯、刘延陵等八人合集的《雪朝》（1922 年 6 月），徐玉诺的《将来之花园》（1922 年 8 月），汪静之的《蕙的风》（1922 年 8 月）等。

了对于白话新诗的讥讽和攻讦，也消除了人们对于新诗是否可以真正取代旧诗的疑虑，充分展示了五四白话新诗的创作实绩。1922 年 1 月，中国现代文学史上第一个专门刊登新诗作品、发表新诗理论和诗歌评论的刊物《诗》① 创刊，成为一个标志性事件，预示着中国新诗走过了艰难的草创期而步入更为坚实的发展进程中。

① 《诗》，月刊，1922 年 1 月 15 日创刊于上海，由叶绍钧、朱自清、刘延陵、俞平伯等文学研究会会员创办，刘延陵、叶绍钧具体负责编务，中华书局印行。该刊以发表新诗创作为主，兼及译诗和诗论，先后发表新诗作品近 400 首、译诗 100 多首，诗歌评论 20 余篇，吸引并扶掖了一批新诗人，对早期新诗的发展作出了特殊的贡献。

第三章　民间话语与五四新诗资源的本土探寻

　　五四时期，胡适、刘半农、周氏兄弟、顾颉刚倡导了"国语运动""歌谣运动""乡土书写""民俗研究"等文化活动，他们寄希望于能从本土文化中寻得新诗建设的资源。实践证明，五四的民间文艺实践的确促成了白话新诗语言体式和思想内蕴的提升，对五四新诗成功取代传统旧诗、建立自己全新的诗学范式起到了决定性作用。

　　有论者在总结五四文学革命时，曾指出"文学革命的意义有许多，如建设了一个新作家的文坛，输入了新思想，其外还有一个很重要的意义，即参加这个运动的人，都能想到要注意民间文学"。① 的确，五四时期，胡适、刘半农、周氏兄弟、顾颉刚倡导了"国语运动""歌谣运动""乡土小说""民俗研究"等文化活动，他们寄希望于能从本土文化中寻得五四新文学建设的资源。实践证明，五四的这些民间文化实践的确促成了白话语言体式和思想内蕴的提升，对五

---

　　① 这是钟敬文先生在为《歌谣论集》写序时，援引何畏先生在《新生周刊·民间文学专号》上的一段话。见钟敬文《歌谣论集·序》，北新书局 1928 年版。

四新诗成功取代传统旧诗、建立自己全新的诗学范式起到了决定性作用。

五四文学革命的发生、五四白话新诗的倡导，以及新诗的理论构建等，都与五四新文学运动主将们对"民间"文学传统的重视分不开。刘半农、周作人、胡适等，既是五四新文学革命的积极倡导者，同时也是中国现代民间文学运动的积极倡导者。他们服膺于五四新文化运动的需要，有意于将五四的民间文学运动纳入五四新文学思想启蒙的体系构建中。正是在这个意义上，刘半农等倡导的现代民间文学运动，"堪称是这段中国现代知识分子思想史上最可纪念的事件之一"，它"转变了中国知识界对文学、更重要的是对民众的根本态度"。① 而就新诗而言，其中值得大书特书的是发轫于北京大学的现代民间歌谣运动。

这场现代民间歌谣运动，以 1918 年刘半农倡导的征集近世歌谣运动为起点，以"歌谣研究会"及其会刊《〈歌谣〉周刊》为中心，所开展的民间歌谣的搜集、整理与研究活动。《〈歌谣〉周刊》从 1922 年 12 月创刊到 1925 年 6 月休刊，再到 1936 年 4 月复刊，最后 1937 年 6 月终刊，前后近四年时间，共出刊一百五十一期。先后有蔡元培、刘半农、钱玄同、周作人、沈尹默、沈兼士、常惠、胡适、顾颉刚、钟敬文、董作宾、魏建功、容肇祖、刘经菴、郭绍虞、何植三、梁实秋、朱光潜、朱自清、李长之、台静农、林语堂、林庚、赵景深、陆侃如、赵元任以及俄国人伊凤阁等参与其中，是五四时期生命力最强、最有影响力的文学杂志之一。并对 1927 年中山大学的《〈民俗〉周刊》以及 1930 年代、1940 年代的民间文艺学运动产生了深远的影响。1927 年，作为现代民间文学运动的积极参与者和主要见证人的钟敬文，在为《歌谣论集》作序时充分肯定了北大歌谣运动的历史意义和

① ［美］洪长泰：《到民间去——1918—1937 年的中国知识分子与民间文学运动》，董晓萍译，上海文艺出版社 1993 年版，第 1 页。

价值："真的，数年来国人对于民间文学的搜集与探究，是新文学运动中一件很有声势与价值的工程；而就中最致力于这个工程的建筑的，尤不得不于我们北京大学的歌谣研究会首屈一指了。"①

关于北大歌谣学运动的始末，已有较多的回忆及研究资料，在此不一一赘述。② 本章仅从这场歌谣学运动中的几个关键人物——刘半农、周作人等入手，来考察这帮新文学运动的主将们为什么要倡导征集与研究歌谣？其目的何在？以及与此相关联的，当年的"歌谣学运动"中讨论得最多的话题——"歌谣"与"新诗"的关系问题，看看"歌谣"之于五四新诗的意义在哪里？以及追究其中的探讨与思考对于本著的"民间"话语问题有何启示；等等。

第一节　刘半农与北大歌谣运动的开启

北京大学的歌谣运动开始于 1918 年 2 月，其首倡者是五四新文学革命的主将、受蔡元培之邀刚来北大任教的刘半农。九年之后，也就是 1927 年，刘半农在为自己的《国外民歌译》作序时，给我们详细地描述了当时倡导征集歌谣的情形：

> 那天，正是大雪之后，我与尹默在北河沿闲走着，我忽然说："歌谣中也有很好的文章，我们何妨征集一下呢？"尹默说："你这个意思很好。你去拟个办法，我们请蔡先生用北大的名义征集就是了。"第二天我将章程拟好，蔡先生看了一看，随即批交文

---

① 钟敬文：《歌谣论集·序》，北新书局 1928 年版。
② 主要有：常惠的《一年的回顾》（载《〈歌谣〉周刊增刊》1923 年 12 月 17 日）、王文宝的《中国现代民俗学史》（辽宁人民出版社 1986 年版）、钟敬文的《"五四"前后的歌谣学运动》（见钟敬文《民间文艺学及其历史》，山东教育出版社 1998 年版）、魏建功的《〈歌谣〉四十年》（载《民间文学》1962 年第 1—2 期）、常惠的《回忆〈歌谣〉周刊》（载《民间文学》1962 年第 6 期）等。

牍处印刷五千份，分寄各省官厅学校。中国征集歌谣的事业，就从此开始了。①

　　由刘半农拟定的这份《北京大学征集全国近世歌谣简章》（以下简称《简章》）和以北京大学校长蔡元培名义发布的《校长启事》②，同时刊登在 1918 年 2 月 1 日出版的《北京大学日刊》上。这样，中国现代知识分子的个人想法就与代表官方意志的校长启事"抱成了团"，并标志着中国现代民间文艺学运动的开始。作为中国之最高学府、堂堂之国立北京大学，如此郑重其事地来征集这些"俗不可耐"、"难登大雅之堂"甚至是"有失体统"的民间歌谣，而且要求"所有内地各处报馆、学会及杂志等"积极配合，广为参与。这在当时乃至整个中国文化史上都不能不说是一项史无前例的壮举。

　　1918 年 3 月 15 日出版的《新青年》第 4 卷第 3 号转载了刘半农拟定的这份《简章》。也就是在同一期的《新青年》上，刊登了陈独秀的《驳康有为共和平议》、王敬轩（钱玄同化名）致《新青年》的公开信，及刘半农以《新青年》记者身份撰写的《复王敬轩书》，另外还有沈尹默、胡适、陈独秀、刘半农以《除夕》为题的四首新诗。陈独秀的驳论、钱玄同和刘半农的"双簧信"、胡适等四人的同题新诗，以及北京大学征集歌谣的《简章》，四者在同一期的《新青年》上出现，绝对不是"纯属巧合"，而是《新青年》的编辑主要是刘半农的精心策划，他有意将北京大学征集歌谣运动纳入五四新文化运动中，将其作为五四新文化运动一个十分重要的组成部分。

　　回到历史的语境中，我们发现作为歌谣征集运动的核心人物刘半

---

① 刘半农：《国外民歌译·自序》，北新书局 1927 年版。
② 《校长启事》全文如下："教职员及学生诸君公鉴：本校现拟征集全国近世歌谣，除将简章登载日刊，敬请诸君帮同搜集材料，所有内地各处报馆、学会及杂志社等，亦祈各就所知，将其名目、抵制函交法科刘复君，以便邮寄简章，请其登载。此颂公绥（简章见本日纪事栏内）蔡元培敬白。"

农，当年倡导征集歌谣的想法并非在散步闲谈中不经意地"忽然"冒出来的。让我们先来看看他在倡导"歌谣"征集前后的新文学实践：

1917年5月1日，在《新青年》第3卷第3号上发表《我之文学改良观》，主张韵文的改良须借鉴自然之"天籁"来重造新韵、增多诗体。

1917年7月1日，在《新青年》第3卷第5号上发表《诗与小说精神上之革新》，认为诗精神上的革新关键在于向民间"真诗"借鉴、学习。

1917年夏，26岁的刘半农，受北大校长蔡元培之邀，担任北京大学预科国文教授，成为北大最年轻的教授之一。此后与钱玄同、周作人、鲁迅等交往频繁，成为绍兴会馆"补树书屋"中的常客。在《新青年》同人的影响和鼓动下，刘半农积极参加到五四"文学革命"中，成为五四新文化运动的一员"闯将"。

1918年1月15日，《新青年》编委会改组，改由刘半农、钱玄同、陈独秀、李大钊、胡适等轮流编辑。本期《新青年》刊载了刘半农的《应用文之教授》，文章署名由"半侬"改为"半农"。这一改名，意味着刘半农抛弃了过去"你侬我侬""红袖添香"的才子心态，开始"眼光向下"，体"农"恤"民"，决心从"民间"着手开始自己文学的"革命"事业。同期还刊有胡适、沈尹默和刘半农的白话新诗共9首，这9首白话新诗成为五四白话新诗创作的先声。

1918年1月18日，在北京大学国文门研究所作了题为《通俗小说之积极教训与消极教训》的演讲，认为"popular story"应译为"合乎普通人民的，容易理会的，为普通人民所喜悦所承受的"故事，译为"通俗"是省事。

1918年1月底，与沈尹默在北大河边散步时，提出了征集民

间歌谣的想法，得到了沈尹默的赞同和校长蔡元培的支持。2 月 1
日，由刘半农拟定的《北京大学征集全国近世歌谣简章》刊登在
《北京大学日刊》上，由刘半农负责主要工作的北京大学歌谣征
集处也宣告成立。

1918 年 3 月 15 日，刘半农发挥自己在上海曾混迹"民间"，
演过底层话剧的特长，与钱玄同在《新青年》上共同策划了"双
簧信"事件，造成了轰动效应，扩大了"文学革命"的影响。

1918 年 3 月 29 日，在北大国文门研究所作了题为《中国之
下等小说》的演讲，认为贵族文学都有日渐衰落之势，"我们对
于文学之眼光，也当然从绅士派的观念，转入平民派的观念"。①
……

从这样一份简单的"大事记"中，我们可以看出刘半农在五四文
学革命前后一直对以歌谣、通俗小说等为代表的"民间的""通俗的"
"民众的"文艺形式极为重视。实际上，出身贫寒士人家庭的刘半农，
一直就有着浓厚的底层"民间"情结。小时候深受"民间"风情和民
间文化的影响，始终记得"我们抱在我们母亲膝上时所学的语言"②，
始终记得私塾学童戏仿《三字经》的"人之初，鼻涕拖；性本能，捉
黄鳝"的情景③。来北京后，北大三院前的那条河还不时引起他对
"带有民间色彩的，带有江南风趣的水"的联想。④ 以及他与"鸳鸯蝴
蝶派"的早期姻缘，为他后来成为五四新文学中最先留意通俗文学的

---

① 刘半农：《中国之下等小说》，连载于《北京大学日刊》1918 年 5 月 21—25 日，27—31
日，6 月 1、3、4 日。

② 刘半农：《瓦釜集·代自叙》，见《半农诗歌集评》，书目文献出版社 1984 年版，第
113 页。

③ 刘半农：《国外民歌译·自序》，北新书局 1927 年版。

④ "我是一个生长南方的人，所谓'网鱼漉鳖，在河之洲；咀嚼菱藕，捃拾鸡头；蛙羹蚌
臛，以为膳羞；布袍芒履，倒骑水牛'，正是我小时候最有趣的生活……"见刘半农《半农杂文
二集·北大河》，上海良友图书公司 1935 年版，第 145—146 页。

作家，并导致了他对歌谣征集活动的参与首倡。① 据此，我们可以说，刘半农倡导征集歌谣并非不经意"忽然"冒出来，而是"偶然"中的"必然"。五四"文学革命"发生后，刘半农摒弃了早期通俗文学中的一些消遣、低俗的东西，着力于学习、借鉴民间文学的积极因素，极其希望从歌谣等民间文学样式中寻得五四新文学建构的资源。在五四，新文化运动的开展、"文学革命"的深入、白话新诗的理论建构、民间歌谣的征集，是一环套一环的，层层推进，步步深入。具体到刘半农，他征集民间歌谣的初衷，则完全服膺于五四新文学建构，尤其是五四白话新诗建构的需要。

作为北大歌谣运动的发起人，刘半农在征集歌谣的《简章》中，明确从文学的角度对入选歌谣的资格作了如下的规定：

一、有关一地方、一社会或一时代之人情风俗政教沿革者；

二、寓意深远有类格言者；

三、征夫野老游女怨妇之辞，不涉淫亵，而自然成趣者；

四、童谣谶语，似解非解，而有天然之神韵者。②

在这里，刘半农所强调的"寓意深远""不涉淫亵，而自然成趣""有天然之神韵"等都是一些带有浓厚文艺性色彩的限定词。其实，刘半农等并非为歌谣而征集歌谣。他并非对歌谣在民俗学上的地位和意义全然不知或是有意回避，只不过他更看重的是歌谣在文艺上的价值。正如刘半农所言"研究歌谣，本有种种不同的旨趣，……而我自己的注意点，可始终是偏重在文艺的欣赏方面的"。③ 由此，我们可以看出，

---

① ［美］洪长泰：《到民间去——1918—1937 年的中国知识分子与民间文学运动》，董晓萍译，上海文艺出版社 1993 年版，第 56 页。

② 刘半农：《北京大学征集全国近世歌谣简章》，《北京大学日刊》1918 年 2 月 1 日。

③ 刘半农：《国外民歌译·自序》，北新书局 1927 年版。

刘半农等是主动将"民间歌谣"纳入五四新文学的建构中，寄希望于民间文化、文学传统能为刚刚起步的五四白话新诗提供启示和借鉴，在本土文化经验和文学资源的支撑下为五四新文学的发展开辟更为广阔的道路。用歌谣运动当事人顾颉刚的话来说，征集歌谣是"为了作新诗体，要在本国文化里找出它的传统来，于是注意到了歌谣"。①

《简章》发出三个月左右，征集到的民间歌谣就有 1100 多首。自1918 年 5 月 20 日开始，《北京大学日刊》就以附张的形式推出了这些歌谣，由刘半农亲自编选、审订和批注，每天一首。在此后大约一年的时间内，《日刊》的"歌谣选"专栏一共刊发了从全国各地征集而来的歌谣一百四十八首。② 在刘半农的主持和推动之下，"歌谣"这一"下里巴人"的民间文学样式，不仅开始登堂入室，走进北大这样的高等学府，进入现代知识分子的研究视野，而且还在社会上掀起了一股搜集、研究"歌谣"的热潮。这里，既有个人（典型的如刘半农③、顾颉刚④、钟敬文⑤等）的热情参与，也有报纸杂志的积极推动，北京的《晨报》《〈努力〉周报》、上海的《妇女杂志》、广东的《群报》，以及《民铎》《心声》《少年》《学艺杂志》，甚至是地方性的小报如

---

① 顾颉刚：《我和歌谣》，《民间文学》1962 年第 6 期。

② 据 1922 年 12 月 17 日《〈歌谣〉周刊》创刊号《发刊词》中的统计。

③ 1919 年 7 月，刘半农回家乡江阴，从船夫之口采得歌谣 20 首，题名为《江阴船歌》，1919 年 9 月 1 日周作人为之作序，认为这是"中国民歌的学术的采集上第一次的成绩"（见周作人《谈龙集·江阴船歌序》，河北教育出版社 2002 年版）。

④ "我搜集歌谣的动机，不消说得，自然是在北京大学征集歌谣的影响。那时我正病了……。适《北大日刊》上天天有一二首歌谣登出来，我想，我不能做用心的事情，何妨做做这怡情的东西呢！所以我便着手采集歌谣。……居然成绩甚好，到今有三百首的左右了。我当初采集的时候，原是想投稿到北大里去的，现在积了这些，似乎可以出一本《吴歈集录》的专书了。"（见顾颉刚《吴歈集录的序》，原载《晨报》1920 年 11 月 3 日；《〈歌谣〉周刊》1923 年 4 月 22 日第 15 号）。

⑤ 钟敬文"受五四新文化运动的影响，特别是受到北京大学歌谣征集处征集全国近世歌谣的活动和《歌谣》周刊的推动，他从 1922 年底开始在家乡海丰一带搜集歌谣和故事，并把搜集记录的歌谣故事投寄到《陆安日报》以及上海、北京等地的报刊上发表"（见刘锡诚《20 世纪中国民间文艺学学术史》，河南大学出版社 2006 年版，第 171 页）。"我数年来，承北京大学歌谣研究会诸同人的奖励与诱惑，收集到了千首左右的歌谣……"（见钟敬文《客音情歌集·引言》，上海北新书局 1927 年版）

钟敬文家乡的《陆安日报》等，都先后在开辟副刊或专栏来刊登歌谣及研究歌谣的文章。在此形势之下，很快就形成了全国性的"歌谣学"运动。这样全国性的"歌谣学"运动，对当时的文坛产生了深刻的影响，"现在文学的趋势受了民间化了，要注意的全是俗不可耐的事情和一切平日的人生问题，没有功夫去写英雄的逸事、佳人的艳史了。歌谣是民俗学中的主要分子，就是平民文学的极好的材料。我们现在研究他和提倡他，可是我们一定也知道那贵族的文学从此不攻而破了"。①

从这个意义上说，刘半农对于五四新文学的贡献"虽不足与陈（独秀）、胡（适）方驾，却可与二周（鲁迅、周作人）并驱。事实上，他对于新文学所尽的气力，比之于鲁迅兄弟只有多，不会少"。②诚然，刘半农在新文学创作上的成绩自然是难与鲁迅、周作人比肩，但从刘半农全力为五四"文学革命"摇旗呐喊、为五四新诗建设"翻新鲜花样"，特别是从刘半农所倡导的"征集歌谣运动"开启了中国现代知识分子从本土化的角度思考中国现代文学命题的角度来看，苏雪林对刘半农的赞誉也并不算过分。即使鲁迅本人，对五四时期的刘半农也极为赞赏。③因为，在鲁迅看来，"没有冲破一切传统思想和手法的闯将，中国是不会有真的新文艺的"。④而刘半农正是这样一个冲破了旧文学传统、开创五四新文学局面的"闯将"！

---

① 常惠：《我们为什么要研究歌谣》，载 1922 年 12 月 31 日《〈歌谣〉周刊》第 3 号。

② 苏雪林：《东方曼倩第二的刘半农》，见《苏雪林文集》（第二卷），安徽文艺出版社 1996 年版，第 316 页。

③ "他活泼，勇敢，很打了几次大仗。……不错，半农的确是浅。但他的浅如一条清溪，澄澈见底，纵有多少沉渣和腐草，也不掩其大体的清。……我爱十年前的半农，而憎恶他的近几年。这憎恶是朋友的憎恶，因为我希望他还是十年前的半农，他的为战士，即使'浅'罢，却于中国更为有益。我愿以愤火照出他的战绩，免使一群陷沙鬼将他先前的光荣和死尸一同拖入烂泥的深渊。"（见鲁迅《忆刘半农君》，原载《青年界》1934 年第 6 卷第 3 期）

④ 鲁迅：《坟·论睁了眼看》，载 1925 年 8 月 3 日《语丝》周刊第 38 期。见《鲁迅全集》（第 1 卷），人民文学出版社 2005 年版，第 255 页。

第二节　周作人与北大歌谣运动的推进

1919 年下半年，由于刘半农准备赴欧留学，周作人开始参与北京大学征集歌谣的活动中，逐步接手刘半农的歌谣整理及研究工作。1920 年 2 月 3 日《北京大学日刊》刊登《歌谣征集处启事》，声明："倾因刘教授留学欧洲，所有本处事务已移交周作人教授接管。"同年 12 月 19 日，周作人、钱玄同、沈兼士等共同发起成立了北京大学歌谣研究会。这一切，标志着北京大学歌谣运动进入实质由周作人主持的时期。

由于早年曾比较系统地接受过西方民俗学理论[①]，还从事过童话、儿歌方面的征集、整理与研究实践[②]，周作人一直有着一份对"民俗学的偏爱"[③]。五四文学革命发生后，周作人先后发表了《人的文学》与《平民的文学》，积极响应胡适、陈独秀的"文学革命"主张，并且提出了更加具有建设性的思想理念和文学口号——"人的文学""平民的文学"，既要在文学中发现"以个人主义为本位的""灵肉一致"的"人"[④]，又要在"人"的基础上，重视能够代表大多数意愿的"民"。周作人当时所秉持的文学理念是，文学应忠实地反映"世间普通男女的悲欢成败"，描写大多数人"真挚的思想与事实"[⑤]。因而，当周作

---

① 参见常峻《周作人文学思想与创作的民俗文化视野》，上海书店出版社 2009 年版，第 69—75 页。

② 1914 年 1 月，周作人在《绍兴县教育会月刊》第 4 号上刊登了一则个人启事："作人今欲采集儿歌童话，录为一边，以存越国土风之特色，为民俗研究儿童教育之资材。"但征集儿歌的效果并不好（见周作人《谈龙集·潮州畲歌集序》，河北教育出版社 2002 年版，第 45 页）。另外这一时期，周作人却发表了一系列研究儿歌的论文，诸如《童话研究》《童话略论》《儿歌之研究》等，还整理编成了一卷《绍兴儿歌集》。

③ 苏雪林：《周作人先生研究》，《苏雪林文集》（第三卷），安徽文艺出版社 1996 年版，第 243 页。

④ 周作人：《人的文学》，载 1918 年 12 月《新青年》第 5 卷第 6 号。

⑤ 周作人：《平民文学》，载 1919 年 1 月 19 日《每周评论》第 5 期。

人进入北大歌谣运动中后，就与前期刘半农纯粹从文艺的角度关注歌谣的方式不同，而侧重于挖掘和探究民间歌谣的现代性思想意义。

1919 年，周作人在为刘半农采集的《江阴船歌》作序①时，就比较早地阐述过自己对于歌谣的态度：

（1）"民歌"是"民族的文学的初基"，是"民间的心情""民众的心情"的表现。序文中，周作人借用英国人吉特生（Frank Kidson）在《英国民歌论》中关于"民歌"（Volkslied，Folksong）的说法（"生于民间，并且通行于民间，用以表现情绪或抒写事实的歌谣"），认为："民间"的意义"本是指多数不文的民众"，而"民歌"原是"民族的文学的初基"，"民歌中的情绪与事实，也便是这民众所感的情绪与所知的事实"，"民歌的特质，并不偏重在有精彩的技巧与思想，只要能真实表现民间的心情，便是纯粹的民歌"。

（2）主张用民俗的态度而非文艺鉴赏的眼光来看待"民歌"。周作人认为，民歌"是民俗研究的资料，不是纯粹的抒情或教训诗"，反对用赏鉴眼光来批评民歌。周作人在这篇序文中，根本就没有谈到刘半农所采集的这二十首江阴船歌的文艺价值，反而批评其"没有很明了的地方色彩与水上生活的表现"，只是肯定"这一卷《江阴船歌》，分量虽少，却是中国民歌的学术的采集上第一次的成绩"。

在周作人看来，透过民歌这样具体而生动的民俗学材料，我们能够知道"'社会之柱'的民众的心情"，从其中所反映的这些"民间的心情"和"民众的思想"出发，我们就能够窥探到隐藏于其中的"国民精神"和"民族意识"。这样一来，周作人就将为世人所忽视、难登大雅之堂的"民间歌谣"与具有现代启蒙意义的"国民性""民族性"联系起来了。

那么，在五四启蒙文化语境下，我们该如何看待"歌谣"这种具

①　该序作于 1919 年 9 月 1 日，最初载于 1919 年《学艺杂志》第 1 卷第 2 号，后以《中国民歌的价值》为题转载至 1923 年 1 月 21 日《〈歌谣〉周刊》第 6 号。

体的"民众的诗歌"？民间的"歌谣"到底能为五四的新文学建设提供什么呢？周作人是相当清醒与辩证的，他认为要具体地去分析。为此，他在《民众的诗歌》一文中，援引过一首"民间歌谣"——所谓的"好诗"①——来谈自己的想法，"我看了发生了两种感情，第一是关于民众文学的形式的，第二是关于他的思想的"。在形式上，它"不要叶韵，也不限定两句一联，可以随意少多"，因而，我们可以从歌谣的形式中寻得新诗自由化的某些借鉴；在思想上，"实在足以代表中国极大多数的人的思想。妥协、顺从，对于生活没有热烈的爱着，也便没有真挚的抗辩"。因而，我们可以从歌谣中发见深刻的"国民性"命题："中国的人看得生活太冷淡，又将生活与习惯并合了，所以无怪他们好像奉了极端的现世主义生活着，而实际上却不曾真挚热烈的生活过一天。"在肯定歌谣文体形式自由的同时，周作人更是对歌谣中所反映出来的"国民性"问题予以了批判，表现出浓厚的思想启蒙色彩。因为，在当时的周作人看来，思想革命的意义远比文字、形式等问题重要。②但同时，周作人也注意到"民间"问题的复杂性，民间既有积极的一面，也有消极的一面，因而我们的态度也应该是辩证的。正如周作人所言："但是无论形式思想怎样的不能使我们满足，对于民众艺术内所表现的心情，我们不能不引起一种同情与体察。太田君在《食后之歌》的序里说，'尝异香之酒，一面耽想那种鄙俗的

---

① 周作人所引之诗原文如下，"要把酒字免了去，若要请客不能把席成。要把色字免了去，男女不能把后留，逢年过节谁把坟来上。要把财字免了去，国家无钱买卖不周流。要把气字免了去，众位神仙成不能。吃酒不醉真君子，贪色不迷是英豪"。见周作人《谈虎集·民众的诗歌》，河北教育出版社2002年版。

② 1919年，周作人在《思想革命》一文中认为，"文学这事物合文字与思想两者而成，表现思想的文字不良，固然足以阻碍文学的发达，若思想本质不良，徒有文字，也有什么用处呢？"对当时的"文学革命"作出了十分理性的认识，并认为"文学革命尚，文字改革是第一步，思想改革是第二步，却比第一步更为重要。我们不可对于文字一方面过于乐观了，闲却了这一面的重大问题"（《周作人自编文集·谈虎集》，河北教育出版社2002年版）。正因为如此，苏雪林认为，"我们与其说周作人是个文学家，不如说他是个思想家，十年以来他给予青年的影响之大和胡适、陈独秀不相上下。……他与乃兄鲁迅在过去时代同成为'思想界的权威'"[苏雪林：《周作人先生研究》，见《苏雪林文集》（第三卷），安徽文艺出版社1996年版，第236页]。

但是充满眼泪的江户平民艺术以为乐’，这实在是我们想了解民众文学的人所应取的态度。"①

到了 1922 年，周作人的歌谣观发生了一些变化。这主要表现在《歌谣》及其后的《〈歌谣〉周刊·发刊词》中对"歌谣"研究目的表述上的变化，而最显著的就是"对于歌谣文艺价值的重新认定"。②周作人说"民谣可以说是原始的——而又不老的诗"，"我们的研究却有两个方面，一是文艺的，二是历史的"。具体说来：

> 从文艺的方面我们可以供诗的变迁的研究，或做新诗创作的参考。……民歌与新诗的关系，或者有人怀疑，其实是很自然的，因为民歌的最强烈最有价值的特色是他的真挚与诚信，这是艺术品的共通的精魂，于文艺趣味的养成极是有益的。……意大利人威大利（Vitale）在所编的《北京儿歌》序上指点出读者的三项益处，第三项是"在中国民歌中可以寻到一点真的诗"，后边又说，"这些东西虽然是不懂文言的不学的人所作，却有一种诗的规律，与欧洲诸国类似，与意大利诗法几乎完全相合。根据这些歌谣和人民的真的感情，新的一种国民的诗或者可以发生出来"。这一节话我觉得极有见解，而且那还是一八九六年说的，又不可不说他是先见之明了。

> 历史的研究一方面，大抵是属于民俗学的，便是从民歌里去考见国民的思想，风俗与迷信等，言语学上也可以得到多少参考的材料……③

---

① 周作人：《民众的诗歌》，载 1920 年 11 月 26 日《晨报》，见《周作人自编文集·谈虎集》，河北教育出版社 2002 年版。

② 陈泳超：《中国民间文学研究的现代转辙》，北京大学出版社 2005 年版，第 85 页。

③ 周作人：《歌谣》，载 1922 年 4 月 13 日《晨报副镌》，见《周作人自编文集·自己的园地》，河北教育出版社 2002 年版。

在这段文字表述中，我们可以看出，周作人歌谣观的变化主要表现为：在歌谣的民俗学价值与"国民性"意义之外，重新肯定了刘半农所看重的歌谣的文艺价值。究其原因，可能主要是来自意大利人 Vitale 的《北京儿歌》（亦译为《北京的歌谣》）的影响。当时的周作人正为五四后新诗坛消沉的局面强烈不满："现在的新诗坛，真可以说消沉极了。……所以大家辛辛苦苦开辟出来的新诗田，却半途而废的荒芜了，让一班闲人拿去放牛。你不见中国的诗坛上，差不多全是那改'相思苦'的和那'诗的什么主义'的先生们在那里执牛耳么？诗的改造，到现在实在只能说到了一半，语体诗的真正长处，还不曾有人将他完全表示出来，因此根基并不十分稳固。"① 他迫切需要为新诗的发展寻找新的出路、新的方向。当常惠将意大利人 Vitale 的《北京的歌谣》推荐给他时②，威大利关于"歌谣"与"诗歌"关系的新见，尤其是那"根据这些歌谣和人民的真的感情，新的一种国民的诗或者可以发生出来"的观点，给了周作人莫大的启示。从而改变了周作人此前纯粹学术意义和思想启蒙意义的歌谣观，而将"歌谣"的文艺价值又重新地凸显出来，尤其强调了"歌谣"之于五四"新诗"的意义。

1922 年 12 月 17 日，在周作人、常惠等的努力下，经过重新整合的"歌谣研究会"强势回归，③ 编辑出版了《〈歌谣〉周刊》，并将之

---

① 周作人：《新诗》，作于 1921 年 5 月，见《周作人自编文集·谈虎集》，河北教育出版社 2002 年版，第 27 页。

② 在周作人主持"北大歌谣运动"期间，当时北大的学生、后来实为《〈歌谣〉周刊》执行主编的常惠，开始进入"歌谣研究会"，他把意大利人 Vitale 整理的《北京的歌谣》推荐给了胡适、周作人等，Vitale 的观点和做法对胡适、周作人的民间文艺观都产生了很大的影响。周作人的《歌谣》《〈歌谣〉周刊·发刊词》以及胡适的《北京的平民文学》等文，均引用过 Vitale 序文中的"根据在这些歌谣之上，……"这段经典的论述。

③ 将"歌谣研究会"置于蔡元培担任所长的"北京大学研究所国学门"下，在组织和领导上给予了支持。另外，当时在歌谣研究上用力最勤的常惠也进入歌谣运动的核心层，并负责《〈歌谣〉周刊》的具体编务。"歌谣研究会"还对刘半农最初制订的简章，也作了一定的调整，放宽了歌谣征集的条件和范围，因而在一定程度上扩大了歌谣运动的影响。

作为歌谣征集和讨论的机关，以期集思广益，弥补征集歌谣运动开展五年来的不足和缺憾。《〈歌谣〉周刊》的《发刊词》重新阐述了北大征集歌谣的目的：

> 本会汇集歌谣的目的共有两种，一是学术的，一是文艺的。我们相信民俗学的研究在现今的中国的确是很重要的一件事，虽然还没有学者注意及此，只靠几个有志未遂的人是做不出什么来的，但是也不能不各尽一分的力，至少去供给多少材料或引起一点兴味。歌谣是民俗学上的一种重要的资料，我们把他辑录起来，以备专门的研究：这是第一个目的。因此我们希望投稿者不必自己先加甄别，尽量的录寄，因为在学术上是无所谓卑猥或粗鄙的。从这学术的资料之中，再由文艺批评的眼光加以选择，编成一部国民心声的选集。意大利的卫太尔曾说："根据在这些歌谣之上，根据在人民的真感情之上，一种新的'民族的诗'也许能产生出来。"所以这种工作不仅是在表彰现在隐藏着的光辉，还在引起当来的民族的诗的发展：这是第二个目的。①

《发刊词》在周作人《歌谣》一文的基础上，将歌谣征集的目的明确地限定为"学术的"和"文艺的"。"学术的"主要强调歌谣征集的民俗学价值，它是歌谣研究的前提和基础；而"文艺的"则建立在民俗学研究的基础上，透过"歌谣"这些民俗资料来探究"国民的心声"（"国民性"）、产生"新的'民族的诗'"，以促成五四新诗（"当代的民族的诗"）的发展。

需要说明一下的是，《发刊词》放弃了此前周作人自己在《歌谣》

---

① 《发刊词》，载1922年12月17日《〈歌谣〉周刊》第1号。虽然《发刊词》并没有署名作者，但学界一般都认为这个发刊词是周作人执笔的。但也有人推测是常惠起草的，而由周作人等改定的。详见施爱东《中国现代民俗学检讨》，社会科学文献出版社2010年版，第118—130页。

一文中译法（威大利、"根据这些歌谣和人民的真的感情，新的一种国民的诗或者可以发生出来。"），而采用了胡适在《北京的平民文学》中的译法（卫太尔、"根据在这些歌谣之上，根据在人民的真感情之上，一种新的'民族的诗'也许能产生出来呢？"），表述上有所不同，最重要的是将"国民的诗"换成了"民族的诗"。这样的表述，显然是为了强调新诗的"民族性"问题、凸显"北大歌谣运动"从本土的角度探寻中国新诗资源和思考中国现代文学命题的初衷。

1936年，《〈歌谣〉周刊》停刊十年之后重新复刊。在《复刊词》中，胡适再次强调了歌谣征集与研究的目的是从本土的角度思考中国的问题，是服膺于中国新诗健康发展的需要，是对新诗发展过程中过于依赖西方话语的纠偏。"我以为歌谣的收集与保存，最大的目的是要替中国文学扩大范围，增添范本。我当然不看轻歌谣在民俗学和方言研究上的重要，但我总觉得这个文学的用途是最大的，最根本的。……我们今日的新文学，特别是新诗，也需要一些新的范本。中国新诗的范本，有两个来源：一个是外国的文学，一个是我们自己的民间歌谣。二十年来的新诗运动，似乎是太偏重了前者而太忽略了后者。……我们综观这二十年的新诗，不能不感觉他们的技术上，音节上，甚至于在语言上，都显出很大的缺陷。我们深信，民间歌谣的最优美的作品往往有很灵巧的技术，很美丽的音节，很流利漂亮的语言，可以供今日新诗人的学习师法。……所以我们现在做这种整理流传歌谣的事业，为的是要给中国新文学开辟了一块新的园地。"①

由此，我们明确地回答本节前面提出的问题："我们为什么研究歌谣？"刘半农、周作人、胡适等五四新文学的主将们之所以要大力

———————

① 胡适：《〈歌谣〉复刊词》，载1936年4月4日《〈歌谣〉周刊》第2卷第1期。

倡导与潜心研究歌谣，主要是希望从"民间的歌谣"中为新诗寻求新的来源和新的范本，找到一条通往新诗健康发展的可能路径，来建构中国新诗乃至整个新文学的现代品格，为中国现代文学开辟了一块属于我们自己的艺术园地。从这个意义上来说，北大歌谣运动是中国新诗史上一件破天荒的大事，它揭开了 20 世纪中国文学从本土的角度来思考中国文学问题的序幕。

第三节　民间歌谣与五四新诗的现代性建构

20 世纪 20 年代初，中国现代歌谣运动的核心人物，刘半农、周作人、胡适、常惠等，从五四新文学的本土性建构出发，将民间歌谣视为中国新诗发生、发展最为重要的资源，希望当时刚刚起步的新诗能从我们自己的民间文学传统中汲取营养，从而为新诗的传播接受创造有利的条件。虽然，"歌谣与诗，一是民众的，一是个人的，一是散漫在民间的，一是记载于书籍的"，但却有着共同的性质，即"真情的流露""艺术的深刻"。[1] 因而，他们都"不愿意把歌谣和诗截然的分开"[2]，十分看重"歌谣"之于新诗的意义，并将之作为一种神圣的事业来看待。

当他们带着这份虔诚的事业之心进入"歌谣"的世界后，他们发现："歌谣中，往往可以见到情致很绵厚，风神很灵活，说话恰到好处的歌辞"，"它的好处，在于能用最自然的言词，最自然的声调，把最自然的情感发抒出来"。[3] "这些歌谣，写的是真景，抒的是真情，会的是真意趣，绝对是真实的表现，是极端自然的文章。不管是田夫野老的所唱、是榜人渔父的所唱，或且出之于十三四女孩儿的口中，

---

① 何植三：《歌谣与新诗》，载 1923 年 12 月 17 日《〈歌谣〉周年纪念增刊》。
② 俞平伯：《诗底进化的还原论》，载 1922 年 1 月《诗》第 1 卷第 1 号。
③ 刘半农：《国外民歌译·自序》，北新书局 1927 年版。

就歌辞来讲，情景总是很深，趣味总是很浓，就音节来讲，声韵又是无不调和的。自然的灵密，不必一定是艺术家才能感受得到，才能表现得出，尽有不识文字的人，自能运用质实、朴素、逼真的手腕，发为自然的歌诗，成为天地间的妙文。因为他并不懂格式，所以不为歌诗所拘泥；他又本不要雕琢，所以不受雕琢的累坠。"① 的确，如他们所论说的，歌谣"性情"之"真挚"、"意趣"之"自然"、"韵律"之"和谐"等，给孱弱的五四白话新诗创作吹来了一股强劲的"民间"之风，刘半农、刘大白、俞平伯、康白情、沈玄庐、何植三、汪静之等的白话新诗创作，以其"清新""健康""自然""醇厚"的民间品格，为五四新诗的发展打下了坚实的基础，也为此后新诗的本土化、民族化之路提供了重要的启示和借鉴。

一 从"民间性情之响"中寻求现代"人"的建构

歌谣乃"民间性情之响"，其最重要的价值就在于"情真而不可废"。故民间有"迨书立戏真山歌"的说法，意思是"书是编的，戏是创造的，山歌可是真的"。② 五四，作为近现代中国最重要的一次思想解放运动，其文学上最重要的表现就是真"人"的发现。五四时期所标举和放大的"人"，就是"性情"的人、"真挚"的人、"诚信"的人。鲁迅认为"人"必须"抱诚守真""率真行诚，无所讳掩"，才能"作至诚之声，致吾人于善美刚健者"。③ 周作人亦主张"以真挚的文体，记真挚的思想与事实"，强调"以真为主，美即在其中"的人生的艺术派主张。④ 作为"真诗"的歌谣，所主导的"性情之真"，正

---

① 郭绍虞：《村歌俚谣在文艺上的位置》，载 1920 年 8 月 21 日《晨报·艺术谈》，见 1923 年 4 月 1 日《〈歌谣〉周刊》第 12 号。

② 台静农：《山歌原始之传说》，载 1925 年 6 月 28 日《〈歌谣〉周刊》第 97 期。

③ 鲁迅：《摩罗诗力说》，见《鲁迅全集》（第 1 卷），人民文学出版社 2005 年版，第 102 页。

④ 周作人：《平民文学》，载 1919 年 1 月 19 日《每周评论》第 5 号。

好符合五四新文学普遍意义的美学追求和思想意义的"人学"启蒙。刘半农早在五四"文学革命"之初就曾指出"作诗本意,只须将思想中最真的一点,用自然音响节奏写将出来,便算了事,便算极好"。① 而民间歌谣恰恰能做到这一点。民间的歌唱:"其重要不下于人类之所以要呼吸,其区别处,只是呼吸是维持实体的生命的,唱歌是维持心灵的生命的。所以人当快活的时候要唱歌,当痛苦的时候也要唱歌;当工作的时候要唱歌,当休暇的时候也要唱歌……总之,一有机会,他就要借着歌辞,把自己的所感所受所愿所冥想,痛快地发泄一下,以求得心灵上之慰安","他们爱怎么唱就怎么唱;他们什么都不管,什么都不怕;他们真有最大的无畏精神","唱歌的人,目的既不在于求名,更不在于求利,只是在有意无意之间,将个人的情感自由抒发。而这有意无意之间的情感的抒发,正的的确确是文学上最重要的一个原素"。② 这些歌谣"是真挚地做成的,所以又那一种感人的力,……这个力便是最足供新诗的汲取的"。③ 正因为如此,在早期的白话新诗创作中,诗人们都极其希望能像那些民间歌手一样,能够"摆脱了一切的束缚,任情的歌唱"④。

首先,表现在"情歌"上。

情歌,这些"闾巷风土男女情思之词"(朱熹语),以其大胆泼辣地表达男欢女爱、真挚自然地叙写爱恨情仇、强烈迫切地反抗封建礼教,而成为民间歌谣乃至整个中国诗歌中思想和艺术价值最高的部分。情歌所展示的开放意识与抗争精神,深深地感染了现代的歌谣征集者们。"我想,假如我有工夫,我情愿做中国情歌的搜集者。我相信,

① 刘半农:《诗与小说精神上之革新》,载 1917 年 7 月 1 日《新青年》第 3 卷第 5 号。
② 刘半农:《国外民歌译·自序》,北新书局 1927 年版。
③ 周作人:《歌谣》,见《周作人自编文集·自己的园地》,河北教育出版社 2002 年版,第 36 页。
④ 周作人:《地方与文艺》,《周作人自编文集·谈龙集》,河北教育出版社 2002 年版,第 12 页。

村夫农妇口中所唱的情歌，一定比那杯酒美人的名士笔下的情诗，价值要高万倍！中国文人做情诗，大部是轻薄纤巧，没有迫切动人的情感。……情歌是迫切的情感焚烧于心，而自然流露于口的，所以虚伪的自然很少。"① 顾颉刚曾对冯梦龙辑录的一首山歌《偷》（"结识私情弗要谎，捉着子奸情奴自去当。拼得到官双膝馒头跪子从实说，咬钉嚼铁我偷郎。"）如此评价道："如此热情，如此刚勇，真使人觉得这一字一句里都蕴藏着热的血泪。我们读后会以为她卑鄙淫荡么？不！我们只应佩服这位礼教叛徒的坚强的人格，而对她处境的恶劣表示极深的同情。"②

　　　　削竹棍儿，打桑葚儿，/姐夫寻了个小姨子儿，/关上门儿，盖上被儿，/左思右想不是味儿；/管他是味不是味儿，/黑夜躺着不受罪儿。

　　　　死了男儿别怨天，/十字路口有万千，/东来的，西去的，/挑他个知心合意的。

　　前者，以男子的口吻，写出了在爱情与礼教前的纠结心态，"左思右想不是味儿"，最后，"情胜于理"，服从于个人情感的需要，冲破了所谓的伦理道德约束；后者，则以女子的口吻，状写了丈夫死后的心态，她没有选择竖什么贞节牌坊，而是从东来西往的男人中挑个知心合意的。这才是男女迫切性情的真实表达！

　　再如刘半农《瓦釜集》中的"情歌"：

　　　　郎想姐来姐想郎，/同勒浪一片场上乘风凉。/姐肚里勿晓得

---

① 章洪熙：《中国的情歌》，载 1923 年 12 月 17 日《〈歌谣〉周年纪念增刊》。
② 顾颉刚：《山歌·序》，上海传经堂排印本 1935 年版。见王煦华整理《吴歌·吴歌小史》，江苏古籍出版社 1999 年版，第 713 页。

郎来郎肚里也勿晓得姐，／同看仔一个油火虫虫飘飘漾漾过池塘。（第三歌）

姐园里一朵蔷薇开出墙，／我看见仔蔷薇也和看见姐一样。／我说姐倪你勿送我蔷薇也送个刺把我，／截破仔我手末你十指尖替我缭一缭。（第四歌）

河边浪阿姐你洗格啥衣裳？／你一泊一泊泊出情波万丈长。／我隔仔绿沉沉格杨柳听你一记一记捣，／一记一记一齐捣勒笃我心浪。（第十九歌）

这三首由刘半农仿写的情歌均以男子的口吻，开门见山地表达了对女子的追求与思慕，坦率直白，情真意切，简直可以"以假乱真"。五四歌谣论者之所以倡导的征集民间歌谣，甚至是征集"猥亵的歌谣"，① 看中的就是这些民间歌谣"人学"意义上的反传统和反封建色彩。早期白话诗人沈玄庐有一首新诗《想》，明显有着民间情歌的影响，"平时我想你，七日一来复。今朝我想你，一日一来复。昨日我想你，一时一来复。今宵我想你，一刻一来复"。将男女之间的思恋赤裸裸地给表达出来。通过"情歌"—"情诗"的创作，五四诗人有力地呼应了五四文学的现代"人学"主题。

这一点最典型地体现在湖畔诗人汪静之的创作之中。1922 年 8 月，汪静之的诗集《蕙的风》，由上海亚东图书馆出版。这部诗集中的诗歌绝大多数都是大胆而热烈地讴歌爱情的，充分体现了汪静之

---

① 刘半农当初征集歌谣时说："歌谣中也有很好的文章，我们何妨征集一下"，但在征集歌谣的简章中有一个规定"征夫野老游女怨妇之辞，不涉淫亵而自然成趣者"，而周作人等在发行《〈歌谣〉周刊》时，对之作了改动"歌谣性质并无限制；即语涉迷信或猥亵者亦有研究之价值，当一并录寄，不必先由寄稿者加以甄择"。在《发刊词》中亦有特别申明，"我们希望投稿者……尽量的录寄，因为在学术上是无所谓卑猥或粗鄙的"。周作人后来还与钱玄同、常惠三人联名征求"猥亵的歌谣"，认为猥亵的歌谣是"后来情诗的根苗"，征集的效果还不错。见周作人《猥亵的歌谣》（1923 年 12 月 17 日《歌谣周年纪念增刊》）、《征求猥亵的歌谣启》（1925 年 10 月《语丝》第 48 期）、《一点回忆》（《民间文学》1962 年第 6 期）等文。

"放情地唱"的个性特质。① 如，"我冒犯了人们的指谪，/一步一回头
地瞟我意中人；/我怎样欣慰而胆寒呵"（《过伊家门外》）。"我每每乘
无人看见，/偷与你亲吻，/你羞答答地，/很轻松很软和地打我一个嘴
巴，/又摸摸被打的地方，/赔罪的说：/'没有打痛罢？'/你那温柔
的情意，/使我真个舒服呵！"（《我俩》）等。但诗集出版之后，却在
诗坛引起了大波。"《蕙的风》所引出的骚扰，由年青人看来是较之陈
独秀对政治上的论文还大的。"② 当时，东南大学的学生胡梦华读了
《蕙的风》后，破口大骂，说汪静之的诗是"有意的挑拨人们的肉欲"
"兽性的冲动之表现""变相的提倡淫业"，是"堕落的极不道德"
的。③ 周作人、鲁迅、章洪熙（即章克标）等先后撰文批驳胡梦华所
谓的"不道德"言论。④ 周作人认为"这旧道德上的不道德，正是情
诗的精神"，并充分肯定《蕙的风》"放情地唱"是诗坛解放的一种
呼声。⑤

其次，表现在儿歌上。

相对于成人而言，儿童来到这个世界的时间比较短，没有受到尘
世的过多污染，其性情率真而自然，因而就显得十分难得。1896 年，
意大利人卫太尔在他《北京儿歌》中将"朴实而且可感动人"的"儿

---

① 关于这一点，汪静之自己解释说，"婴儿'咿嘻咿嘻'地笑，'咕嗳咕嗳'地哭；
我也像这般随意地放情地歌着：这只是一种浪动罢了。我极真诚地把'自我'溶化在自底
诗里；我所要发泄的都从心底涌出，从笔尖跳下来之后，我就也安慰了，畅快了。我是为
'不得不'而做诗，我若不写出来，我就闷得发慌！"汪静之：《〈蕙的风〉自序》，上海亚东
图书馆 1922 年版。见王训昭编《湖畔诗社评论资料选》，华东师范大学出版社 1986 年版，第
277 页。

② 沈从文：《论汪静之的〈蕙的风〉》，原载 1930 年 11 月 15 日《文艺月刊》第 1 卷第 4
号。见《沈从文全集》（第 16 卷），北岳文艺出版社 2002 年版，第 87 页。

③ 胡梦华：《读了〈蕙的风〉以后》，载 1922 年 10 月 24 日《时事新报·学灯》。见王训
昭编《湖畔诗社评论资料选》，华东师范大学出版社 1986 年版。

④ 主要包括：周作人的《什么是不道德的文学》《情诗》、鲁迅的《反对"含泪"的批评
家》、章洪熙的《〈蕙的风〉与道德问题》等。见王训昭编《湖畔诗社评论资料选》，华东师范
大学出版社 1986 年版。

⑤ 周作人：《情诗》，《自己的园地》，北新书局 1923 年版。

歌"与"真诗"联系起来。① 刘半农也十分羡慕儿童之"真",他先后作了几首以女儿小蕙为题的诗作,有《题小蕙周岁日造象》《一个失路的小孩》《雨》等。特别是他 1920 年创作的那首《雨》,诗的最后一节这样写道:"妈!我要睡了!你就关上了窗,不要让雨打湿了我们的床。你就把我的小雨衣借给雨,不要雨打湿了雨的衣裳。"这首诗纯然用孩子的话,写孩子们纯洁无瑕的世界,是成人所做不来的。所以,刘半农主张诗人应该"哭我们的孩子的哭,/笑我们的孩子笑!/生命的行程在哪里?——/听我们的哭!听我们的笑!"(《歌》)。和刘半农羡慕儿童之"真"有异曲同工之妙的是俞平伯的诗集《忆》②。"骑着,就是马儿;/耍着,就是棒儿。/在草砖上拖着琅琅的,/来的是我。"(第四)"沙软而重的眠歌,/依依若在我耳旁。"(第二十四)"竹榻戛着;/蒲扇拍着;/一阵冬青树的风,/把弄堂里两扇板门/彭彭的响着。"(第三十四)朱自清当年给《忆》作跋时说,"平伯君觉着闷得慌,便老老实实地,像春日的轻风在绿树间微语一般,低低地,密密地将他的可忆而不可捉的'儿时'诉给你"。③

比刘半农、俞平伯更早注意到"儿歌"的是周作人。1913—1914 年,周作人在绍兴担任教育会长的时候,就从事过儿歌的研究和征集,是中国现代最早注意童话和儿歌的人。④ 1921 年,周作人作了几首以"小孩"为题的诗,"我看见小孩,/每引起我的贪欲,/想要做富翁

---

① 英文 Pekinese Rhymes,常惠、胡适将之译为《北京的歌谣》。周作人根据卫太尔在序中说"我头一回公布北京童谣的集子,……"而将之译为《北京儿歌》,应该说周作人更注重的是内容。该序后来由常惠翻译为中文,刊登在 1923 年 5 月 13 日《〈歌谣〉周刊》第 18 号上。

② 俞平伯:《忆》,北京朴社 1925 年版。见乐齐、孙玉蓉编《俞平伯诗全编》,浙江文艺出版社 1992 年版,第 261—282 页。

③ 朱自清:《〈忆〉跋》,见朱乔森编《朱自清散文全集》(上),江苏教育出版社 1998 年版,第 220 页。

④ 1913 年,周作人发表《童话研究》《童话略论》等论文,1914 年,在绍兴县教育学会办的《时事通信》月刊刊登过一则征集儿歌童话的启事。他认为儿歌"即大人读之,如闻天籁,起怀旧之思,儿时钓游故地,风雨异时,朋侪之嬉戏,母姊之话言,犹景象宛在,颜色可亲,亦一乐也"。见周作人《一点回忆》,《民间文学》1962 年第 6 期。

了。……""我初次看见小孩了。/我看见人家的小孩，觉得他可爱，因为他们有我的小孩的美，/有我的小孩的柔软与狡猾。……""小孩呵，小孩呵，/我对你们祈祷了。/你们是我的赎罪者。/请你们赎我的罪罢，/和我所未能赎的先人的罪，……"等。这些诗多采用"我看见小孩""我初次看见小孩了"的开篇句式，或叙写由"小孩"而引发诗人的联想、感悟和思考；等等，将"小孩"的世界与"成人"的世界作对比，"小孩"如"神灵""牧师"，来接受"成人"的赎罪。周作人创作《小孩》系列诗作的时候，正值他主持北大歌谣运动因肋膜炎住院病休期间。因而我们可以大胆地将周作人的"新诗"创作与其"歌谣"事业看作一个有机的整体，两者是一而二、二而一的关系。周作人既希望能从"儿歌""童谣"之中探寻到"新诗"建设的资源，又希望用儿童世界的"真"来建构真正的现代意义的"人"——"用了你们的笑，/你们的欢喜与幸福，/能够成了真正的'人'的荣誉"（《对于小孩的祈祷》）。①

二 在"瓦缶的声音"中倾听"民众"的心声

1917 年，陈独秀在《文学革命论》中指出"文学革命"努力的方向："曰，推倒雕琢的阿谀的贵族文学，建设平易的抒情的国民文学；曰，推倒陈腐的铺张的古典文学，建设新鲜的立诚的写实文学；曰，推倒迂晦的艰涩的山林文学，建设明了的通俗的社会文学。"这"三大主义"明确地将文学革命指向了社会的底层与普通的民众。1919 年，周作人的《平民文学》，更是从文学精神上规定了平民文学

---

① 《对于小孩的祈祷》当初系日文所写，作为《病中的诗》的第八首发表于 1921 年 9 月 1 日《新青年》第 9 卷第 5 号。周作人后来又重译该诗，个别地方有所不同。本文采用《新青年》的最初译文，主要是因为周作人在此译文中给人字加了一个引号，强调了"人"。有关《小孩》其他诗作及说明，见王仲三笺注《周作人诗全编笺注》，学林出版社 1995 年版，第 385—386、389—391 页。

"是研究平民生活——人的生活——的文学"，"应以普通的文体，写普通的思想与事实"。① 并在自己的新诗中表达了对筑堰的农夫（《小河》）、扫雪的工人（《两个扫雪的人》）、背枪的人（《背枪的人》）等普通的民众的敬意。"祝福您扫雪的人！／我从清早起，在雪地里行走，不得不谢谢你"，"那背枪的人，／也是我们的朋友，我们的兄弟"。在这样的背景下，俞平伯提出了"新诗的民众化"主张。他认为诗歌最初来源于歌谣，是属于民众的，只是到了后来，诗歌才逐渐地与歌谣分离，而成为少数人的、带着贵族色彩的、高雅的东西。所以，新文学作家的任务是"还原"，让文人诗歌与民间创作相互融合，使"诗歌充分受着民众化"。②

其实早在 18 世纪，德国早期的民俗学家赫尔德就将歌谣与民众联系起来。他认为，民谣就是民众的歌谣，是纯粹的人民心声的表达。③ 因为民间的歌谣，大多数"是从保姆的口里搜集来的，她们在照料孩子时唱给他们听；是从挤奶姑娘的口里搜集来的，她们在牛棚里干活时唱；是从佃农的女儿们口里搜集来的，她们在纺织时唱"。④ 在五四时期，歌谣被认为是一种"真正有价值的平民文学"⑤。郭绍虞在谈及"歌谣"与"民众"的关系时，指出"我们要宣传民众艺术，便应得注重普通所谓村歌俗谣。村歌俗谣四字，似乎有贬视的意思，实在这些都是民国情调的表现，简直可作为《国风》《小雅》一例看待"。⑥ 因而，在五四时期，"歌谣"就成为"新诗民众化"的一条重要途径。

---

① 周作人：《平民文学》，载 1919 年 1 月 19 日《每周评论》第 5 号。
② 俞平伯：《诗底进化的还原论》，载 1922 年 1 月《诗》第 1 卷第 1 号。
③ ［美］阿兰·鲍尔德：《民谣》（文学批评术语丛书），高丙中译，昆仑出版社 1993 年版，第 4 页。
④ ［美］阿兰·鲍尔德：《民谣》（文学批评术语丛书），高丙中译，昆仑出版社 1993 年版，第 61 页。
⑤ 孙少仙：《研究歌谣应该打破的几个观念》，1924 年 1 月 27 日《〈歌谣〉周刊》第 43 号。
⑥ 郭绍虞：《村歌俚谣在文艺上的位置》，载 1920 年 8 月 21 日《晨报·艺术谈》，见 1923 年 4 月 1 日《〈歌谣〉周刊》第 12 号。

"我们要从事现在民众生活（内心的和外表的）的了解和探究，歌谣绝不是一种容许等闲看待的文化产物——在这方面她是有着不能抹煞的、特异的价值的。"①

1921 年，远在英国伦敦的刘半农给周作人写了一封信，谈到了自己的歌谣体新诗集，"集名叫做'瓦釜'，是因为我觉得中国的'黄钟'，实在太多了。……因此我现在做这傻事：要试验一下，能不能尽我的力，把数千年来受尽侮辱与蔑视，打在地狱底里面没有呻吟的机会的瓦釜的声音，表现出一部分来"。② "瓦釜"与"黄钟"是一个相对的概念，前者是地方的、民间的、底层的演奏器乐，后者是宫廷的、贵族的、高雅的演奏器乐，分别指代两种不同的音乐。所以有"黄钟毁弃，瓦釜雷鸣"的说法，其中隐含着对民间底层音乐的鄙夷和贬损的态度。刘半农所说的数千年来受尽侮辱与蔑视，打在地狱底里面没有呻吟的机会，揭示的就是以歌谣为代表的民间文艺的真实存在状态。

谈到这样做诗的动机，刘半农说"是起于一年前戴季陶先生的阿们诗，和某君（应该是康白情，笔者注）的女工之歌"。③ 戴季陶的《阿们》与康白情的《女工之歌》都是表现底层民众苦难的作品。《瓦釜集》描写的都是生活在社会底层的民众，其中有饱经沧桑的老者、琐碎絮叨的阿婆、饱受虐待的妇女儿童，以及摇船的、打铁的、磨豆腐的、车夜水的农民、摇纱的女工、打渔的、放牛的；等等。如其中的《第七歌》："'我说隔壁阿姐你为来啥面皮黄？'／'你阿姐勿晓得我一日到夜做纱忙。／我朝起起来黑眽眽里就要上工去，／夜里家来还要替别人家洗衣裳。'／／'我说隔壁阿姐你为啥来实梗忙'／'你阿姐

---

① 钟敬文：《江苏歌谣集·序》，《民众教育》季刊第 2 卷第 1 号，转引自洪长泰《到民间去——1918—1937 年的中国知识分子与民间文学运动》，上海文艺出版社 1993 年版，第 112 页。
② 刘半农：《瓦釜集·代自叙》，见《半农诗歌集评》，书目文献出版社 1984 年版，第 113 页。
③ 刘半农：《瓦釜集·代自叙》，见《半农诗歌集评》，书目文献出版社 1984 年版，第 113 页。

勿晓得我疯瘫格老子瞎眼格娘，／三个兄弟妹子还勿曾满十岁，／一家六口要我一人当！'……"刘半农以民间歌谣的形式，在一问一答之中，道出了纱厂女工生活的悲苦与无奈。又如《扬鞭集（中）》的一首《织布》："织布织布，／朝织丈五，暮织丈五，／尚余丈五！"用十六字歌谣写出了织布工人辛苦劳动而疲于朝暮赶织的情景，"尚余丈五"，叫人看到了织布者受压的沉重。在此基础上，刘半农还描写了大量底层不幸的人们：宁可自己受冻也不弄脏车毯的车夫（《车毯》）、饱受凌辱面如土灰的学徒（《学徒苦》）、穿街过巷高声叫卖的买菜人（《卖菜》）、只能在梦里见到自己的孩子的奶娘（《奶娘》）、穷愁潦倒而洒泪卖乐谱的老乐师（《卖乐谱》）、决定出门卖笑的妓女（《耻辱的门》）；等等。他的诗始终关注的是社会底层的那些不幸的人们，通过描写他们的苦厄和悲境，替他们发出了真切的呼告和深沉的呐喊。诗人在对他们的现实生活深表理解与怜悯的同时，还发出了对社会现状的强烈不满和对不公平人生的强烈控诉。"人比人来比杀人！／人比人来气杀人！／你里财主人吃饱仔末肚皮浪弹上去象个三白西瓜咚咚响，／我里穷人饿仔要死末只好穷思极想把裤带来束束紧！……人比人来比杀人！／人比人来气杀人！／你里财主人死仔末还好整千整万带到棺材里去开三十六爿钱庄七十二爿当，／我里穷人死仔呒不私佣送把阎王小鬼末只好自家爬到热油锅里去必律剥落寻开心。"（《瓦釜集·第十一歌》）

五四时期，另一位与刘半农齐名、擅长用歌谣表现平民生活的是刘大白。其《田主来》《雪门槛》《卖布谣》等，也都是以民间歌谣的形式，描摹出了底层民众的饱受压迫和备受掠夺的生活场景："一声田主到，妈妈心头毕剥跳"，"勤的饿，惰的饱，／世间哪有公道！""贼是暗地偷；／狗是背地咬；／都是乘人见不到。／怎像田主凶得很，／明吞面抢真强盗！"（《田主来》）"雪门槛，雪门槛，车轮碾过突突颤；车轮颤，车夫叹，车重如山拉不转；车轮生角地生棱，棱角重重走不成。"(《雪门槛》)这两首诗与杜甫的《石壕吏》和白居易的《卖炭翁》的题旨相近,而以歌谣的形式状写底层平民的艰辛生活,可以说深得我国古代现实主义诗歌之神韵。《卖布谣》中"嫂嫂织布,哥哥卖布",却落得"弟弟裤破,没布补裤"的不幸,可不幸还在继续"土布粗,洋布细。洋布便宜,财主欢喜。土布没人要,饿倒哥哥嫂嫂"。

其实,新诗要做到真正的"民众化"三个字谈何容易!即使像俞平伯这样主张"努力创造民众化的诗"的诗人,他的诗集《冬夜》中真正"民众化"的诗歌其实也不多。胡适曾指出:英国诗人华兹华斯主张作民众化的诗,然而他的诗始终只是"学者诗人"的诗,而不是民众的诗;而北方民间的诗人彭思,他并不提倡民众文学,然而他的诗句却风行民间,念在口里,沁在心里,至今还是不朽的民众文学。[1]基于此,胡适感叹道:"民众化的文学不是'理智化'的诗人勉强做得出的!"[2]与五四文学革命中大张旗鼓地倡导"平民的文学"和文学研究会开展关于"民众文学"的激烈讨论相比,北大歌谣运动中的"瓦釜的声音"似乎有点微弱,但却取得了意想不到的效果。同为叙写底层民众生活的"人力车夫"题材,刘半农的《车毯》[3] 无疑要比胡适的《人力车夫》、沈尹默的《人力车夫》,甚至鲁迅的《一件小事》更胜一筹。诗人截取人力车夫生活的一个"横截面",紧紧抓住"车毯"这一细节,来表达生活在社会最底层的车夫的最朴素愿望。这个愿望哪怕是那么的微小,却也常常难以实现。诗人正是通过这一可贵

---

① 胡适:《俞平伯的〈冬夜〉》,载1922年10月1日《读书杂志》第2期。见姜义华主编《胡适学术文集·新文学运动》,中华书局1993年版,第449页。

② 胡适:《俞平伯的〈冬夜〉》,载1922年10月1日《读书杂志》第2期。见姜义华主编《胡适学术文集·新文学运动》,中华书局1993年版,第449页。

③ 刘半农《车毯》发表于1918年2月15日《新青年》第4卷第2号。全诗如下:"天气冷了,拼凑些钱,买了条毛绒毯子。/你看铺在车上多漂亮,鲜红的柳条花,映衬着墨青底子。/老爷们坐车,看这毯子好,亦许多花两三铜子。/有时车儿拉罢汗儿流,北风吹来,冻得要死。/自己想把毯子披一披,却恐身上衣服脏,保了身子,坏了毯子。"

的"细节"，捕捉到了他们真实的情绪，进而传达出了他们真实的心声。而要做到这一点，诗人必须放低自己的姿态，真正用"民众"的想法和逻辑来思考，真正用"民众"的自己的语言和方式来表达。

三　用"母亲膝上的语言"增强"白话"的表现力

五四文学革命，首先是从"语言"革命——以"白话"代"文言"——开始的。当初，胡适以"白话"为"韵文之利器"，倡导"诗体的大解放"，主张采用"白话的字"、"白话的文法"和"白话的自然音节"，做长短不一的"白话诗"，而将一切束缚诗歌自由的枷锁镣铐都打碎了，替新诗开辟了一块全新的殖民地。但由此导致的问题也值得我们注意：一是"非诗化"倾向。按照胡适"有什么话，说什么话；话怎么说，就怎么说。这样方才可有真正白话诗，方才可以表现白话的文学可能性"① 的说法，用一种"近于说话的语言"来作白话的诗，必然导致的是新诗审美情趣与艺术品格的降低，以致五四初期的白话新诗不像"诗"，缺少传统意义上"诗"的蕴涵；二是"欧化"的倾向。白话新诗在否定了古典诗歌传统之后，只有去模仿和借用西方的诗歌资源，外来的词汇、欧化的语法、生涩的句式，充斥五四新诗坛，造成了新诗"地方色彩"的缺失②和诗人"母舌"的生疏③，被讽为"中文写的外国诗"④。"白话"作为新诗的语言工具，其表现力受到了相当的质疑，甚至五四新诗的健将俞平伯当年也不得不承认"中国现行的白话，不是作诗的绝对适宜的工具"。⑤

---

① 胡适：《〈尝试集〉自序》，见姜义华主编《胡适学术文集·新文学运动》，中华书局1993年版，第381页。
② 闻一多：《〈女神〉之地方色彩》，载1923年6月10日《创造周报》第5号。
③ 朱自清：《中国新文学大系（诗集）·导言》，上海良友图书印刷公司1935年版。
④ 梁实秋：《新诗的格调及其他》，1931年1月《诗刊》创刊号。
⑤ 俞平伯：《社会上对于新诗的各种心理观》，1919年10月30日《新潮》第3卷第1期。

当初胡适提"国语的文学"与"文学的国语"时，其实已经注意到"语言"这一文学的本质命题："我们所提倡的文学革命，只是要替中国创造一种国语的文学。有了国语的文学，方才有文学的国语。有了文学的国语，我们的国语才可算得真正国语。国语没有文学，便没有生命，便没有价值，便不能成立，便不能发达。"① 刘半农、周作人、胡适等，作为早期白话新诗的代表性诗人，他们应该充分感受并注意到了五四白话新诗语言的表现力问题。在他们看来，这不是白话自身的问题，而是白话运用的问题，源于"诗人"（创作的主体）、"白话"（语言的工具）、"诗"（创作的文本）与"读者"（文本的接受者）之间的"隔"。怎样消除这种语言上的"隔"呢？周作人寄希望于能从歌谣这种"原始的——而又不老的诗"②"方言的诗"③"现在还有生命的东西"④ 中寻得某种解决的办法。在这一点上，刘半农与周作人的意见不谋而合，他说：

因我对于新诗的希望太奢，总觉得这已好之上，还有更好的余地。我起初也说不出所以然来。后来经过多时的研究与静思，才断定我们要说谁某的话，就非用谁某的真实的语言与声调不可；不然，终于是我们的话。

……语言在文艺上，永远带着些神秘作用。我们做文做诗，我们所摆脱不了，而且是能于运用到最高等最真挚的一步的，便

---

① 胡适：《建设的文学革命论》，载1918年4月15日《新青年》。

② 周作人：《歌谣》，见《周作人自编文集·自己的园地》，河北教育出版社2002年版，第35页。

③ 周作人认为"歌谣"就是"方言的诗"，"我觉得现在中国语体文的缺点在于语汇之太贫弱，而文法之不密还在其次，这个救济的方法当然有采用古文及外来语这两件事，但采用方言也是同样重要的事情。……方言调查如能成功，这个希望便可达到，我相信国语及新文学的发达上一定有不小的影响"（见《歌谣与方言调查》，载1923年11月4日《〈歌谣〉周刊》第31号）。

④ 周作人：写于《儿歌》一诗后面的话。"这首诗是我仿儿歌而作。我想新诗的节调，有许多地方可以参考古时乐府与词曲，而俗歌——民歌与儿歌——是现在还有生命的东西，他的调子更可以拿来利用。"载1920年12月1日《新青年》第8卷第4期。

是我们抱在母亲膝上时所学的语言；同时能使我们受最深切的感动，觉得比一切别种语言分外的亲密有味的，也就是这种我们的母亲说过的语言。这种语言，因为传布的区域很小（可以严格的收缩在一个最小的地域以内），而又不能独立，我们叫它方言。从这上面看，可见一种语言传布的区域的大小，和他感动力的大小，恰恰成了一个反比例。这是文艺上无可奈何的事。①

方言母语，看起来传播的地域很小，而且也不能独立，但有着巨大的"感动力"和"表现力"，是五四时期所倡导的"国语的文学"的前提和基础。因为，"方言的文学越多，国语的文学越有取材的资料，越有浓富的内容和活泼的生命"。②

作为早期白话新诗中最具诗人天分的两个人之一，刘半农十分熟悉方言，并能够"驾驭得住口语"。③《瓦釜集》作为新诗史上第一部用方言写成的民歌体新诗集，"集中所录是我用江阴方言，依江阴最普通的一种民歌——'四句头山歌'——的声调，所做成的"。④ 在刘半农的新诗创作中，随处可见用江阴的方言、北京的口语模仿民间歌谣而创作的新诗作品。如《瓦釜集·第十六歌》（"你联竿幽幽乙是幽幽我？/我看你杀毒毒格太阳里打麦打得好罪过！/到仔几时一日我能够够来代替你打？/你就坐勒树阴底下扎扎鞋底唱唱歌。"）是一首用方言写成的情歌，刘半农对之作了一定的注解："联竿，打麦器；竿，

---

① 刘半农：《瓦釜集·代自叙》，见《半农诗歌集评》，书目文献出版社 1984 年版，第113—114 页。

② 胡适：《答黄觉僧君〈折衷的文学革新论〉》，见姜义华主编《胡适学术文集·新文学运动》，中华书局 1993 年版，第 71 页。

③ 周作人在为刘半农的《扬鞭集》作序时说，"那时做新诗的人实在不少，但据我看来，容我不客气地说，只有两个人具有诗人的天分，一个是尹默，一个就是半农。……半农则十年来只做新诗，进境时明瞭，这因为半农驾御得住口语，所以又这样的成功"。见《周作人自编文集·谈龙集》，河北教育出版社 2002 年版，第 39—40 页。

④ 刘半农：《瓦釜集·代自叙》，见《半农诗歌集评》，书目文献出版社 1984 年版，第 113 页。

读如该。幽，招也。以联竿打麦，状如招手。杀毒毒，言阳光之酷热。罪过＝可怜；罪，读如在。扎鞋底，是乡间妇女无事时之消闲工作；故有在农隙中扎就鞋底数十双，以供全家一年之用者。"另外，"乙"，疑问词，或读如曷，或如火，相当于"可""难道"；"格"相当于"的"；"仔"相当于"了"等。这首诗将农家男子对暗恋的女子的关心、爱怜写得真切活泼。仿佛在说：心爱的人儿，你扬起的联竿是在向我招手啊？看着你被毒辣辣的太阳晒着，我心里好难过哟！还是让我替你干这些活，你就坐在树荫下扎扎鞋底、唱唱歌吧！十分富有生活气息。

另外，刘半农还为人所称道的是他用北京口语、方言创作的《面包与盐》《拟拟曲（一）》《拟拟曲（二）》等。"老哥今天吃的什么饭？/吓！还不是老样子！——/两子儿的面，/一个镧子的盐，/搁上半喇子儿的大葱。……咱们做，咱们吃。/咱们做的是活。/谁不做，谁甭活。/咱们吃的咱们做，/咱们做的咱们吃。/对！/一个人养一个人，/谁也养的活。……两子儿的面，/一个镧子的盐，/可别忘了半喇子儿的大葱！"这首《面包与盐》的"佳处不仅在于语言颇得北京下层劳动者口语的神韵，而且在于摸到了劳动者一些生活态度与描绘了他们粗豪的神态"①。苏雪林对此诗也极为赞赏："冤酷的申诉，血泪的呼号，却在这样温和平淡的言辞里表现，而其对读者刺激之烈与感动之深，胜过空空洞洞的标语口号式的革命文学百倍，作者艺术手腕之高于此可见了。"② 再来看《拟拟曲（二）》："老六，我说老九近来怎么样！/怎么咱们老没有看见他？/……/吓！你这小孩子多糊涂！/你说的老九不是李老九？/李老九可是早死啦！/结啦？完啦？/可不是！/什么病？/病？谁说得清他是什么病，什么症！/横是病总是病

---

① 杨扬补评语，见《半农诗歌集评》，书目文献出版社1984年版，第91页。
② 苏雪林：《〈扬鞭集〉读后》，见《苏雪林文集》（第三卷），安徽文艺出版社1996年版，第404页。

罢！／请大夫瞧勒没有？／瞧？许瞧——／瞧勒可又怎么着？……／这样就是过勒他这一辈子，这样就报答勒他一辈子的奔忙啦！"通过两个车夫闲时的一段对话，用极朴实的口语给我们写出了一个底层人物略传。这位为生活打拼、与疾病抗争的车夫老九，最终还是被社会无情地吞噬，让我们的心情不得不为之而沉重。

1925 年，顾颉刚的《吴歌甲集》作为"北京大学歌谣研究会歌谣丛书"之第一种，即将付梓。这在当时被誉为现代歌谣运动以来"不得不大书特书"的"第一件大事"①。胡适、沈兼士、俞平伯、钱玄同、刘半农等欣然为之作序。这些序言都充分肯定了《吴歌甲集》的民俗学价值和文艺审美价值，尤其强调了歌谣作为"方言的诗"对于新文学建构的意义。胡适说，"国语的文学从方言的文学里出来，仍须要向方言的文学里去寻他的新材料，新血液，新生命"。② 沈兼士也说："'国语的文学'和'文学的国语'固然是我们大家热心要提倡的，但这个决不是靠着少数新文学家做几首白话诗文可以奏凯，也不是国语统一会规定几句标准语就算成功的。我以为最需要的参考材料，就是由历史性和民族性而与文学和国语本身都有关系的歌谣。"因为歌谣"能以优美之文辞，表现丰富之情绪"。③ 俞平伯亦主张"尽量采用方言入文"，其理由有二："（1）凡一切文学中的人物，都是应当活灵活现的。现在真的活人们口中所说的，大都是庞杂的方言。文学的描写如不要逼真则已，如要逼真，不得不采用方言以求酷肖。……（2）作者于创作时，使用的工具原是可以随便的。用纯正的文言，或用土气的方言，或用英法德俄日文，或用'爱斯不难读'，……都可以。但是，恕我说句讨厌的话。我觉得最便宜的工具毕竟是'母舌'，

---

① 刘半农：《吴歌甲集·序五》，见王煦华整理《吴歌·吴歌小史》，江苏古籍出版社 1999 年版，第 32 页。

② 胡适：《吴歌甲集·序一》，见王煦华整理《吴歌·吴歌小史》，第 9 页。

③ 沈兼士：《吴歌甲集·序二》，见王煦华整理《吴歌·吴歌小史》，第 14 页。

这是牙牙学语后和小兄弟朋友们抢夺泥人竹马时的话。惟有它，和我最亲切稔熟；惟有它，于我无纤毫的隔膜；惟有它，可以流露我的性情面目于诸君之前。"① 钱玄同曰："在我的意中，方言文学不但已有，当有，而且应当努力提倡它；它不但不跟国语文学背道而驰，而且它是组成国语文学的最重要的原料。方言文学日见发达，国语文学便日见完美。""我无论是站在建立国语方面或站在欣赏文学方面，总而言之，统而言之，我对于方言文学是极热烈的欢迎它的。"② 钱玄同的态度，典型地代表了当时歌谣论者、五四新文学主将们的态度。一时之间，民间歌谣的收集与整理被抬到无以复加的高度。仅 1920 年代出版的方言歌谣集，仅笔者所见的就达二十种。除顾颉刚的《吴歌甲集》之外，比较著名的还有刘半农的《江阴船歌》、钟敬文的《蛋歌》、李金发的《岭东恋歌》、罗香林的《粤东之风》、台静农的《淮南民歌》、娄子匡的《绍兴歌谣》、谢云声的《闽歌甲集》、王翼之的《吴歌乙集》、刘万章的《广州儿歌甲集》、陈元桂的《台上歌谣集》等共计二三十种。这些歌谣集对于此后新诗向歌谣借鉴提供了重要的借鉴和参考。

四　借"自由活泼的形式"促成新"诗体"的生成

钱玄同谈及民间的歌谣时曾慷慨激昂地说，"'言不雅驯'，正是我们所希望的；俚俗的词句，正是我们所欢迎的。我们只知道是人就应该讲人话；人话都是活泼的、自由的。'引车卖浆之徒'，凿井耕田之辈，村姑农妇，灶婢厨娘，他们一样是人，一样会讲活泼自由的人话，而且他们因为没有披带过礼教的枷锁——这倒是得了圣人君子们'礼不下庶人'这句话的恩惠——所以最能讲真活泼真自由的人话，

① 俞平伯：《吴歌甲集·序三》，见王煦华整理《吴歌·吴歌小史》，第16—17 页。
② 钱玄同：《吴歌甲集·序四》，见王煦华整理《吴歌·吴歌小史》，第25 页。

比'学士大夫'们讲的话强多了"。① "民谣"作为"原始的——而不老的诗",它语言明快、情感真挚和表达口语化,对于年轻的现代诗人来说,不啻是极好的学习范本。

刘半农正是从这民间的歌谣之中尝到了甜头,以至于到了新诗日渐成熟的1926年,他还不无得意地说,"我在诗的体裁上是最会翻新鲜花样的。当初的无韵诗,散文诗,后来的用方言拟民歌,拟'拟曲',都是我首先尝试"。② 其实,刘半农很早就注意到诗歌的"语言"与"体式"的问题。他在早期的《新青年》诗歌翻译实践中,曾对文学的语言和体式进行了多方面的尝试,并试图"自造一完全直译之文体"。这种在语言和体式上所保持开放性的态度,跟他后来有意识地进行新诗诗体实验是有着内在的关联的。③ 1917年在《我之文学改良观》一文中,刘半农更是旗帜鲜明地就"韵文之改良"而阐释了自己的"诗体解放"思想。在他看来,"文学革命"的当务之急是将古人作文之死格式推翻,打破崇尚旧时文体之迷信,"破坏旧韵"而"重造新韵""增多诗体""提高戏曲对于文学上之位置"。刘半农曰:"将来更能自造、或输入他种诗体,并于有韵之诗外,别增无韵之诗,……则在形式一方面,既可添出无数门径,不复如前此之不自由。""彼汉人既有自造五言诗之本领,唐人既有造七言诗之本领。吾辈岂无五言七言之外,更造他种诗体之本领耶。"并主张从国风、乐府、方言、戏曲等民间文学样式中吸取营养,充分发挥民间资源在新诗建设中的作用。④

1918年,刘半农倡导的征集民间歌谣运动,如前文所言可以说正是他从民间探寻新诗资源的结果。刘半农最初的诗歌作品,如《游香

---

① 钱玄同:《吴歌甲集·序四》,见王煦华整理《吴歌·吴歌小史》,第24页。
② 刘半农:《扬鞭集·自序》,见《半农诗歌集评》,第2页。
③ 参见彭秋芬《"自造一完全直译之文体"——刘半农的诗歌实验》,《中国现代文学研究丛刊》2011年第1期。
④ 刘半农:《我之文学改良观》,载1917年5月1日《新青年》第3卷第3号。

山纪事诗》《灵魂》《拟古二首》等，多为五言题材，从形式到内容都不过是旧体诗的"翻版新唱"，不能算是真正的新诗。其后，随着歌谣征集和歌谣研究的展开，刘半农的新诗创作也随之丰富、繁多和厚实起来。这一时期，刘半农的创作大多为"无韵诗"或"散文诗"，用"自然"之言词，依"自然"之声调，表达"自然"之情感。如无韵长诗《敲冰》《窗纸》等，其"幻想之丰富，用笔之灵活，格式之新奇，现代新诗人中还少有做得出来的"。① 又如散文诗《晓》，将火车的行进、意象的呈现与诗人情绪的流淌有机地结合起来，缓中有急，动中有静，句式和章法亦参差错落，变动不居。尤其是那首为人所称道的《一个小农家的暮》，"以一个散文的形式，浸在诗的气息里，平凡的看，平凡的叙述，表现一个平凡的境界，这手法是较之与他同时作者的一切作品为纯熟的"。② 再而后，刘半农以方言口语甚至是"土语"入诗，模拟山歌、儿歌作了大量歌谣体的新诗。如用江阴方言土语创作的《拟儿歌》（共五首）、"拟山歌"的《瓦釜集》，用北京口语创作的《面包与盐》、《拟拟曲》（两首）、记小儿语的《老木匠》等。《瓦釜集》除了开场的歌，一共二十一首。其中"情歌"最多，共九首；此外，还有"短歌"、"劳工的歌"、"农歌"、"女工的歌"、"悲歌"（两首）、"渔歌"、"船歌"、"滑稽歌"（两首）、"失望的歌"、"牧歌"等。每一首歌的体裁和写法都不一样，各种各样的形式，丰富多彩的内容，真可谓"花样翻新"。他的拟山歌，如《瓦釜集·第二十歌》（"你乙看见水里格游鱼对挨着对？／你乙看见你头浪格杨柳头并着头？／你乙看见你水里格影子孤零零？／你乙看见水浪圈

---

① 苏雪林：《〈扬鞭集〉读后》，见《苏雪林文集》（第三卷），安徽文艺出版社1996年版，第400页。

② 沈从文：《论刘半农的〈扬鞭集〉》，1931年2月15日《文艺月刊》第2卷第2号。［见《沈从文全集》（第16卷），北岳文艺出版社2002年版，第126页］。对这首诗极为赞赏者还有痖弦，见《早春的播种者——刘半农先生的生平与作品》（节录），收入鲍晶编《刘半农研究资料》，天津人民出版社1985年版。

圈一幌一幌幌成两个人？"），充分借鉴古代民歌的比兴手法，由水中之"游鱼"、岸上之"杨柳"起兴，它们均成双成对，"对挨着对""头并着头"，而你、我却只能孤零零地对着水面发呆，什么时候我们才能一晃一晃而成两人呢？声调悠长而婉转，意蕴含蓄而深长，深得国风、乐府之神韵。他的拟儿歌，如《拟儿歌》"铁匠镗镗！／朝打锄头，夜打刀枪。／锄头打出种田地，／刀枪打出杀罔两（魍魉）。／罔两杀勿着，／倒把好人杀精光。／好人杀光呒饭吃，／剩得罔两吃罔两！／气格隆冬样！"等，立意直爽，措辞简单，音节短促，用小孩的心理口吻，状写对现实社会的不满和讽刺。他不但用小儿的心理口吻揣摩形神毕肖，甚至还模仿小儿所唱的种种无意义的声调，如"气格隆冬样"（刘半农自注曰："象锣鼓之声，小儿每喜言之"，含有"拉到完结"之意）、"呱哒渤仑吨"（呱哒，军号声，渤仑吨，炮声）等。

综观《扬鞭集》《瓦釜集》中的大部分诗作，均章无定节，节无定句，句无定字，字无定声，诗歌的语言和体式亦相当的自由与随意。刘半农的白话新诗创作，在充分运用了民间的语言（方言、口语甚至是土语）、民间的形式（儿歌、拟曲、山歌等）和民间的手法（比兴、含蓄、暗示、讽刺）的基础上，实现了民间歌谣的创造性改造，从而真正促成了"诗体的大解放"。正是在这种意义上，渠门给予了刘半农极高的评价："你在江阴方言与'四句头山歌调'两重限制之下，而能很自如的写一写使人心动的情歌，使人苦笑的滑稽歌，使人不忍卒读的女工歌，使人潇然神往的车水夜歌，你的颇大的文艺天才，使我不得不承认你是一个'诗人'。"① 胡适曾这样谈及早期白话新诗的缺陷，"现在白话诗起来了，然而做诗的人似乎还不曾晓得俗歌里有许多可以供我们取法的风格与方法，他们宁可学那不容易读又不容易懂的生硬文句，却不屑研究那自然流利的民歌风格。这个似乎是今日

---

① 渠门：《读〈瓦釜集〉以后捧半农先生》，原载 1926 年 10 月 16 日《北新》第 1 卷第 9 期。见鲍晶编《刘半农研究资料》，天津人民出版社 1985 年版，第 277 页。

诗国的一桩缺陷罢"。① 也许，我们可以说，刘半农及其新诗创作在一定程度上弥补了这个缺陷。

可能也正是因为如此，歌谣运动高潮过去差不多十年后，沈从文和苏雪林在谈及刘半农的新文学史意义和价值时，都认为他在"方言民歌"上的成就最大。沈从文说："他有长处，为中国十年来新文学作了一个最好的试验，他用江阴方言，写那种方言山歌，用并不普遍的文字，并不普遍的组织，唱那为一切成人所能领会的山歌，他的成就是空前的。一个中国长江下游农村培养而长大的灵魂，为官能的放肆而兴起的欲望，用微见忧郁却仍然极其健康的调子，唱出他的爱憎，混和原始民族的单纯与近代人的狡猾，按歌谣平静从容的节拍，歌热情郁怫的心绪，刘半农写的山歌，比他的其余诗歌美丽多了。"② 苏雪林认为"惟有这第二类（即方言民歌类）作品是他最大的收获"，经得起"现在新的标准"的检验，也经得起历史的淘洗。"因为言语学者不一定是诗人，诗人又未必极为言语学者，半农先生竟兼具这两项资格，又他对于老百姓粗野，天真，康健，淳朴的性格体会入微，所以能做到韩干画马神形俱化的地步。中国三千年文学史上拟民歌儿歌而能如此成功的，除了半农先生，我想找不出第二人了吧？"③

1925 年 6 月 28 日，《〈歌谣〉周刊》被并入北大的大型综合研究刊物《研究所国学门周刊》的门下，并正式宣布停办。这样一停就是十年多。1936 年，在周作人、魏建功、罗常培、顾颉刚、常惠、胡适等的倡导下，北大决定恢复歌谣研究会、重办《〈歌谣〉周刊》。在《复刊词》中，胡适申明歌谣研究最大的目的是"替中国文学扩大范

---

① 胡适：《北京的平民文学》，原载 1922 年 10 月 1 日《读书杂志》第 2 期。见姜义华主编《胡适学术文集·新文学运动》，中华书局 1993 年版，第 422 页。

② 沈从文：《论刘半农的〈扬鞭集〉》，载 1931 年 2 月 15 日《文艺月刊》第 2 卷第 2 号。见《沈从文全集》（第 16 卷），北岳文艺出版社 2002 年版，第 126 页。

③ 苏雪林：《〈扬鞭集〉读后》，见《苏雪林文集》（第三卷），安徽文艺出版社 1996 年版，第 404—405 页。

围，增添范本"，还特别强调了"歌谣"对于新诗本土化的借鉴意义和启示作用。在后期歌谣同人的努力下，《〈歌谣〉周刊》维持了一年多的时间，也取得了一定的成绩，但对于中国新文学的影响无论如何也难以与五四时期比肩。这是因为到了1930年代，中国新文学早已跨越了五四初期的稚嫩，而步入思想与艺术相对成熟的时期。较之于转型和建构中的五四文学，1930年代文学变得更为繁复和驳杂，呈现出多元化的特点。就新诗而言，既有无产阶级的普罗大众诗歌、左翼的现实主义诗歌、唯美派的"象征—颓废"诗歌、南方的"现代派"诗歌和北方的"京派"诗歌等，各种诗歌思潮和流派，众语喧哗，不一而足。可供新诗借鉴和利用的资源也相当的丰富，古典的、现代的、民间的、本土的、欧美的、苏俄的等，并且这些诗歌资源呈现出"融通化合"的趋势。在这样的情形之下，胡适重新将"民间歌谣"作为"新诗"发展最重要的来源，虽有其积极的诗学意义，但毕竟时过境迁，其应者寥寥也是可以想象的了。

纵观北大的歌谣运动，从最开始刘半农等的倡导到歌谣研究会的成立、《歌谣周刊》的创刊和复刊、歌谣丛书的出版，以及后来中山大学《民俗》周刊所延续的《歌谣》之未竟事业，差不多跨越了现代文学的前十五年。这十五来，《歌谣》以及相关民间文学运动的开展对中国现代文学（尤其是中国新诗）产生了极其广泛而深刻的影响。歌谣运动在五四新文化运动知识分子所否定的古典传统之外，接受了充满活力的民间文学传统，为五四新文学的发生、建构以至发展，提供了可资借鉴的本土文化资源，并积极促成了中国文学从传统到现代的转型。① 从这个意义上，我们可以说"如果没有北大歌谣运动，没有'五四'一代先驱对民间文化资源的重新发现，中国文学的现代转型便很难顺利地开展"。②

---

① 刘继林：《民间歌谣与五四新诗的现代性建构》，《厦门大学学报》2017年第5期。
② 刘锡诚：《歌谣研究会与启蒙运动——中国民间文艺学史上的第一个流派》，《民间文化论坛》2004年第3期。

但由于民间歌谣存在"言词贫弱，组织单纯，不能叙复杂的事实，抒微妙的情思"① 等缺憾，并且与五四以来的现代理念还存在诸多的冲突。因而，我们在充分肯定其意义和价值的同时，还有必要认识到民间歌谣及其话语言说的局限性。

① 周作人：《国语改造的意见》，见《周作人自编文集·艺术与生活》，河北教育出版社2002 年版，第 55 页。

第四章　民间话语与 20 世纪 20 年代
新诗的分化与转向

五四落潮后，中国新诗面临两难的选择，有来自外部社会和艺术本体的双重使命。在"劳工神圣"和"到民间去"社会思潮的影响下，五四平民诗人沈玄庐、刘大白的平民化书写，早期普罗诗人邓中夏等则强化了新诗的普罗化和革命化倾向。与此同时，闻一多、朱湘、沈从文等从民间歌谣中获得某种节奏和韵律的启示，将之应用到"音乐美"的理论建构和"歌谣化"创作实践中。

从历史的考察来看，五四之前，中国新文化运动的主将们在思想革命与文学革命的方向上，大体是一致的。而五四运动前后，受苏俄十月革命的影响和社会主义思潮的影响，马克思主义开始在中国传播，工农运动也开始被倡导并展开。对此，1919 年 7 月，胡适从输入外来"主义"应该考虑是否适合中国国情的角度，提出要多研究些实际的"问题"、少谈些空洞的"主义"。① 李大钊则不同意胡适的观点，认为"我们的社会运动，一方面固然要研究实际问题，一方面也要宣传理想的主义"，"必须有一个根本的解决，才有把一个一个的具体问题都

---

① 胡适：《多研究些问题，少谈些"主义"》，载 1919 年 7 月《每周评论》第 31 期。

解决了的希望"。① 从而，引发了一场具有深远历史意义的"问题"与"主义"之争。

回到历史的语境中看，胡适和李大钊的观点，在思想文化驳杂的五四时代，都有其合理性，真实地反映了在"五四运动"这样一个新的起点上，中国思想文化界所持有的两种不同的"现代性"取向。胡适一派倾向温和的社会改良，强调用研究具体"问题"的方式，逐步地推进对中国社会的改造，我们可谓之"折衷的"或"保守的"现代性。李大钊一派受"十月革命"的影响倾向于激进的社会革命，强调用政治"革命"和工农"运动"的手段加快中国社会的变革，我们可称之"激进"的或"革命"的现代性。在五四及以后相当长的一段时期内，胡适、李大钊因其各自在青年心目中的导师地位，他们的"现代性"言论都将作为年轻一辈的思想资源并直接影响此后中国社会的走向。五四后的"问题"与"主义"之争，预示着五四新文化运动阵营的分化。与"问题"与"主义"之争，差不多同时，《新青年》的办刊思路也发生了转变，"我们主张的是民众运动社会改造"②，明确强调了刊物的政治立场和社会价值取向，淡化了此前在新文学倡导上的努力。这些都将对五四后中国新文学的走向产生深刻的影响。

五四之后，整个思想文化界都由先前的亢奋、激越转而低迷、消沉，新文坛弥漫着一股彷徨、感伤甚至是虚无的气息，即使像鲁迅"这样的战士"，在残酷的现实面前，也不由得发出"寂寞新文苑，平安旧战场。两间余一卒，荷戟独彷徨"。(《题彷徨》)的感慨。新诗坛更是如此了。1921年，远在伦敦的刘半农就曾感叹道："现在的诗界真寂寞，评诗界更寂寞。"③ 对此，周作人在《新诗》一文中作出了更

---

① 李大钊：《再论问题与主义》，载1919年8月《每周评论》第32期。
② 《本志宣言》，载1919年12月1日《新青年》第7卷第1期。
③ 刘半农：《瓦釜集·代自叙》，1921年5月20日作于伦敦，见《半农诗歌集评》，第115页。

详尽的回应："现在的新诗坛，真可以说消沉极了。几个老诗人不知怎的都像晚秋的蝉一样，不大作声，而且叫时声音也很微弱，仿佛在表明盛时过去，艺术生活的弹丸，已经向着老衰之坂了。新进诗人，也不见得有人出来。做诗的呢，却也不少，不过如圣书里所说，被召的多而被选的少罢了。所以大家辛辛苦苦开辟出来的新诗田，却半途而废的荒芜了，让一班闲人拿去放牛。你不见中国的诗坛上，差不多全是那'相思苦'的和那'诗的什么主义'的先生们在那里执牛耳么？"① 的确，较之于五四初期，五四后的新诗是日渐消沉了，它没有了当初胡适"登高一呼"而"应者云集"的动人场景，也没有了郭沫若"绝端的自主、绝端的自由"的艺术激情。20 世纪 20 年代初的新诗人，大多沉醉于风花雪月的缠绵悱恻、迷恋于悒郁颓废的唯美情调，流露的是"可惜那青春的时代去了！可惜那自由的时代去了！"（郭沫若《星空》）般的感伤和无奈。在创作中表现为"他们的作品，上等的不是怡性陶情的快乐主义，便是怨天尤人的颓废主义，总归一句话，是不问社会的个人主义；下等的，便是无病而吟，莫名其妙了。……"以致"全中国的出版界，差不多完全把他们这一类无谓的作品充塞了；全中国的思想界，差不多完全把他们这一类混蛋的头脑搅乱了"。究其原因，是"他们对于社会全部的状况是模糊的，对于民间的真实疾苦是淡视的"。②

五四后新诗坛的这种状况，显然不能适应社会的需要，新老诗人均表示出了自己强烈的不满。周作人不无隐忧地说道："我恐怕他又要蹈前人的覆辙了。昔日手创诗国的先生们，你们的'孙文小史'出现的日子大约不远了。"③ 邓中夏则更为激进，"若长此下去，民智日

---

① 周作人：《新诗》，作于 1921 年 5 月。见《周作人自编文集·谈虎集》，河北教育出版社 2002 年版，第 27 页。

② 邓中夏：《贡献于新诗人之前》，载 1923 年 12 月 22 日《中国青年》第 10 期。见北京大学等编《文学运动史料》（一），上海教育出版社 1979 年版，第 394—395 页。

③ 周作人：《新诗》，见《周作人自编文集·谈虎集》，第 27—28 页。

昏，民气日沉，亡国灭种，永不翻身，这不是此辈烂羊头的新诗人之罪吗?"① 在此种情势之下，中国新诗的改造和转向势在必行。

五四后，新诗的"民间"话语实践朝着两个不同的方向而展开：一方面是新诗与五四后的"劳工神圣""到民间去"，及此后的社会革命运动紧密配合，强调新诗要表达社会"底层"的声音、"民众"的诉求和"大众化"的取向。这一方面的代表是，五四后期沈玄庐、刘大白等诗人的"平民化"写作，以及"到民间去"运动兴起后邓中夏等早期普罗诗人的社会化、革命化创作实践。另一方面，就是新诗继续沿着刘半农、周作人等倡导的歌谣化方向发展，强调将民族精神、民间意识充分熔铸到新诗艺术探索中去，来彰显新诗的地方色彩和民间审美意识。在这方面主要体现在"新月派"所作的理论构建和艺术探索上，闻一多所强调的"地方色彩""新格律"，以朱湘的《采莲曲》为代表的歌谣化实践等。其中，最值得注意的是沈从文的湘西民歌搜集与其新诗创作的关系。这两个不同的走向，有来自社会外部的时代需要，也有来自本体内部的艺术使然，均是新诗在其历史进程中所作出的选择。

第一节　"劳工神圣"与五四后新诗的平民书写

第一次世界大战结束后，在十月革命的影响和鼓舞之下，欧美、日本都掀起了劳工运动的大潮，波及并影响到中国。1918 年 11 月 16 日，北京大学在中央公园举行了庆祝协约国胜利的讲演大会，蔡元培在题为《劳工神圣》的演说中，指出"此后的世界，全是劳工的世界。我说的劳工，不但是金工、木工，等等。凡是用自己的劳力作成有益他人的事业，不管他用的是体力、是脑力，都是劳工。所以农是

---

① 　邓中夏：《贡献于新诗人之前》，载 1923 年 12 月 22 日《中国青年》第 10 期。见北京大学等编《文学运动史料》（一），上海教育出版社 1979 年版，第 395 页。

种植的工，商是转运的工，学校职员、著述家、发明家，是教育的工，我们都是劳工"。希望国人能够认识劳工的价值，并大声地喊出了"劳工神圣！"的口号。① 李大钊在他的讲演中，将第一次世界大战的胜利视为民主主义的胜利、劳工主义的胜利，统称之"庶民的胜利"："我们的庆祝，不是为那一国或那一国的一部分人庆祝，是为全世界的庶民庆祝。"并深情地呼吁"我们要先在世界上当一庶民，应该在世界上当一工人。诸位呀！快去做工啊！"② 在此后不久，李大钊又著文将之视为"Bolshevism 的胜利"，并与俄国的"十月革命"联系起来。③ 这些思想的阐述和口号的提出，标志着五四新文化运动对五四"民间"话语的构成主体"民"的重新认识和现代定位，从而将两千多年被压迫、被鄙夷的"民"（五四时主要指"劳工"）抬升到"神圣"而不可亵渎的高度，"民间"的社会地位得到了明显的高扬。

　　1920 年 5 月 1 日，中国迎来了中国历史上的第一个属于劳动者自己的节日，全国各地都举行了隆重而盛大的纪念活动，《新青年》《星期评论》等进步刊物也推出了"劳动节纪念"的专号。在《新青年》"劳动节纪念号"的扉页上，有北大校长蔡元培亲笔题写的"劳动神圣"四个大字。而《星期评论》的"劳动纪念号"首页，上半版是一幅世界地图，地图旁画有工农手举的锤子和镰刀，下半版是诗人沈玄庐的一首《劳动世界歌》，"这个世界是劳动者底世界，大家欢欢喜喜来做工。/吃的饱了，穿的暖了，住的房子用的东西也够了。/哼！呵！哼！呵！/努力造起一个很美丽的劳动世界"。这一切都预示着：五四，一个"劳工神圣"的时代、一个重视底层"民间"的时代已经到来。

---

　　① 蔡元培：《劳工神圣》，载 1918 年 10 月 15 日《新青年》第 5 卷第 5 号。
　　② 李大钊：《庶民的胜利》，载 1918 年 10 月 15 日《新青年》第 5 卷第 5 号。
　　③ 李大钊在此文中对 Bolshevism 的词源和意义进行了梳理和探究，指出 Bolshevism 本意为"多数的""实是一种群众运动，带些宗教的气质"等。李大钊：《Bolshevism 的胜利》，载 1918 年 10 月 15 日《新青年》第 5 卷第 5 号。

其实，在此之前，新诗中也有一些关注"底层"作品。如，1918
年 1 月《新青年》第 4 卷第 1 号刊登了胡适和沈尹默的同题新诗《人
力车夫》："我半日没有生意，又寒又饥，你老的好心肠，饱不了我的
肚皮。……"，"车夫单衣已破，他却汗珠儿颗颗往下堕。……"。这
两首诗表达的都是对人力车夫的悲悯与同情。胡适当时还有一首《平
民学校校歌》，"靠着两只手，/拼得一身血汗，/人家努力做个
人，/——不做工的不配吃饭！/做工即是求学，/求学即是做工"，传
达的是对"做工的人"的尊重与崇敬。当年，这首诗被赵元任和萧友
梅分别谱曲，一时在社会上广为传唱。不过，集中而大量地推出"劳
工"题材新诗的还是后来崛起的《星期评论》。

《星期评论》①，作为一个评论性的综合杂志，也刊发一些南方文
人的诗作，主要包括刘大白、沈玄庐、戴季陶、徐蔚南等，他们的作
品大多聚焦于"劳工"问题和社会改造思想，形成了中国新诗史上的
"《星期评论》之群"②。主编戴季陶认为"今后如果要把组织新国家
新社会的真理，印到多数国民的脑髓里去，韵文的陶融一定是少不了
的"。并感叹"唉！现代平民的诗人在那里？现代的平民文学者在那
里？"③ 另一位主编沈玄庐，则通过对从《击壤歌》到《诗经》民间
诗歌传统的考察，认为"诗"与"劳动"关系的密切，质疑并否定了
"诗是贵族的"说法："从古至今，几曾见一首很富于情感的富贵诗？"
"富贵的诗，除却用字眼粉饰古典堆砌之外，绝对没有深刻的感情可
以引起读者兴味"，并断言"不是劳动者没有诗"。④ 在此意识之下，
刊登在《星期评论》上的新诗作品大多描写的是劳苦大众悲惨凄苦的现
实生活，表达了诗人希望通过改造来实现社会公平与理想的美好想法。

---

① 1919 年 6 月 8 日，在孙中山的支持下，戴季陶、沈玄庐等在上海创办了《星期评论》。
该刊热切关注劳工运动，是当时中国"劳工"问题研究最重要的阵地。

② 向远、钱光培：《现代诗人及流派琐谈》，人民文学出版社 1982 年版，第 89 页。

③ 戴季陶：《白乐天的社会文学》，载 1919 年 6 月 20 日《星期评论》第 4 号。

④ 沈玄庐：《诗与劳动》，载 1920 年 5 月 1 日《星期评论》劳动纪念号。

　　戴季陶，先后发表过多篇鼓吹"劳工神圣"的评论文章，是五四"劳工运动"和"妇女解放运动"的积极支持者。他创作的《阿们?!》一诗，对刘半农《瓦釜集》的创作有重大的启示作用。① 原诗是这样的：

　　　　牧师说：／"肉体的快乐，／不管人类的灵性，／只管作工；／只管忍耐；／困苦和艰难，／都是上帝的命令。／不该反抗，／只要服从；／待你临终时，／自有天使来接引！／阿们！"／／出了教堂门，／进到工场里。／一天做了十二点钟的工；／滴了十二点钟的汗；／赚了两角小洋，／买得两升糙米。这是上帝赐我的！／我应该感谢上帝！……一月、两月、三月；／一年、两年、三年。／吃不饱；／睡不足；／手足成了风湿麻木；／肺管儿充满了微生物。／从前那精壮肥满的肌肉呵！／只剩下几根瘦骨。……一天不作工，／没有了米，／两天不作工，／没有了衣，／那严厉的房东呵！／他还要硬赶我出门去。／这样繁华的上海呵！／只见许多华丽庄严的教会堂，／竟找不出一个破烂的栖流所！／"上帝呵！上帝！！你快些儿来接引我呵！进天国去侍候你！／阿们！"②

　　诸如此类的作品还有《懒惰》（"老爷呵！我不敢懒惰。可怜我要作工呵！又没有人肯雇我！一天磕了几百个头；跑了几千步路；叫了几万声的老爷大人；这样的工作谁愿意做！"）、《可怜的我》（"咦！为甚么都不见了？嗳哟！我的足依旧麻木了！嗳哟！我的腰依旧是弯！反而更酸！唉！我依旧跪在偶像的面前！呜……呜……呜……"）等。戴季陶的新诗一方面揭露和讽刺了以牧师、老爷、偶像为代表的社会

　　① 刘半农：《瓦釜集·代自叙》，见《半农诗歌集评》，第 113 页。
　　② 载 1920 年 2 月 8 日《星期评论》第 36 号。见王铁仙编《新文学的先驱——〈新青年〉〈新潮〉及其他作品选》，华东师范大学出版社 1985 年版，第 342—344 页。

上层的欺骗、伪善和虚空；另一方面又真实地展现了下层民众生活的惨状，并对之给予了深切的同情。

与戴季陶相比，沈玄庐在新诗创作上的成绩更大一些。他的诗大多反映的是社会贫富的分化和底层民众的苦难生活。1919 年 7 月，他以陈独秀被捕入狱事件为题，创作了一首《入狱》，诗的最后一句"爱世努力的改造主义"，十分明确地指明了诗人对于"改造社会"的努力。沈玄庐的诗作经常将富人和穷人截然不同的两种生活放在一块作对比："我们棉袄夹裤过得冬，/他们红狐紫貂还要火炉烘"，"我们十里八里脚步轻且松，/他们一里半里也要汽车送"，"我喂猪你吃肉；/你吃米饭我啜粥"等。鉴于这样的不平等，劳工大众渴望建立一个"有衣大家穿，/有饭公众吃；/我们穿吃不白来，/手儿脑儿自己享受自己的成绩"的"大家插花大家香"的理想社会（《工人乐》①）。为了这样一个理想，农工大众必须从迷梦中醒来，"起劲做工"，"切断工人颈上的锁链，/打破资本家所建筑的牢笼。/什么是现实的文明？/把他来'粉碎虚空'。/没有'富'，/那来'穷'。/没有私，/那来'公'。/腕力十分雄，/心花十分红，/'起劲复起劲'，/从此不做国家人种的糊涂梦"（《起劲》②）。鉴于此，沈玄庐大力讴歌劳动的世界，"提起锄头握起锤，光明的世界豁然开"，用劳动来"打倒阻碍幸福的鬼祟""创造享受幸福底机会"，从而"造起一个很美丽的劳动世界"（《劳动世界歌》③）此外，沈玄庐还有一首长达 75 行的长诗《十五娘》，作为"新文学中第一首叙事诗"④ 和沈玄庐的代表作，更值得我们去注意。

---

① 载 1920 年 1 月 11 日《星期评论》第 8 号，见王铁仙编《新文学的先驱》，第 340—341 页。
② 载 1920 年 1 月 11 日《星期评论》第 8 号，见王铁仙编《新文学的先驱》，第 347—349 页。
③ 载 1920 年 1 月 11 日《星期评论》第 8 号，见王铁仙编《新文学的先驱》，第 350 页。
④ 朱自清：《中国新文学大系·诗集·诗话》，上海良友图书印刷公司 1935 年版，第 25 页。

菜子黄，

百花香，

软软的春风，吹得锄头技痒；

把隔年的稻根泥，一块块翻过来晒太阳，

不问晴和雨，

箬帽蓑衣大家有分忙，

偏是他，闲得两只手没处放！

看了几分蚕，

赊了几担桑，

我只顾自己个人忙。

有的是田，地，和山，荡。

他都要忙也哪里许他忙？——

……

  该诗讲述的是农村一对年轻夫妇虽终年勤劳工作却不能养活自己，丈夫只得外出打工，可不幸的很，被掘地的机器榨成了肉酱，场主不仅不给抚恤金，连死亡通知书也没发，而我们可怜的十五娘还在梦中等着丈夫的归来呢：

明月照着冻河水，

尖风刺着小屋霜。

满抱着希望的独眠入睡在合欢床上，

有时笑醒，有时哭醒，有经验的梦也不问来的地方。

破瓦棱里透进一路月光，

照着伊那甜蜜的梦，同时也照着一片膏腴垦殖场。

　　在诗歌形式上，这首诗很明显地体现出了沈玄庐的"民间化"追求：一、采用口语化的语言。多处直接将十五娘的话植入诗歌文本之中，如诗的第六节"测字先生，你替我详详？／这不是我家'五……'他来的信么？"等；二、采用歌谣化、乐府化的写法。用民间歌谣的调子和古乐府的样式来写诗。全诗一韵到底，全部押 ang 韵，我们还可以在《十五娘》中找到《孔雀东南飞》《陌上桑》的影子。

　　不过，在劳工和平民题材诗歌创作上，真正有所成就的还是刘大白。1920 年，《星期评论》先后推出了"新年号"和"劳动纪念号"两个专号，其主打诗人就是刘大白。在 1920 年元旦的《星期评论》"新年号"上，刊登有刘大白讴歌苏俄"十月革命"的《红色的新年》（喂！起来！起来！！／现在是什么时代？——／一九一九年末日底二十四时完结了，／你瞧！这红色的年儿新换，世界新开！"）和《淘汰来了》（"唉！淘汰啊淘汰！……你如今追得这样紧，我没法儿只有努力的向前进。"），诗歌表现了刘大白积极进取、紧跟时代潮流的先锋意识。1921 年 4 月 30 日，为纪念"五一"劳动节，刘大白先后创作《劳动节歌》《八点钟歌》《五一运动歌》等歌颂劳工的诗篇。在诗中，刘大白指出这一伟大的节日属于平凡的劳动者、世界的创造者，"世界，世界，／谁能创造世界？——／不是耶和华，／只是劳动者。／世界，世界，／劳动者底世界！／……劳动节，劳动节，／世界的劳动节，世界的劳动者底劳动节！"（《劳动节歌》）并对"八小时工作制"表示了热烈的欢迎，"工作八点钟，／有的农，／有的工。／耕耕种种，／织织缝缝，／筑成基础，／架起梁栋；／吃的穿的住的，／互相供奉，／一件也不曾白享用／好！工作八点钟"（《八点钟歌》）。诗歌采用民间歌谣体的韵脚（"工东"韵）和颂赞体的明快节奏，形象生动地将"劳工神圣"的思想阐释了出来。《五一运动歌》则表达了中国对"五一"国际劳动节的欢迎，"五一运动，五一运动。／劳动者第一成功。／美也成功；／欧也成功；／只有特殊的东亚；／还脱不了资本家底牢笼，／瞧不见世界的劳动潮流涌！/五一运动，/醒来啊！支那人底清梦！/五一运动，/起来啊！支那劳动者底奋勇！"

除此之外，刘大白与同时期的其他五四白话诗人相比，还有一点值得我们注意，那就是收集在《卖布谣之群》和《新禽言之群》中一组富有生活气息和民歌风味的反映江南农村生活的诗歌。这些诗歌是典型的民间"歌谣体"新诗，采用"四言"（"布机轧轧，雄鸡哑哑""割麦插禾，割麦插禾"）或"七言"（"前年水荒去年旱，可怜租也还不了！今年晴雨多调匀，也许多收几担稻""车轮生角地生棱，棱角重重走不成"）的形式，真实地反映出了以"田主"为代表的农村封建势力对农民的残酷压榨，以及他们悲惨和凄苦的生活。如《新禽言之群》中的几首"新禽言"诗，惟妙惟肖地模仿农村"布谷鸟"的叫声："渴杀苦，渴杀苦"——"布谷，布谷"——"割麦插禾，割麦插禾"——"脱却布，脱却布裤"。并以这些模拟的叫声起兴，接着写江南农村的社会现实——"渴杀稻田，苦杀农夫！/回头看田主，高堂大厦，闲坐等收租！"（《渴杀苦》）"农夫忙碌，田主福禄。/田主吃肉，农夫吃粥"（《布谷》）"不愁自家肚子饿；/只愁田租还不过"（《割麦插禾》）"田租不清，田主不许；/脱裤当钱，补还田主。/还租苦，还租苦！"（《脱却布裤》）刘大白在真实地叙写农村社会的不公与不平的同时，还写出了农民在此情势之下的不满和反抗，如《田主来》，采用民间歌谣的体式，通过农家小儿的视角，写出了田主的凶狠和农民的愤怒："贼是暗地偷；狗是背地咬；/都是乘人不见到。/怎像田主凶得很，/明吞面抢真强盗！"为纪念农会领袖李成虎还创作了《成虎不死》（"你底身死是田主们底幸，你底身死心不死，正是田主们底不幸啊！"）以及《"每饭不忘"》（"饭碗端起，/我就记起——/他，/他是中国农民牺牲者第一！//饭碗端起，/我就记起——/'其余没有人了吗'，/难道中国农民全都跟着他断了气！"）等。

文学研究会的诗歌专刊《诗》也充分地注意到新诗的"平民化"问题。1922年1月，俞平伯在《诗》的创刊号上发表了《诗底进化的还原论》一文，就明确提出"平民性是诗的主要素质""人生是诗的血和肉"的观点，强调"诗不但是在第一意义底下是平民的，即在第二意义底下也应当是平民的"，最后还指出诗人应该"向民间"去找老师，"必得到民间去学"。① 刘延陵认为"诗人的天职……在于歌吟现在的活的人生"②，"平民的诗人大多生于民间"，"与民间不大接触的人描写民间的事总是难于切合的"，并明确指出"诗人不能单靠一点主观的玄想"，而应"注意生活"，要"去向民间"③。另外，刘延陵还介绍了现代平民诗人买丝翡耳，充分肯定了他"藉描写生活的真相与结果两事以表现人生"的创作路数，认为新诗应该处处与活的生活接触。④ 叶圣陶亦撰文指出"惟有充实的生活"才是新诗"汪汪无尽的泉源"，"好诗的成立，不在乎写的人被称为'诗人'，也不在乎写出的人有了这写出的努力，而在乎他有充实的生活的泉源！"⑤ 在叶圣陶看来"很平常的劳人的叹息，小孩子不思虑的话，村妇的谈天……或者都可以创作文艺作品的材料"。⑥

在这样的倡导之下，文学研究会诗人创作了大量描写现实生活，尤其是劳工生活的诗篇。俞平伯的《无名的哀诗》描写了一个"像猫狗一般"死掉的轿夫，"看你流了大半世的汗，/跑了大半世的腿，/挣些银的铜的纸的片子，/来支持你做牛做马的生涯。/终久——生命也跑掉了，/生涯也结了！/艰辛以外，恐怕未见还有别的！"《打铁》采用歌谣的形式，写出了底层民众的反抗情绪，"张打铁，李打铁，/

① 俞平伯：《诗底进化的还原论》，载1922年1月15日《诗》第1卷第1期。
② 刘延陵：《美国的新诗运动》，载1922年2月15日《诗》第1卷第2期。
③ 云菱（刘延陵）：《小评坛·（一）去向民间》，载1922年3月15日《诗》第1卷第3号。
④ 刘延陵：《现代的平民诗人买丝翡耳》，载1922年3月15日《诗》第1卷第3号。
⑤ 叶绍钧：《诗的泉源》，载1922年4月15日《诗》第1卷第4号。
⑥ 叶圣陶：《文艺谈·五》，转引自黄志雄《文学研究会诗歌论》，长江文艺出版社1999年版，第141页。

我打锄头你打刀。/叮叮当，叮当当！//我打锄头去种田，/你打刀来为什么？/我打刀，你能管？/我管你不得！/打刀去杀人！/看到能杀我！/杀啊！/杀——吧"。《挽歌（十首）·一》也近似于歌谣，"鞭儿打马马儿走，一走走到西门头。西门头，多人烟；西门外，多荒堆。荒堆青青的一片，不见人来只见草，风来草拜声萧萧"。还有《绍兴西郊郭门头的半夜》"酱赭的皮肉、蓝紫的筋和脉，/都在血黄的芒角下赤裸裸地。/流铁红满了勺子，猛然间泻出；/银电的一溜，花筒也似的喷溅。/眩人底光呀！劳人底工呀！"歌颂了神圣的劳工。朱自清的《人间》《小舱中的现代》《侮辱》《宴罢》《风尘》等诗，取材于日常现实生活，写得都很实在。《人间》写处于"歧路中彷徨的我"，从"那蓝褂儿，草鞋儿，赤了腿，敞着胸"的劳动者那里，接触到了他们那"纯白的真心"，称他们是自己的"朋友"。《小舱中的现代》用现代人的眼光来审视小舱中的现实，这里有憔悴的面孔，乞求的眼光、招徕声、求讨声，纷乱芜杂，完全是旧中国底层社会的一个缩影。来自河南农村的徐玉诺，更是写出了乡土中国的闭塞与破败。在他的诗中我们可以听到落魄教师的哭泣（《教师》），看到疯人的狂笑（《疯人的狂笑》）、乞丐"幻灭的破碗"（《杂诗》）、山野间躺着的死尸，以及由醉汉、娼妓、赌棍、烟鬼、土匪、乞丐、政客等组成的黑灰色画面（《路》《小诗》）。诗人对如此黑暗和无望的底层社会表示出了强烈的反抗，"假如我不是一个弱者，我要提只手枪走进故乡去；在那血烟飞溅尸身满地，丘八，匪将，或者村长手下持枪的人们中间，不分彼此的战场上，我毁灭了他们；或者他们毁灭了我自己，那总是有意义的"（《假如我不是一个弱者》）。

1922年6月，朱自清、周作人、俞平伯等八人合著诗集《雪朝》的出版，更显示出新诗在平民化、民间化努力上的集体成绩。

第二节　"到民间去"与20世纪20年代初新诗的社会革命走向

受俄国民粹主义①和十月革命的影响，1919 年 2 月，李大钊在《青年与农村》② 一文中率先提出了"到民间去"的想法："要想把现代的新文明，从根底输到社会里面，非把知识阶级与劳工阶级打成一气不可"，并号召广大的中国青年"到民间去"："青年呵！速向农村去吧！日出而作，日入而息，耕田而食，凿井而饮。那些终年在田野工作的父老妇孺，都是你们的同心伴侣，那些炊烟锄影，鸡犬相闻的境界，才是你们安身立命的地方呵！"显然，在李大钊那里，所谓"民间"，实乃起于平民而终于乡间，寄希望于青年知识分子能够真切地关心农民、关注农村。在当时的李大钊看来，俄国"十月革命"的胜利，很大程度上，是十九世纪俄国民粹主义"到民间去"运动的结果。"这种新机的酝酿，不是一时半刻的功夫，也不是一手一足的力量。他们有许多文人志士，把自己家庭的幸福全抛弃了，不惮跋涉艰难的辛苦，都跑到乡下的农村里去，宣传人道主义、社会主义的道路。……在那阴霾障天的俄罗斯，居然有他们青年志士活动的新天地，那是什么？就是俄罗斯的农村。"尽管中国与俄罗斯的国情不尽相同，但李大钊还是希望广大青年能够学习俄罗斯民粹主义者"到民间去"的革命精神，去作些开发农村、唤醒"民众"的工作。"我们中国是一个农国，大多数的劳工阶级就是那些农民。他们若是不解放，就是我们国民全

---

① 民粹主义，作为一种政治文化思潮，产生于19世纪60年代的俄罗斯，其基本思想是推崇俄罗斯传统的农村村社制度，倡导广大知识分子"到民间去"，主要是到广大的农村去，从民间本土寻找现代化的思想资源。另外，民粹主义又极力反对资本主义和工业化，希望俄罗斯跳过资本主义而直接过渡到社会主义阶段。反对资本主义、民众崇拜和反智主义倾向是民粹主义的基本特点。相关论述详见左玉河《论五四时期的民粹主义》一文，载《晋阳学刊》2010年第1期。

② 李大钊：《青年与农村》，载1919年2月20—23日北京《晨报》。

体不解放；他们的苦痛，就是我们国民全体的苦痛；他们的愚暗，就是我们国民全体的愚暗；他们生活的利病，就是我们政治全体的利弊。去开发他们，使他们知道要求解放、陈说苦痛、脱去愚暗、自己打算自己生活的利病的人，除去我们几个青年，举国昏昏，还有那个？"从李大钊的行文和表达中，我们可以感到极为浓厚的启蒙色彩，希望以青年为代表的现代知识分子能够去"开发"他们，让他们从苦痛、蒙蔽和愚暗中解脱出来。这与当时鲁迅、周作人等五四新文化运动主将们的"国民性"启蒙思想是一致的。但同时，李大钊又将"乡村"与"都市"对立起来，"都市上有许多罪恶，乡村里有许多幸福；都市的生活，黑暗的一方面多，乡村的生活，光明一方面多；都市上的生活，几乎是鬼的生活，乡村中的活动，全是人的活动；都市的空气污浊，乡村的空气清洁"。并为我们营构了一幅理想的乡村乌托邦画卷，"早早回到乡里，把自己的生活弄简单些，劳心也好，劳力也好，种菜也好，耕田也好，当小学教师也好，一日八小时作些与人有益、与己有益的工作，那其余的工夫，都去作开发农村、改善农民生活的事业，一面劳作，一面和劳作的伴侣，在笑语间商量人生向上的道理"。① 带有明显的"民粹主义"倾向。

此后，在《现代青年活动的方向》《"少年中国"的"少年运动"》等文中，李大钊进一步强调了"到民间去"的"社会改造"性质和"民粹主义"方向："我所希望的'少年中国'的'少年运动'，是物心两面改造的运动，是灵肉一致改造的运动，是打破知识阶级的运动，是加入劳工团体的运动，是以村落为基础建立小组织的运动，是以世界为家庭扩充大联合的运动。"②

五四运动前后，广大青年学生、知识分子纷纷响应"劳工神圣"和"到民间去"的号召，积极参与民众运动和社会改造的大潮中，

---

① 李大钊：《青年与农村》，载 1914 年 2 月 20—23 日北京《晨报》。
② 李大钊：《"少年中国"的"少年运动"》，载 1919 年 9 月 15 日《少年中国》第 1 卷第 3 期。

"到民间去"也成为当时相当时髦的一个口号。一时之间，各种平民社会组织、工读互助团体、平民教育社、平民研究协会等先后成立。其中，1919 年 3 月，北京大学"新潮社"与"国民社"的学生共同倡导成立的"北京大学平民教育讲演团"影响最大。该讲演团以"李大钊"为思想导师，以"增进平民知识、唤起平民之自觉心"为宗旨，其核心人物有邓中夏、罗家伦、康白情、许德珩、廖书仓等。在邓中夏等看来，"共和国家以平民教育为基础。平民教育，普及教育也，平民教育也。……北京大学固以平民主义之大学为标准也。平民主义之大学，注重平民主义之实施，故平民教育尚焉"。① 与师长们的理论探讨和言论倡导不同，"平民教育讲演团"将"到民间去"的号召化为实际行动，到工人中去，到农民中去。他们先后深入北京的大街小巷、广场、庙会、工厂乃至郊区的农村，以露天演讲的形式进行广泛的鼓动和宣传。他们希望通过自己的实践，突破狭小的知识分子圈子和高耸的大学围墙，将相对高深的现代启蒙思想转换为更为通俗易懂的口语和更富鼓动性、感染力的声音，带到更为广阔的现实"民间"社会中去。

1919 年 4 月，"平民教育讲演团"在东便门内蟠桃宫举行讲演，当时虽"黄沙满天，不堪张目，而其听讲者之踊跃，实出乎意料之外"，② 他们关于平民教育、民与国的关系、国民应尽之责任、什么是国家等主题的演讲，受到了民众的欢迎，也让他们打定主意"到农村去"。1920 年 4 月，"平民教育讲演团"利用春假深入卢沟桥、丰台、长辛店、通县等北京郊区的农村社会进行"乡村讲演"。他们开始更多地接触且了解到中国广大农村社会特别是农村教育的糟糕状况：

---

① 《北京大学平民教育讲演团征集团员启》，载 1919 年 3 月 7 日《北京大学日刊》。见张允侯等编《五四时期的社团》（二），生活·读书·新知三联书店 1979 年版，第 135 页。
② 《平民教育讲演团纪事》，载 1919 年 4 月 11 日《北京大学日刊》。见《五四时期的社团》（二），第 142 页。

"村中的生活很苦的、老弱年幼的又这样的多，教育又没有，这真是一件极危险的事！""不料丰台一个大镇，离北京城才几十里路，教育就糟糕到这步田地，其他的地方就可想而知了！"① 因而，他们的讲演和努力很难得到农民的响应。在长辛店，他们"虽然扯着旗帜，开着留声机，加劲地讲演起来，也不过招到几个小孩和几个妇人罢了。讲不到两个人，他们觉没有趣味，也就渐渐引（隐）去。这样一来，我们就不能不'偃旗息鼓'，'宣告闭幕'啦。没奈何，向西走，……及到赵辛店，又使我们大大的失望。……然而一点多钟，到不了五六人，还是小孩。那么，自然又要'免开尊口'了。土墙的底边，露出几个半身妇人，脸上堆着雪白的粉，两腮和嘴唇又涂着鲜红的胭脂，穿上红绿的古式衣服，把鲜红的嘴张开着，仿佛很惊讶似的，但总不敢进前来。但是我们也不好理他。好！入京的火车快到了，回去罢，莫要尽在这里作'时间耗费者'啦"。② 这段记录真实描绘了当时"到民间去"的现实情景。民众不仅拒绝了启蒙的声音，而且他们的冷漠、偏狭和愚昧也让知识分子们感到自己的无聊。

究其原因，可能主要有以下几点：一、讲演者不了解平民的实际生活状况，讲演的内容不能与平民产生共鸣；二、讲演者多为外地人，他们的方言和口音影响到听讲的效果；三、平民的文化和知识水平比较低下，讲演中的专业术语和新名词，普通民众根本不知所云，更别说听懂了；四、长期受封建传统观念的影响，普通民众对新思想和新事物采取抵制的姿态；等等。这样看来，五四知识分子所坚持倡导的"启蒙主义"和"国民性改造"思想，他们力主"到民间去""化大众"（如上述之启蒙"民众""增进平民知识，唤起平民之自觉心"

---

① 《丰台讲演组活动的详细报告》，载 1919 年 4 月 27、28 日《北京大学日刊》。见《五四时期的社团》（二），第 165—167 页。

② 《长辛店讲演组的报告》，载 1920 年 4 月 13 日《北京大学日刊》。见《五四时期的社团》（二），第 167—168 页。

等）。但在现实的中国，诚如鲁迅所言，"太难改变了，即使搬动一张桌子，改装一个火炉，几乎也要血；而且即使有了血，也未必一定能搬动，能改装。不是很大的鞭子打在背上，中国自己是不肯动弹的"。① 更何况改造他们的思想呢？看来知识分子"到民间去"启蒙"民众"、改造"国民性"，还有很长的路要走。

　　而"时不我待"，五四后中国峻急的社会革命发展形势，如一记"很大的鞭子"，迫使 20 世纪 20 年代的中国新文学酝酿新一轮的转变。随着"到民间去"运动的深入，一些早期的中国共产党人在与民众结合的过程中，看到了"民间"潜在的革命力量和"民众"高昂的革命情绪。沈泽民认为"这是一个暴风雨的时代啊！正是从有人类历史以来最富有色彩，动作，和音声的时代——一个大活剧的时代！"作家作为民众的"舌人"和民众意识的综合者，应该"用敏锐的同情，了澈被压迫者的欲求，苦痛，与愿望，用有力的文学替他们渲染出来"。② 郭沫若亦认为，"我们现在于任何方面都要激起一种新的运动，我们于文学事业中也正是不能满足于现状，要打破从来的因袭的样式而求新的生命之新的表现"。③ 秋士在《告研究文学的青年》④ 一文中，亦指出作家应转换观念，"文学不是清高的事业，不是'雅人韵事'，'雅人'是平民的仇敌，'雅人'是真文学家的仇敌，真'俗人'才是真文学家！"并从解决社会实际问题的角度，热切希望青年能够"象托尔斯泰一样，到民间去"，去表现劳动大众的痛苦生活，"难堪的人生"，将人民的"苦况"给描写出来，作对社会改造事业有助力的文学家。最后号召青年文学家"快快抛去你锦绣之笔，离开你诗人之宫，诚心去寻实际运动的路径，脚踏实地一步一步走下去！"

---

① 鲁迅：《娜拉走后怎样》，见《鲁迅全集》（第 1 卷），人民文学出版社 2005 年版，第 171 页。
② 沈泽民：《文学与革命的文学》，载 1924 年 11 月 6 日上海《民国日报·觉悟》副刊。
③ 郭沫若：《我们的文学新运动》，载 1923 年 5 月 27 日《创造周报》第 3 号。
④ 秋士：《告研究文学的青年》，载 1923 年 11 月 17 日《中国青年》第 5 期。

　　而作为"到民间去"运动的主将、中国共产党早期工人运动的领袖，邓中夏更是强调了文学对于社会改造的重要作用，他要求新文学家"研究文学，莫忘了社会，更莫忘了社会改造"①。基于这样的认识，他对五四后的新诗坛表示出了不满："新文化运动以后，青年们什么都不学，只学做新诗；最后连长诗也不愿做，只愿做短诗。今日办一个弥洒，明天办一个湖光；今日出一本繁星，明天出一本雪朝，……真是风靡一时，几乎把全中国的青年界都被他们占为领域了。"为此，邓中夏觉得有必要给新诗来一记狠狠的"棒喝"了！认为当时那些专门做"欣赏自然""讴歌恋爱""赞颂虚无"之类没志气担当的新诗人，即使他们的作品"行子写得如何整齐，辞藻选得如何华美，句调造得如何铿锵，结果是以之遗毒社会则有余，造福社会则不足"。并对这种不注意社会问题而专门作新诗的所谓"新浪漫主义"或"为艺术而艺术"的倾向予以猛烈的批判。② 他希望诗人能够紧扣时代的脉搏，顺应环境的需要，主动承担起改造社会的重任，做一个真正有价值的新诗人。因为在他看来，文学是社会改造最有效果的工具。"诗歌的声调抑扬，辞意生动，更能挑拨人们的心弦，激发人们的情绪，鼓励人们的兴趣，紧张人们的精神，所以我们不特不反对新诗人，而且有厚望于新诗人。"从"棒喝"新诗人到寄"厚望"于新诗人，邓中夏的态度发生了较大的改变，究其原因，是因为他认识到了"新诗"是一种"最有效果的工具"。为了让新诗发挥他所期待的作用，他给新诗人提了几点意见：第一，须多做能表现民族伟大精神的作品。"要特别多做，儆醒已死的人心，抬高民族的地位，鼓励人民奋斗，使人民有为国效死的精神。"第二，须多作描写社会实际生活的作品。"彻底露骨的将黑暗地狱尽情揭露，引起人们的不安，暗

---

　　① 邓中夏：《文学与社会改造》。此文为 1921 年邓中夏在保定师范学校的讲稿，转引自华济时《邓中夏对于中国新文学运动的贡献》。

　　② 邓中夏：《新诗人的棒喝》，载 1923 年 12 月 1 日《中国青年》第 7 期。

示人们的希望，……如戴季陶《阿们》一类的诗宜多做，只有这一类的诗，才可歌，才可泣。"第三，新诗人须从事革命的实际活动。"如拜伦投身帮助希腊革命，他的《哀希腊》一诗，风行全球，脍炙人口。真令人读之，引起无限的感慨和勇气。"① 后有人将邓中夏建议的第三点"新诗人须从事革命的实际活动"用新诗的形式作了进一步的阐释：

> 诗人不要忘却他自己是人！
> 诗人不要忘却他自己是社会上或人类中之一人
> 诗人不要忘却他自己是物质环境所支配之一人
> 诗人不要忘却他自己底受经济压迫，政治摧残，和强暴辱侮的兄弟姊妹们！
> 诗人要明瞭他底头虽高插云表，他底脚却深陷入泥土中在！
> 诗人在作诗之顷，固然不能预期此次必做那样的诗，但在平时应该预定目标，慎选方法去涵养自己底人格和思想。②

更是强烈建议新诗人要从事具体的社会革命实践，因为诗人"他底头虽高插云表，他底脚却深陷入泥土中在！"从这个意义上来说，新诗"到民间去"，到革命的实践中去，已成为五四后新诗发展的一种必然选择。从"泛神论"转向"阶级论"的郭沫若，也向青年发出了号召："青年！青年！我们现在处的环境是这样，处的时代是这样，你们不为文学家则已，你们既要矢志为文学家……我希望你们成为一个革命的文学家"③，还以诗歌的形式向世人宣告自己的转变："别了，否定的精神！别了，纤巧的细针！我要左手拿着《可兰经》，右手拿

---

① 邓中夏：《贡献于新诗人之前》，载 1923 年 12 月 22 日《中国青年》第 10 期。
② 定远：《诗人与诗》，载 1924 年 2 月 9 日《中国青年》第 17 期。
③ 郭沫若：《革命与文学》，1926 年 5 月 16 日《创造月刊》第 1 卷第 3 期。

着剑刀一柄！"（《力的追求者》）。早期普罗诗人蒋光慈也说，"我不过是一个粗暴的抱不平的歌者，而不是在象牙塔中慢吟低唱的诗人……我只是一个粗暴的抱不平的歌者，我但愿在十字街头呼号以终生！朋友们，请别再称呼我为诗人，我是助你们为光明而奋斗的鼓号，当你们得意凯旋的时候，我的责任也算尽了……"①

　　1924 年以后，中国社会的阶级状况和革命形势发生了巨大的变化，民间话语的社会功能指向和意识形态色彩越来越明显。"民间"，不再仅仅是一种潜在的、可供探究和挖掘的文学资源和文化资源，同时还是中国现代政治革命和社会革命一支可资利用的重要力量。在此背景之下，中国的"民间"话语论者直接将"民间"指向了具有革命潜能的"农工大众"和培育革命火种的"农村""工厂"等，强化了"民间"的社会革命含义和意识形态色彩。在现代中国"感时忧国""救亡压倒启蒙"的社会文化语境下，为了民族，为了国家，为了民众，诗人必须"走到无产阶级里面去！"②，必须"到兵间去、民间去、工厂间去，革命的漩涡中去"③，做一个时代的诗人，"诗人们，制作你们的诗歌，一如写我们的口号！我们的口号：要把帝国主义打倒！要把封建主义的遗毒清扫！要把列强的走狗宰屠！"④ 五四新诗鲜明的个人主义色彩正在淡化，五四民间话语的开放性、多元性、创造性也在不断消亡。

第三节　湘西民歌搜集与沈从文的早期新诗创作

　　与上述的五四后新诗的平民化、社会化、革命化路径不同的是，以

---

① 蒋光慈：《〈鸭绿江上〉的自序诗》，汉口长江书店 1927 年版。
② 沈泽民：《文学与革命的文学》，载 1924 年 11 月 6 日上海《民国日报·觉悟》副刊。
③ 郭沫若：《革命与文学》，载 1926 年 5 月 16 日《创造月刊》第 1 卷第 3 期。
④ 冯乃超：《诗人们——送给时代的诗人》，转引自陆耀东《中国新诗史》（第一卷），长江文艺出版社 2005 年版，第 294 页。

闻一多、徐志摩、梁实秋、朱湘、沈从文等为代表的新月派，他们更多的基于的是新诗民族性和艺术性的考虑，着眼于纠正五四以来新诗"非诗化"的倾向，改变新诗是"白话"而不是"诗"和"用中文写的外国诗"① 的局面，尝试从传统和民间汲取资源来建构"新的格律诗"，努力增强新诗的"本土色彩"②，"创造一种表里都是'中国'的新文化"③。

　　有着深厚传统诗学功底的闻一多，很早就关注新诗，曾敬告落伍的诗家"若要做诗，只有新诗这条道走，赶快醒来，急起直追，还不算晚呢"④，还与梁实秋一起，分别对俞平伯的诗集《冬夜》和康白情的《草儿》作了专门性的长篇评述，可以说是新诗创作的积极鼓吹者。但却对五四新诗的"非诗化"倾向和"本土色彩"的缺失等强烈不满。1922 年，闻一多对俞平伯"只愿随随便便的活活泼泼的借当代的言语去表现自我""至于表现的……是诗不是诗，这都和我的本意无关"的新诗创作态度，不客气地批评道："俞君把做诗看作这样容易，这样随便，难怪他做不出好诗来。……诗本来是个抬高的东西，俞君反拼命地把他往下拉，拉到打铁的抬轿的一般程度。"⑤ 闻一多之所以对胡适、俞平伯及其他一批"平民风格"的诗人不以为然，是因为"他注重的诗的艺术、诗的想象、诗的情感，而不是诗与平民大众的关系"。⑥ 1923 年，闻一多又一针见血地指出郭沫若《女神》"地方色彩"的缺失："《女神》底作者，这样看来，定不是对于我国文化真能了解，深表同情者"，"我要时时刻刻想着我是个中国人，我要做新诗，但是中国的新诗，我并不要做个西洋人说中国话"，并指出"新诗径直是'新'

---

① 梁实秋：《新诗的格调及其他》，载 1931 年 1 月 20 日《诗刊》创刊号。
② 闻一多：《女神之地方色彩》，原载 1923 年 6 月 10 日《创造周报》第 5 号。
③ 罗念生编：《朱湘书信集》，天津人生与文学社 1936 年版，第 16 页。
④ 闻一多：《敬告落伍的诗家》，原载 1921 年 3 月 11 日《清华周刊》第 211 期。
⑤ 闻一多：《〈冬夜〉评论》，原载《冬夜草儿评论》，清华文学社 1922 年 11 月版。引自武汉大学闻一多研究室编《闻一多论新诗》，武汉大学出版社 1985 年版，第 44 页。
⑥ 梁实秋：《谈闻一多》，见《梁实秋散文》（第一集），中国广播电视出版社 1990 年版，第 367 页。

的，不但新于中国固有的诗，而且新于西方固有的诗，换言之，它不要作纯粹的本地诗，但还要保存本地的色彩，他不要作纯粹的外洋诗，但又要尽量的吸收外洋诗的长处，他要做中西艺术结婚后产生的宁馨儿"。① 并与徐志摩等一起倡导新诗的"创格"，从听觉和视觉两个方面，即所谓"三美"："音乐的美"（音节）、"绘画的美"（辞藻）、"建筑的美"（节的匀称和句的均齐）②，开始寻求新诗新秩序的建构。

其中，来自本土的民间话语资源无疑是新月派寻求新诗秩序建构的重要借鉴。在新月派诗人朱湘看来，"某一种土白中有些说话的方法特别有趣，有些词语极为魅力，极为精警，极为新颖，是别种土白或官话中所无的，这些文法的结构同词语便是文人极好的材料，可以拿来建造起佳妙的作品"。③ 闻一多的《洗衣歌》《飞毛腿》《天安门》、徐志摩的《先生！先生》《庐山石工歌》《叫化活该》、朱湘的《采莲曲》《摇篮歌》以及民间叙事诗《王娇》《猫诰》等，都是采用口语、方言、民歌、谣曲、民间故事等形式创作出来的新诗。类似《采莲曲》这样的新诗，"以一个东方民族的感情，对自然所感到的音乐与图画意味，由文字结合，成为一首诗，这文字，也是采取自己一个民族文学中所遗留的文字，用东方的声音，唱东方的歌曲，使诗歌从歌曲意义中显示出完美"，这在中国新诗的发展上，意义是非常重要的。④ 在某种程度上，我们可以说他们开创了新诗除借鉴外国现代诗歌资源之外的另一条路径，接续上了中国诗歌的民间传统。

下面主要以新月派诗人沈从文⑤为例，结合他早年在北京公寓生活期间搜集湘西民间歌谣努力进行新诗创作的实践，探究二者之间的

---

① 闻一多：《〈女神〉之地方色彩》，原载 1923 年 6 月 10 日《创造周报》第 5 号。

② 闻一多：《诗的格律》，原载《晨报副刊》1926 年 5 月 13 日。

③ 朱湘：《评徐君〈志摩的诗〉》，见《中书集》，（上海）生活书店 1934 年版。

④ 沈从文：《论朱湘的诗》，见《沈从文全集》（第 16 卷），北岳文艺出版社 2002 年版，第 138 页。

⑤ 1931 年陈梦家在编选《新月诗选》时，选录了沈从文新诗 7 首，成为入选诗歌数量仅次于徐志摩（8 首）的新月派诗人之一。

互动关系。

1923 年下半年，沈从文从湘西来到北京，很快就"被北大开放的校风，自由旁听的制度，以及周边浓郁的文化氛围"所吸引，辗转于北大附近的公寓，开始了他早年"游走于课堂、图书馆、街道和公寓之间"的"漫游者"生活。① 甚至到了晚年，沈从文还对当年北大的公寓生活记忆犹新，"以红楼为中心，几十个大小公寓，所形成的活泼文化学术空气，不仅国内少有，即在北京别的学校也少见"。② 此时，北大歌谣运动还方兴未艾，以北京大学《歌谣周刊》为中心的征集歌谣运动正吸引着来自全国各地的学生，包括在"窄而霉"公寓中为生活而苦苦挣扎、正尝试通过新诗创作而打开局面的沈从文。顾颉刚的《吴歌甲集》、台静农的《淮南民歌》、李金发的《岭东恋歌》以及沈从文的《篁人谣曲》等，都是歌谣运动的产物。

沈从文的民歌搜集活动集中在 1924 年至 1927 年。这一时期，正是中国新诗的"建设期"，新诗的写作资源问题成为诗坛关注的一个焦点。用传统的旧形式，产生不了现代意义的新诗，而一律借用西方的概念、词汇，造成的是新诗本土因子的缺乏，亦为人所诟病。这一点，也被刚刚尝试新诗创作的沈从文注意到："至于最新的什么白话诗呢，那中间似乎又必须要加上云雀、夜莺、安琪儿、接吻、搂抱"才行，"若因袭而又因袭，文字的生命一天薄弱一天，又那能找出一点起色？因此，我想来做一种新的尝试"。③ 这就有了沈从文的湘西民歌搜集以及与之相伴随的新诗创作。沈从文对湘西民歌的搜集一方面是对自己湘西身份的回望和确认；另一方面则是有意识地为其文学创作寻找资源。沈从文对湘西民间歌谣《篁人谣曲》《篁人谣

---

① 姜涛：《从会馆到公寓：空间转移中的文学认同——沈从文早年经历的社会学再考察》，《中国现代文学研究丛刊》2008 年第 3 期。
② 沈从文：《忆翔鹤》，《沈从文全集》（第 12 卷），北岳文艺出版社 2002 年版，第 255 页。
③ 沈从文：《乡间的夏·话后之话》，《沈从文全集》（第 15 卷），北岳文艺出版社 2002 年版，第 6—7 页。

曲选》① 的搜集，最直接的成果就是《乡间的夏》《镇筸的歌》《初恋》《还原——拟楚辞之一》《春》等民歌体新诗的陆续发表。既没有受过现代正规教育，又难以倚靠政治背景的沈从文，当年正是凭借对湘西民歌的搜集和发掘，通过《乡间的夏》之类的民歌体新诗，走上新文学创作之路。

湘西民间歌谣是湘西地区民俗民风的重要组成部分，是湘西民众反映生产生活，表达思想感情的重要工具，其历史悠久，传唱广泛。朱熹《楚辞集注·九歌序》所说的"昔楚南郢之邑，沅湘之间，其俗信鬼而好祀，其祀必使巫觋作乐，歌舞以娱神"，就包括是湘西一带的民间巫歌。除较为正式庄重的祭祀巫歌之外，其他诸如山歌、小调、劳动歌、风俗歌等，则以一种更为深厚内在、自然平常的方式广泛存在于湘西民间社会中、渗透进湘西人的生命脉搏里。沈从文是从湘西走出来的作家，他对湘西民间社会十分熟悉，对湘西民歌更是情有独钟。作为"乡下人"的沈从文，初闯北京，经历了"独居生活的幽闭、欲望不能达成的焦虑、不断的挫败与失意，以及自怨自艾的感伤"② 的时期。在艰难、困窘中，极度自尊而倔强的沈从文"企图从往事中寻找由友谊和亲情构成的人间温暖与同情"③。而湘西民歌恰似一剂"慰安剂"，用满满的"爱和热情"，给沈从文带来了都市生存的勇气，并成为沈从文早年新诗创作取之不尽的源泉。

第一，语言风格上，受湘西民歌的影响，沈从文早期新诗中的湘西方言、苗语使用十分普遍。典型作品如《乡间的夏》，使用纯正的凤凰方言计 12 种，依次为："身小伢仔""相骂相哄""打眼闭""您妈""一个二个""苗老庚""倒到""乖生乖生了""捋毛""鸡鸭

---

① 沈从文搜集的《筸人谣曲》《筸人谣曲选》等民歌，见《沈从文全集》（第 15 卷），北岳文艺出版社 2002 年版。
② 姜涛：《"公寓空间"与沈从文早期作品的经验结构》，《中文自学指导》2007 年第 2 期。
③ 凌宇：《沈从文正传》，江苏文艺出版社 2010 年版，第 93 页。

屎""饭蚊子""眼屎懵懂"。此外还有两个常用苗语："代狗"和"代帕"（意即青年男、女）。其他如《镇筸的歌》《初恋》《还愿》《春》《黄昏》《叛兵》《狒狒的悲哀》《我喜欢你》《月光下》等新诗作品中，湘西方言也随处可见。方言入诗，在某种程度上解决了五四白话新诗本土资源缺乏的问题，而且还为新诗吹来了一股清新自然之风，增添了乡土的气息，丰富了本土的色彩。但同时，也不可避免地给普通读者的阅读和理解带来了困难。鲁迅就曾对过度使用方言的沈从文不满，挖苦其为"孥努阿文"①。沈从文可能也意识到了这个问题，在他后来的新诗中就有意淡化方言的使用。但方言并没有影响沈从文新诗用"朴质无华的辞藻写出最动人的情调"②。1931 年陈梦家在编选《新月诗选》时，选录了沈从文新诗 7 首，成为入选诗歌数量仅次于徐志摩（8 首）的诗人之一。由此可见一斑。

第二，表现形式上，沈从文的新诗也受到湘西民歌的明显影响。首先，不同于大多新诗人倾向通过意境营造、景物渲染来抒情表意，沈从文更多采用对话、倾诉与发问的方式。《春》写一个外乡人跟乡长女儿的对话，完成对健康自然的男女爱情的礼赞。《曙》《絮絮》分别从青年嫖客和妓女的立场直接诉说，让读者看到了绽放的纯洁爱情和人性光芒。除此之外，《看虹》《我喜欢你》《月光下》《微倦》《时和空》等作品中，对话、倾诉亦屡见不鲜。与湘西民歌一对照，我们发现，这些手法在《筸人谣曲》《筸人谣曲选》中随处可见。舍弃这些表达方式而独立存在的几乎为零。其次，在具体写作中，沈从文还经常嵌套、化用湘西民歌里的句子甚至整首民歌作为新诗的一部分，且处理得极为自然。如《乡间的夏》第 7 节中的"大姐走路笑笑底，一对奶子俏俏底，我想用手摸一摸，心里总是跳跳底"。直接嵌用《筸人谣曲选》第 1 首，"大姐走路笑笑底，一对奶子翘翘底，我想用手摩一摩，心里

---

① 鲁迅：《致钱玄同》，见《鲁迅全集》（第 11 卷），人民文学出版社 2005 年版，第 510 页。
② 陈梦家：《新月诗选·序言》，新月书店 1931 年版，第 29—30 页。

总是跳跳底"。前衔以"轻轻唱个山歌给她听，（歌儿不轻也不行!）"，后继以"只看到那个代帕脸红怕丑，只看到那个代帕匆脚忙手"。无论是感情流动，还是结构安排，都做到了浑然天成，不露痕迹。这种嵌套，在《春》中表现得更明显，嵌入个别句子的如"鹭鸶夹鱼过大江"，"枫子到时须离枝，它将白云缓缓过山去"，分别摘取自《箅人谣曲》第41首（"莫学高粱红了眼，莫学花椒黑了心……"）、第33首（"大田大坝栽葡萄，葡萄长成万丈高……"）等。此外，沈从文还经常将湘西民歌里的情节或句子作为素材进行化用。如《春》中的外乡人请求姑娘给自己表现机会时，说"我请求你许我有机会去你门前踏破那双铁草鞋"，便是化用了《箅人谣曲》第17首"娇家门前一道坡，别人走少郎走多，铁打草鞋穿烂了，不是为你——为哪个?"又如，男子向女子表明恋爱选择对象虽多，但个人钟情的却只有一个，打的比方"火灶里同一时候原烤了千万种粑……这当看各种味道有各人的爱"。就源于《箅人谣曲》第31首的"火内烤粑各有主"一句。

　　第三，在沈从文的新诗创作中，比喻、重叠等修辞手法运用得十分普遍。一类是明喻。如《我喜欢你》一诗中，把心仪女子的聪明比作"鹿"，把别的许多德性比作"羊"。《X》里的"我"是"一张离了枝头日晒风吹的叶子"，"妹子"化身作"有绿的枝叶的路槐"，离了她，"我"只能半死不活。《初恋》使"我"成了一个"陀螺"，抽动"我"的是"小鞭子"似的年轻尼姑亮晃晃的眼睛。《想——乡下雪前雪后》的雪景"像撒面，像撒盐，山坡全是戴了白帽子"。另一类是稍难理解的隐喻。沈从文经常将身体隐秘部位同自然物象勾连起来，将男女媾和的描写升华为一种纯粹艺术的、充满美感想象的意境创造。如《颂》里的"小阜平冈""一草一木""大风撼柳"。沈从文这种手法的运用，极易让人联想到《箅人谣曲》的第10首"一株桐子五尺高，我吃豆荚你吃苕，豆荚请你大姐煮……"第19首"小小麻雀才出寨，一翅飞到田落角，只有麻雀胆子小，看到谷黄不敢剥"

的写法。除比喻之外，沈从文还频繁使用叠字、反复等。以《痕迹》《其人其夜》等为代表，明显借鉴了歌谣中的重叠。又如前文所提及的"笑笑底""俏俏底""跳跳底"等，在此不再赘述。

如果把沈从文新诗的语言、表现形式、修辞手法等方面的特色，统一归结为沈从文对湘西民歌的物质外壳的运用，那么沈从文新诗中进射出来的那一股股热烈、原始、健康的活力，则得益于湘西民歌的精神内核。

众所周知，民间歌谣大多歌男女之情，传倾慕之意，所以热烈赤诚；又往往出自劳动人民之口，唱和于田间地头、山坡峡谷，所以真切自然，火辣直露。湘西社会处于地理与文化的边缘，民风原始而淳朴，情爱受正统儒家伦理道德的钳制较小，观念相对开放，"允许异性之间有婚前爱情，父母还加以奖励。年轻人在公开场合调情，暗地里过性爱生活"，"婚外婚，离婚，再婚已经司空见惯"。① 所以，在湘西民歌里到处可见的是情人间（非夫妻关系）的互唱互答，甚至表现出一定的泛爱思想。《筸人谣曲》第 12、13 首，写两个情人在辣子林里摘辣子的相互雅谑，表明不稀罕家中同床的那位，只盼望与对方做露水夫妻，充分体现了人性中的原始情欲。可贵的是，这种关系并非交易，更非占有，往往溢满了脉脉温情。如第 21 首，一对情人分离时，男子对女子唱的歌"天上起云朵朵蓝，报妹归家要耐烦，莫拿丈夫打骂你，莫把小郎挂心尖"，细心为对方着想所体现出的关心，已然超越肉欲，呈现出一种近乎亲情的宽厚温暖。主张泛爱的歌，如一个捡柴青年唱的："捡柴要捡竹子柴，竹子去了笋又来；联姣要联两姊妹，姊姊去了妹又来。"以为两个不够还要更多的"戴花要戴满头红，吃烟要吃三五筒，联姣要联三五个，这个冷淡那个浓"。

作为凤凰之子的沈从文，很自然地接受了蕴藏于民歌中的生命意

---

① 金介甫：《沈从文传》，符家钦译，湖南文艺出版社 1992 年版，第 132 页。

识、情感力量与反抗精神。他的很多新诗都折射出热烈、原始，非伦理的一面。如《颂》："你是一株柳，有风时是动，无风时是动，但在大风摇你撼你一阵过后，你再也不能动了。我思量永远是风，是你的风。"没有任何忸怩造作，可谓大胆直露，热切雄强，与都市中人"在'温的接吻'中是应守着死样的沉默"[1] 形成强烈对比。最具颠覆性的叙事抒情长诗《曙》，跳出社会传统的伦理框架，对身处社会底层的妓女表现出极大的同情与尊重，甚至在某种程度上充分肯定了她们存在的意义，"我可怜你在生活中所受的摧残"，"于此人间世，我找不出比你这样更其伟大崇高的人格"。诗中，主人公是站在反伦理的基点上，从生命高度，以人性的眼光，对妓女的生命形态进行观照和反思：她们虽则卑微，却有着"真实的热情"、"未完的天真"和"伟大崇高的人格"。沈从文之所以能够做到这点，在很大程度上与他对湘西民歌大胆歌唱男女原始情欲、直接表现生命本真、蔑视传统伦理道德的接受有直接关系。

　　经过一段富有成效的规范和建设，到 20 世纪 20 年代中期，新诗就逐步克服了五四时期的"非诗化"倾向，逐步进入本体的"自觉"阶段，强化了艺术和审美上的诗性探索，从而更加有利于自身的传播。然而，1927 年国民大革命失败后，在峻急的社会革命和激化的阶级矛盾背景下，"大众"的政治意义和革命意义被大力挖掘和充分凸显出来，与之相同步的是"文艺大众化"思潮。在左翼革命话语和民族国家救亡语境下，"民间"很自然地成为"文艺大众化"的有效路径，很自然地被纳入政治革命话语言说中，而慢慢失却了五四时期独立的存在形态。这样一来，"民间"话语就从五四时期的"民间"（一个被彰显和被放大的启蒙和建构概念、一个思想文化意义的被审视和被批判对象）演变为 1930 年代的"大众"（一个被遮蔽和被剥离的意识形

---

[1]　沈从文：《筸人谣曲·前文》，《沈从文全集》（第 15 卷），北岳文艺出版社 2002 年版，第 17 页。

态概念、一个政治革命意义的表现和依托的对象）。民间话语的言说的空间场域也从五四时候的传统乡土中国、农村社会进入 1930 年代的现代都市、左翼文学运动的中心地带——上海。民间话语的功能也从调适传统与现代的矛盾，辅助性地配合五四启蒙，以及从本本化、民族化的角度探寻新文学的资源到在大众化、革命化的社会文化实践中发挥了其宣传鼓动作用，推动现实的社会革命斗争。简言之，就从社会文化的边缘走向了现实革命的中心。

第五章 民间话语与左翼——抗战 诗歌的大众化实践

1930 年代，在阶级革命和民族救亡的大背景下，"民间"话语正好与文艺的"大众化"和"本土化"路径相契合。中国诗歌会及《新诗歌》，苏区——延安早期、抗战初期的"歌谣化""大众化"实践，将中国新诗的阶级革命意识、民族本土化实践进一步推向了深入。

在"大革命"语境下，早期普罗（法语普罗列塔尼亚的简称，意为无产阶级。与之对应的是布尔乔尔，意为资产阶级）革命诗人蒋光慈深切感受到时代和革命的激荡，"愿勉力为东亚革命的歌者"①，先后创作了诗集《新梦》和《哀中国》。蒋光慈将诗歌与革命紧紧联系到一起，直言不讳地宣称"我不过是一个粗暴的抱不平的歌者，/而不是在象牙塔中慢吟低唱的诗人。//从今后这美妙的音乐让别人去细听，/这美妙的诗章让别人去写，我可不问；/我只是一个粗暴的抱不平的歌者，/我但愿立在十字街头呼号以终生！"② 诗人抛却了"小

---

① 蒋光慈：《新梦·自序》，上海书店 1925 年版。
② 蒋光慈：《〈鸭绿江上〉的自序诗》，见《哀中国》，汉口长江书店 1927 年版。

我"，拥抱"大我"，"跑入那茫茫的群众里：诅咒那贪暴的、作恶的，歌咏那痛苦的劳动兄弟；……倘若我的泪不尽量地为他们流，倘若我的诗不尽量地为他们歌，这是我的不幸——诗人的羞耻！"，只有"从那群众的波涛中，才能涌现出来一个真我"（《自题小照》）。大革命失败后，在严酷的阶级斗争面前，在血与火的洗礼与历练中，一大批无产阶级革命诗人，如郭沫若、太阳社和后期创造社的许多诗人，纷纷以诗歌为武器，为无产阶级革命摇旗呐喊。诗人殷夫在阶级和革命的大义面前，诗人主动斩断了与哥哥二十多年的兄弟亲情，而去追求阶级的、革命的"真理的伟光"："别了，哥哥，别了，/此后各走前途，/再见的机会是在，/当我们和你隶属着的阶级交了战火。"（《别了，哥哥》）在另一首《一九二九年五月一日》中，殷夫写出了诗人"个人"投身"群众"、"小我"拥抱"大我"之后的充实、兴奋和自豪："我突入人群，高呼：/我们……我们……我们/……满街上都是我们的呼声！//我融入一个声音的洪流，/我们是伟大的一个心灵。/满街都是工人，同志，我们，/满街都是粗暴的呼声。//……我已不是我，/我的心合着大群燃烧！"

以蒋光慈、殷夫为代表的早期普罗诗歌聚焦工农大众、歌唱无产阶级革命、书写革命集体主义精神，开始探索新诗的"革命化""大众化"。尽管这些探索大多停留在"口号化""标语化"阶段，诗歌创作大多简单粗暴、浮泛空洞，没有产生多少值得称道的作品。但他们以笔为旗、将诗作为政治的"留声机"（郭沫若《英雄树》）、战斗的"号鼓"（钱杏邨《灯塔》），探索新诗与政治革命、工农群众的结合等所作的贡献，为1930年代左翼诗歌尤其是中国诗歌会的新诗大众化实践作了有益的铺垫。

1930年3月2日，中国共产党领导的中国左翼作家联盟（简称"左联"）在上海成立，并将"文艺大众化"作为左联的中心任务来抓："为完成当前迫切的任务，中国无产阶级革命文学必须确定新的路线，首先第一个重大的问题，就是文学的大众化。"① "首先，'左联'应当'向着群众'！应当努力的实行转变——实行'文艺大众化'这目前最紧要的人物。具体的说，就是要加紧研究大众文艺，创作革命的大众文艺。"② 围绕"文艺大众化"曾展开过激烈的讨论，瞿秋白、冯雪峰、周扬、茅盾、鲁迅等都参与其中，虽然在很多问题上看法并不完全一致，但诸如鲁迅的"应该多有为大众设想的作家，竭力来作浅显易解的作品，使大家能懂，爱看，以挤掉一些陈腐的劳什子"③，瞿秋白认为文学青年应该"到群众中间去学习"，"观察，了解，体验那工人和贫民的生活和斗争，真正能够同着他们一块儿感觉到另外一个天地"④，"革命的大众文艺，应当运用说书、弹词、小调、文明戏等类形式。自然，应当即时创造群众所容易接受的新的形式"⑤ 等观点，大家都是认同的，并积极倡导利用民间的、通俗的文艺形式来为无产阶级的大众文艺服务。

在左联的"文艺大众化"中，理论探讨和论争十分重要，但也消耗了大量精力，而创作实际比较薄弱，难以给理论倡导提供强有力的支撑。就体裁而言，诗歌领域的大众化创作实践相对丰富而且持久，围绕左翼诗歌团体"中国诗歌会"及其会刊《新诗歌》杂志，聚集了一大批左翼诗人，利用各种民间形式，创作了一系列的大众化特质的诗歌，而成为1930年代左翼大众化实践中最值得书写的一个对象。此外，苏区和抗战初期的延安、武汉、大后方也积极倡导诗歌"大众化"，并进行了一系列的理论倡导与创作实践。

---

① 《中国无产阶级革命文学的新任务》（1931年11月中国左翼作家联盟执行委员会的决议），原载《文学导报》第1卷第8期。
② 《关于"左联"目前具体工作的决议》（1932年3月）。
③ 鲁迅：《文艺的大众化》，载《大众文艺》第2卷第3期。
④ 瞿秋白：《论文学的大众化》，载《文学月报》创刊号。
⑤ 史铁儿（瞿秋白）：《普洛大众文艺的现实问题》，载1932年4月25日《文学》第1卷第1期。

第一节　《新诗歌》与左翼诗歌的大众化实践

　　1932 年 9 月，中国诗歌会在上海成立，主要成员有蒲风、任钧、杨骚、穆木天、王亚平等，在河北、广州等地设有分会，并于 1933 年 2 月创办《新诗歌》旬刊。作为左联的旗下的诗歌团体，中国诗歌会一直将"诗歌大众化"作为主要任务和核心目标，并在诗歌理论和诗歌创作领域都自觉进行着探索和实践。在《中国诗歌会缘起》中，穆木天代为谈及他们对诗坛现状的强烈不满："在次殖民地的中国，一切都浴在疾风狂雨里，许许多多的诗歌的材料，正赖我们去摄取，去表现。但是，中国的诗坛还是那么沉寂；一般人在闹着洋化，一般人还只是沉醉在风花雪月里"，"把诗写得和大众距离十万八千里，是不能适应这伟大的时代的"。① 时代性、大众化、民间特色成为中国诗歌会明确的追求。在《新诗歌》创刊时，中国诗歌会就明确规定了新诗歌的内容包含三种要件："（一）理解现制度下各阶级的人生，着重大众生活的描写；（二）有刺激性的，能够推动大众的；（三）有积极性的，表现斗争或组织群众的。"② 并以《发刊诗》的形式，旗帜鲜明地倡导诗歌的大众化："我们要捉住现实，／歌唱新世纪的意识……压迫、剥削，……反帝，抗日，／那一切民众的高涨的情绪，／我们要歌唱这种矛盾和它的意义，／从这种矛盾中去创造伟大的世纪。／我们要用俗言俚语，／要这种矛盾写成民谣小调鼓词儿歌，／我们要使我们的诗歌成为大众歌调，／我们自己也成为大众的一个。"③ 除此之外，他们还对诗歌创作的内容、题材作了规定，对诗歌的语言、形式和技巧

---

　　① 见蔡清富《中国诗歌会及其机关刊物〈新诗歌〉》，《中国现代文学研究丛刊》1980 年第 4 期。

　　② 同人等：《关于写作新诗歌的一点意见》，载 1933 年 2 月 11 日《新诗歌》创刊号。

　　③ 中国诗歌会：《新诗歌·发刊诗》，载 1933 年 2 月 11 日《新诗歌》创刊号。

等作了要求。认为诗歌作品要"使人听得懂，最好能够歌唱"，要采用"大众化的形式""大众熟悉的调子""歌谣的形式"等来"创造新的形式"，①真正把表现人民大众生活的现实主义诗歌作品普及到大众中去。

中国诗歌会的核心成员穆木天、蒲风都将新诗的大众化、歌谣化、民间化作为新诗歌创作的主要方向。穆木天主张新诗的歌谣化，要创作"我们的诗"："我们的诗，要是浪漫的、自由的！要是民族的乐府，大众的歌谣；奔放的民族热情，自由的民族史诗。"②蒲风谈及中国诗歌会时也说："我们写诗并非为了消愁、排遣。我们对准大众吹送喇叭，我们的任务是要大众都清醒，奋勇前进"，"提倡诗歌的大众化，在诗的体式上应当多样化，可以有大众合唱诗、史诗、剧诗、叙事诗、讽刺诗、故事诗、政治报告诗、未来派诗、散文诗等多种多样的体式"。③

在当时，中国诗歌会的诗人在新诗的"大众化"上思想统一，步调一致，都希望从民间歌谣、小调、方言、土语等艺术形式中获得借鉴，积极从民间挖掘新诗大众化的资源。《新诗歌》第2卷第1号还被辟为"歌谣专号"，发表过十多位诗人的歌谣体新诗，同时还发表了时调体诗，介绍四川、广东、广西、湖南等地的民歌。蒲风曾广泛搜集、认真研究过广东、福建、河北、河南、安徽等地的民歌，创作过《打砖歌》《摇篮歌》，石灵在《新诗歌》上发表过歌谣体新诗《新谱小放牛》《码头工人歌》《菜花黄》等，温流的《打砖歌》《卖报小孩歌》，柳倩的《雪花飞》，任钧的《车夫曲》等。民间歌谣等情感真挚丰富，形式灵活多变，语言通俗易懂，且易朗朗上口，"识字的人看得

---

① 同人等：《关于新诗歌的一点意见》，载 1933 年 2 月 11 日《新诗歌》创刊号。
② 穆木天：《我们的诗》，见《穆木天诗选》，人民文学出版社 1987 年版，第 123、124 页。
③ 蒲风：《抗战诗歌讲话》，广州诗歌出版社 1938 年版。

懂，不识字的人也听得懂，喜欢听，喜欢唱"①，能够很好地适应诗歌的大众化需要，同时也为新诗的革命化、民族化探索提供了新的路径。

下面重点围绕中国诗歌会的机关刊物《新诗歌》来展开论述。《新诗歌》从 1933 年 2 月创刊到 1934 年 12 月停刊，在不到两年的时间内，出版两卷共 11 期，其中第一卷共 7 期，1—4 期为旬刊，5—6 期为合刊，第 7 期为半月刊；第二卷共 4 期，均为月刊，有 1 期为"歌谣专号"。《新诗歌》中刊登的内容不仅有中国诗歌会成员的诗歌作品，还收录了四川、广东、广西、湖南、云南等地具有革命色彩的民歌。② 另外，还刊登了一些理论探讨的文章，如穆木天的《关于歌谣制作》、任钧的《关于诗的朗读问题》等。从《新诗歌》中，我们可以较为全面地看到中国诗歌会在新诗大众化中的探索和努力。

一　"旧瓶装新酒"：对民间形式的大量借用

为了使诗歌更好地在大众之中传播，蒲风提出了"旧瓶装新酒"的创作方式，利用歌谣、时调这些大众所熟知的曲调来创作诗歌。③中国诗歌会在《新诗歌》中不仅介绍收录了来自四川、陕西、云南等地的民谣小调，还有很多是借用民谣小调的结构形式做的诗。《义勇军打仗景》（何谷天，即周文），根据江南地区流行的民间小调无锡景改编而来，无锡景自民国以来曾被改编为流行歌曲，如《花开等郎来》（周璇演唱）、电影作品《金陵十三钗》中的唱曲《秦淮景》。林木瓜的《新莲花》则是套用了传统曲艺"莲花落"④的表现形式。除

① 蒲风：《抗战诗歌讲话》，广州诗歌出版社 1938 年版。
② 蔡清富：《中国诗歌会及其机关刊物〈新诗歌〉》，《中国现代文学研究丛刊》1980 年第 4 期。
③ 蒲风：《现阶段的诗人任务》，《蒲风选集》，海峡文艺出版社 1985 年版，第 902 页。
④ 莲花落：是一种说唱兼有的传统曲艺艺术，形式多为一人的表演，自说自唱，自打七件子伴奏，是我国北方过去盲人乞讨而唱的民间曲艺。

了对传统民间曲调的借用，还有对民间曲词的借用。《新编十二月花名》（叶流）借用了"十二月花名体"①，《新编十二月花名》②的章节结构与传统"十二月花名体"基本一致，从"正月梅花透雪开"起笔直到篇尾"十二月里腊梅黄"，全篇每句皆为七字，对仗工整。《四季春歌》（铭深）借用四季调以春、夏、秋、冬四季的时序分章叠唱，铭深还将其附上曲谱，使其更加便于传唱。《新十叹》（叶流）借用传统曲词十叹调成篇，以第一叹至第十叹的顺序领起。通常每段四句，每句七字。《坐牢十叹》（刘冰）也正是借用了"十叹调"的形式，在章节的分段上对"十叹调"的借鉴，与叶流的《新十叹》相比更为明显。另一种和"十叹调"在结构形式上有相似的曲词是"五更体"。"五更体"通常以"一更"至"五更"的形式起兴，在《新诗歌》中也有对"五更体"的借用，《国难五更调》（叶流）全诗分五段，每段以"一更"至"五更"起兴，但句式较为自由，每句字数不定。

就如同叶流在《略谈歌谣小调》里提到的，"在'诗歌大众化'这一口号之下，我们来致力于新的歌谣小调的运动是新诗人责无旁贷的一种工作"，因为"社会是不断的进化着，歌谣小调也和其他艺术一例，不能超脱社会现实而停滞在时代车轮的后面"。③蒲风也认为："提倡诗歌的大众化，在诗的体式上应当多样化，可以有大众合唱诗、史诗、剧诗、叙事诗、讽刺诗、故事诗、政治报告诗、未来派诗、散文诗等多种多样的体式。"④于是，中国诗歌会开始尝试创作新的歌谣，在诗歌形式的多样性上也做了其他的探索，比如：大众合唱诗《江村之夜》（穆木天），叙事诗《六月流火》（蒲风）、《中国农村的故事》（田间），讽刺诗集《冷热集》（任钧）。尤其是大众合唱诗，

---

① 十二月花名体：这种曲词通常以"正月"至"十二月"的月序起兴，每段句首皆以"花名"起兴，每段通常四句，每句通常七字。
② 叶流：《新编十二月花名》，原载 1933 年 2 月 21 日《新诗歌》第 1 卷第 2 期。
③ 叶流：《略谈歌谣小调》，原载 1934 年 6 月 1 日《新诗歌》第 2 卷第 1 期《歌谣专号》。
④ 蒲风：《抗战诗歌讲话》，广州诗歌出版社 1938 年版，第 21 页。

它有别于诗歌的歌谣化，是一种全新的诗歌表现形式。传统诗歌一般是通过读者的阅读或者歌唱被大众接受，但是合唱诗则更倾向于通过营造生动的画面感，配合音乐元素的运用，通过给接受者带去多重的审美体验来获得大众的接受。合唱诗这种表现形式就使我们在接受诗歌的时候从单一的阅读歌唱渐渐转向听觉与视觉的多重体验，使生硬地躺在书本上的诗句跃然于读者的眼前变得好似拥有了无限的生命力。无论诗歌想要表现的是寻常小事还是历史风云，融入表演元素进去都会使文本的内容更容易被读者接受。以这样的诗歌创作手法配合合唱诗独特的唱演交织的方式，充分挖掘出诗歌在音乐性上的潜力，不仅使诗歌给大众带去耳目一新的感觉，同时也使诗歌渐渐走出大众化创作中旧瓶装新酒的桎梏，从而开始有所突破。从这一层意义上来看，中国诗歌会在合唱诗创作上的探索使诗歌又向大众迈进了一步。

二　"大众语"：对民间语言的融会与借鉴

中国诗歌会除了在诗歌的结构形式上借用民间话语，对于诗歌的语言特点上也积极地借鉴民间话语，努力使诗歌的语言具有通俗化、口语化，追求诗歌语言的朗读性。《新诗歌》中的大部分诗作都接受了来自民间的方言或者是大众语，浅显易懂，趋于口语。运用大众日常交流的语言来创作诗歌，就如同在和大众交流对话，诗歌对于大众来说不再那么晦涩难懂，反而变得亲切可感，也更容易接受。合唱诗《一面坡》（甘馥）在诗歌开头就点出，这是"一段民众的说白"①，这首诗就文本形式来说，不同于传统诗歌的章节结构，语句间也不讲究对仗，语言多以民众之间的对白为主，没有晦涩难懂的字眼，偏向口语化。合唱诗的语言特点多倾向于朗诵性，要求诗歌具有便于歌唱

---

① 甘馥：《一面坡》，《新诗歌》1934 年第 2 卷第 3 期。

的特点，但也诚如王亚平指出的："大众合唱诗虽然是很需要的，但是我觉得《六士兵》是没成功的。我曾经叫好几人来合唱过，但是不能合唱的地方很多，唱起来也不紧张，听不懂，有许多人物说的就非要和做戏一般的先介绍出来不行。"① 这并不是说王亚平就否定了中国诗歌会在合唱诗创作上的努力，他却认为合唱诗是很有必要的，甚至提出希望："我希望他们以后多刊点这样的诗，并且要比这更进步，能够合唱的。"②

任钧在《动员》中用"狗东西""王八蛋"这样流行于大众之间的俗语来表达一种愤懑的情绪，对于那些对日本帝国主义的侵略采取不抵抗政策的国民党军队的咒骂，让大众读来可谓大快人心，类似"狗东西""王八蛋"这样的词汇和语言比起那些委婉隐晦的暗指可能更加令大众拍手称快。因为任钧表达的正是大众的情感，而表达情感的语言风格和言说方式也正是大众所惯常使用的，这样的诗歌俨然已成了大众的传声筒，而诗人也已成了大众的代言人。再如雷嘉的《小苻生》，全篇都是上海方言，带有浓郁的上海方言特色，诗歌的语言风格更进一步地融入大众，使其在上海及周边的地带有较高的接受度和更广的传播度。但是当诗歌只具有某一区域的地方色彩而不具备更大范围的普适性时，诗歌的地方性色彩又将成为一种限制。这种地方性的限制会使诗歌不能流传到其他地方，也就不能普遍全国。而诗歌要想在大众之间得以传播，光有大众的语言形式还不够，还需要具有听觉上的悦耳性便于大众传诵于口。杨骚的《小歌金陵》简短且富有韵律，既便于朗读也便于记忆背诵。而石灵的《码头工人歌》、铭深的《四季春歌》则直接被拿来谱曲，成为大众口中的一首歌曲，在民众的口头间传唱，这些歌曲流传甚广，发挥着十分出色的宣传作用。

---

① 王亚平：《谈〈新诗歌〉创作专号》，《申报》1934 年 7 月 31 日。
② 王亚平：《谈〈新诗歌〉创作专号》，《申报》1934 年 7 月 31 日。

三　对民间社会的现实呈现和革命改造

《新诗歌》刊登的诗歌几乎全部是根据民间歌谣、时调改编而来的，但内容却无关风俗民情，更没有田园野趣，取而代之的是相互交织的民族矛盾与阶级矛盾。因为在中国诗歌会看来，新诗歌的题材只能是：阶级压迫、大众的悲惨生活、革命和政治斗争、农民和工人的生活、战争的惨状等。①《新诗歌》将创作回归现实主义中，诗歌感情的表达都包含着对民间的关怀。其中一类诗歌是表现生活在民间的底层大众生活遭受压迫的现实情况。《新十叹》（叶流）、《倒屎者的歌》（温流）、《流亡者之歌》（穆木天）、《码头工人歌》（百灵），这些诗歌都表现了工农群众被压迫、被剥削的痛苦以及他们的反抗。《码头工人歌》描写了码头工人昼夜不歇的干活仍然无法饱腹的境况，《新十叹》是叶流为了在正泰橡胶厂惨案里遇难的工人所作，作品中不仅表达了对遇难厂工的哀叹和惋惜，也向劳苦同胞发起了呼吁，号召大家团结起来勇敢斗争。而另一类诗歌主要描写的是人民大众对帝国主义压迫的反抗，代表有《震撼大地的一月间》（柳倩）、《义勇军打仗景》（何谷天）、《国难五更调》（叶流）。这些作品表现了三十年代的中国遭逢的又一场灾难——日本侵略战争。这些诗歌既让我们看到了日本人对待老弱妇孺的残暴，让我们真切地感受到了地主军阀对待劳苦大众的残酷。最终，诗人发出"自己救自己……只要团结紧，人多那怕兽兵凶"② 的呼声，倡导大众加入抗战的队伍。

不难发现，这些诗歌中的主角都是生活在底层的劳动人民，有工人、铁匠、缝妇、挑炭夫，以这类角色成篇的诗歌作品在《新诗歌》中还有很多，而且占有很大篇幅。中国诗歌会选择将视角聚焦于三十

---

① 参见《关于新诗歌的一点意见》，载 1933 年 2 月 11 日《新诗歌》创刊号。
② 何谷天：《义勇军打仗景》，载 1933 年 2 月 11 日《新诗歌》创刊号。

年代的劳苦大众，努力用诗歌去捕捉现实、记录现实，唤起大众直面现实，这与他们在《发刊词》中的创作宗旨是相吻合的。值得一提的是温流，他是一个始终坚持表现现实的诗人，蒲风曾肯定温流的诗作："描写现实，表现现实，歌唱现实，而且尤其重要的是针对现实而愤怒，而诋毁，而诅咒，而鼓荡歌唱，温流是一个已有相当造就的新现实主义者。"①

中国诗歌会一直都在尝试将诗歌拉回现实，使诗歌可以表现现实并且靠近大众的心灵。诗歌会的成员希望诗歌可以唱出大众的痛苦，唱出他们的心声，使他们在熟悉的民谣小调中得到安慰和鼓舞。只有这样，诗歌才能成为一种力量，给苦难的大众多一分勇敢，成为大众积极斗争的内在动力。

虽然诗歌会大多数的诗歌作品都采用取法民间话语的方式进行创作，但早已不再是对民间歌谣、旧调的简单套用，是对民歌旧调"适当涤除其呆滞性"② 的再创造，是重获新生的民间歌谣形式。"歌谣，在它的形式上存在着某种显著的缺点，这是不必掩饰的。例如那种太过单调或太过呆板的印象，是一般熟悉歌谣（特别是现代我国的歌谣）的人所容易感到的。"③

我们试着从新旧"小放牛"④ 的对比来看看中国诗歌会旧调新创在诗歌创作中的体现。传统民歌"小放牛"中有一段是这样唱的："什么鸟儿穿青又穿白？什么鸟儿身披着豆绿色？什么鸟儿催人把田种？什么鸟儿雌雄就不分开那个咿呀咳？喜鹊穿青又穿白，金鹦哥身披着绿豆色，布谷鸟催人把田种，鸳鸯鸟雌雄不分开那咿呀咳。"而

① 蒲风：《温流的诗》，见《蒲风选集》，海峡文艺出版社 1985 年版，第 887 页。
② 蒲风：《目前的诗歌大众化诸问题》，见《蒲风选集》，海峡文艺出版社 1985 年版，第 931 页。
③ 钟敬文：《诗和歌谣》，见《钟敬文文集》（诗学及文艺论卷），安徽教育出版社 2002 年版，第 127 页。
④ 小放牛：是流行于河北民间的歌舞小戏，主要形式是一段载歌载舞的男女对唱。音调明快流畅，富于表情，也指流行于河北省的同名民歌。

奇玉在《新谱小放牛》①中对"小放牛"就进行了革命化的改造，给我们带来全新的感受："什么人天上笑嘻嘻？什么人地下苦凄凄？什么人种稻没得米？什么人养蚕没得衣？大军阀天上笑嘻嘻。小百姓地下苦凄凄，庄稼汉种稻没得米。"虽然，采用的还是传统"小放牛"男女问答的方式，但去掉了传统"小放牛"开头的叙事部分，缩短了篇幅之后的《新谱小放牛》直接以男女对答的方式起笔，改变了民歌舒缓的节奏，开门见山，给读者带来了情感的强烈冲击，增强了鼓动力量，使其变得更为刚健。

　　1934年12月《新诗歌》停刊，中国诗歌会的成员也散落各地，但是他们并没有停止诗歌创作，而在各地继续诗歌"大众化"的实践。河北分会的负责人王亚平、袁勃在青岛创办了《诗歌季刊》，蒲风于1936年回国后与王亚平、袁勃在青岛创办了《青岛诗歌》。而广州地区则主要由温流负责，他发起创办了《诗场》和《广州诗坛》。这些诗歌刊物都继承了中国诗歌会的创刊宗旨，默默地在诗歌"大众化"的道路上继续前行。而大量比较有质量的诗歌也是在这一时期涌现，这一时期出版了蒲风的《茫茫夜》、温流的《我们的堡》、王亚平的《都市的冬》。随着"国防文学"口号的提出，中国诗歌会的成员也积极响应，再次用自己的实际行动积极投身革命的洪流中。中国诗歌会的队伍毅然举起"国防诗歌"的大旗，他们所提出的国防诗歌理论也是中国诗歌会所提倡的现实主义诗论的发展、深化与提高。继续坚守现实主义阵地，相继推出"国防诗歌丛书"，里面收录了《流亡者之歌》（穆木天）、《战歌》（任钧）、《乡曲》（杨骚）、《自己底歌》（柳倩）等优秀的诗篇。而转型之后的穆木天也没有放弃诗歌的"大众化"努力，在中国诗歌会解散后和蒋锡金创办了诗歌刊物《时调》和《五月》，推动了武汉地区通俗诗歌和朗诵诗的创作热潮。

_____

　　①　奇玉：《新谱小放牛》，载《新诗歌》1933年第1卷第2期。

第二节　苏区——延安早期诗歌的大众化实践

苏区和延安早期诗歌的"大众化"运动也是中国三十年代诗歌"大众化"的重要组成部分。苏区和延安早期对于诗歌"大众化"的倡导有着一脉相承的关系。二万五千里长征之后，红色政权由中央苏区转移到延安，延安早期的文艺"大众化"运动由此开始。延安早期诗歌继续坚持苏区"大众化"的创作路线，为适应抗战的需要，增加了抗战的内容和主题，也对诗歌"大众化"提出了更高的要求。

一　苏区诗歌的"大众化"实践

苏区的诗歌"大众化"运动与中国诗歌会有所不同，中国诗歌会是在一批知识分子如穆木天、蒲风、任钧等的倡导和带领下取法民间走诗歌大众化的道路。在这个过程中，他们将接受对象锁定在中国最广大的工农群众身上。但是苏区的文艺工作者，却不再仅仅是诗歌"大众化"的传播者，他们也在诗歌"大众化"的过程中被改造，由诗歌"大众化"的倡导者渐渐转化为参与者。这并不意味着他们被边缘化，而是在这个过程中，他们发现了自己在诗歌"大众化"的探索和创作中有了更大的空间，而他们对诗歌的诗意追求也在悄然蜕变。

随着红色革命根据地的创立，苏区文艺运动也蓬勃发展起来，在根据地中流传最广、运用最多的还要数革命歌谣。在这里到处都传唱着山歌、民谣，或者是人民群众所熟悉的传统曲调，比如十二月调、牧羊调。这些歌谣向我们展现了苏区人民的精神风貌，赞颂了红色政权。也正是因为选择了歌谣这种被军民所喜闻乐见的表现形式，诗歌才得以在红色大地上迅速传播，成为联系军民感情，传递革命热情的重要载体。丁玲曾这样谈及苏区的文艺："到现在还没有产生过如同阿 Q 那样艺术成熟的作品，就是像《子夜》，《八月的乡村》……有着丰富新鲜，大场面的描写也找不出。然而却自有他的特点，如同苏区的戏剧运动一样，就是大众化、普遍化，深入群众，虽不高深，却为大众所喜。"①

苏区的歌谣自成体系，当时除了一部分文艺工作者，也有共产党以及领导人直接指导或者参与过创作。瞿秋白、洛甫等就曾给予苏区歌谣一些理论上的指导，对苏区文艺大众化的理论和实践都有着重要意义。瞿秋白认为文艺大众化的第一步应该是解决语言的问题，应采用旧式语言，使语言口语化，同时也要取法民间的一些艺术元素，如旧式的歌曲小调这些形式来提高大众的接受程度。对于诗歌中一味地追求形式主义的艺术倾向，也给予了批评："有一些同志，保持着文学上贵族主义的偏见，表示轻视大众爱唱的歌谣。我们要说：……我们需要运用一切旧的技巧，那些为大众所能通晓的一切技巧，作我们的阶级斗争武器，它的形式是旧的，它的内容却是革命的，但这并不妨碍它成为伟大的艺术。"② 在古田会议上，毛泽东亲自起草决议，希望各政治部负责征集并编制表现各种群众情绪的革命歌词，充实军政治部宣传科的艺术股，以大队为单位在士兵会内设立娱乐部等。苏区领导人充分肯定了民间艺术的社会性功用，特别是革命歌谣等在激烈的武装斗争和政治斗争中的实际功用。③

苏区红色歌谣在革命根据地上创造了"红色歌谣万万千，一人唱过万人传"的盛况。中央苏区的地域范围以瑞金为中心包括了赣南、闽西等周边的县城，当地的客家文化成为孕育红色歌谣的丰富土壤，红色歌谣有一大部分是来自客家山歌。客家山歌是世世代代的客家人

---

① 丁玲：《文艺在苏区》，载 1937 年 5 月 11 日《解放（周刊）》第 1 卷第 3 期。

② 《青年实话》编辑部，《〈革命歌谣选集〉编完以后》（1934 年 1 月 6 日），见汪木兰、邓家琪编《苏区文艺运动资料》，上海文艺出版社 1985 年版，第 223 页。

③ 许怀中：《中国解放区文学史》，海峡文艺出版社 1994 年版，第 2 页。

在长期的劳作过程中集体创作出来的一种民间歌谣。它记载着客家人的生活方式，传承着客家人的精神与情思。当时代的主题与客家山歌相融合，客家山歌便成了苏区革命文艺的重要源泉和主要载体，创造了"一团山歌一团火，唱得满山烈火烧"①的场面。传统的客家山歌原本表达的多是客家人民生活的艰难境况，以及心中的无奈和哀怨。但是当客家山歌与革命的主题发生碰撞，便顿时变得热情洋溢，活泼奔放。客家山歌里曾经有一首表现忠贞爱情的山歌："打铁唔怕火星烧，连妹唔怕杀人刀，斩了头来还有颈，折了颈来还有腰，就是全身都斩碎，还有鬼魂同妹聊。"②在革命时代，这首山歌在主题上却有了全新的改变："打铁唔怕火星烧，连妹唔怕杀人刀，斩了头来还有颈，折了颈来还有腰，就是全身都斩碎，变鬼还要把仇报。"不再只是述说生活困苦，而是洋溢着革命的热情。客家山歌还具有灵活多变的曲调和形式，给革命山歌的创作提供了多样的范式。除此之外，还有采用"十劝"改编的《十送夫当红军》《十劝亲郎革命歌》，以及民歌中比较常见的"十二月"歌的曲调《十二月革命歌》《十二月同志歌》等。除了对原有的传统客家民歌进行部分的改编以外，苏区人民以及文艺工作者也创作了不少全新的红色歌谣，虽然没有再去刻意模仿山歌原有的曲调，但是在歌谣的风格、形式、节奏、音韵方面还可以明显感觉到客家山歌的影子。

除了客家山歌，散布在全国各个苏区的歌谣还有来自江西、四川等地的民歌。这些歌谣的主题鲜明，语言颇具地方色彩。流传于江西省兴国县的山歌《年关穷人苦债歌》就很巧妙地采用了《十杯酒》的曲调形式，表现了年关将近债主逼债的过程。整首山歌运用平铺直叙

---

① 周晓平：《论苏区红色歌谣与客家妇女的革命斗争生活——兼论苏区红色歌谣与客家山歌之改编》，《农业考古》2009 年第 3 期。

② 赣南地区民歌编选小组编：《赣南民歌集成》，安远超美人民公社出版社（油印本）1959 年版。

的手法，将债主登门逼债这一穷苦人民经常遭遇到的情景描述的详尽质朴。为了讨好债主，夫妻两个小心伺候，杀鸡敬酒，端茶夹菜，将债主像侍奉双亲一般，只是为了换来延缓还债期限。山歌将债主开始大吃大喝时的"笑盈盈"到变脸后的咆哮和呵斥，将其飞扬跋扈的神态表现得细致入微，刻画得活灵活现。最后他们唯有从革命中"找出路"，喝下这"十杯酒"，一起去"革命"！这首歌谣从开始一直到结尾，没有生僻的字眼，也没有华丽的词汇，有的只是略带着乡土气息的大白话，很自然地揭示了存在于这个底层社会的贫富悬殊情况，唤醒了民众内心阶级意识的觉悟。

而有些歌谣不似这般委婉曲折而是直接表达出对民众的号召，号召他们走向革命道路。四川歌谣《上山造反等贺龙》（"这个世道太不公，／富的富来穷的穷；／穷的越穷富越富。／穷得老子喝西北风。／／双手中出粮万担，／夜晚还睡草窝棚；／锄头丢了田地在，／上山造反等贺龙。"）将穷富悬殊直截了当地揭示了出来，将穷人心中的不平与愤懑痛快淋漓地表现了出来，从而让穷苦人民意识到革命的必要性。带有口语化的语言表述，不加任何修饰的肆意抒发，即便像"老子"这样我们平时看来显得有些粗陋的词语，在这首传颂于农民群众口头的歌谣之中也显得洒脱自然，或许这就是民间话语的魅力，当其活跃于大众的口头之间，才最能显示其别样的活力与特色。

这些苏区的革命歌谣，"创设了苏维埃的人们，和那些从土地革命生长了出来的人们，具着新生的明朗的气氛，在各种工作方面显示了独特明快的作风。在文艺上也呈现出活泼、轻快、雄壮的优点"。[①]苏区歌谣之所以可以这般声势浩大，遍地开花，除了吸收了民间话语的优点来传递革命热情，加强军民，以及大众与文学的关系以外，还有一个原因就是全民参与。苏区歌谣的创作是群众性的文学运动，它

---

① 丁玲：《文艺在苏区》，载 1937 年 5 月 11 日《解放周刊》第 1 卷第 3 期。见汪木兰、邓家琪编《苏区文艺运动资料》，上海文艺出版社 1985 年版，第 152—153 页。

的创作与发展是全民参与的结果，无论是当时的革命领导人还是参与文艺工作的知识分子，还是生活在最底层的劳苦民众都参与了红色歌谣的创作和传播。正是因为采用的是民间所熟知的曲调，运用的也是最质朴的地道民间语，这使作诗不再只是文人的特权，诗歌不仅走近了民众，也开始更充分地融入了民间。

二　延安早期诗歌的"大众化"实践

1935 年 10 月，从中央苏区战略转移的红军经过二万五千里长征，辗转大半个中国最后到达陕北，得到暂时的调养生息后，以延安为根据地开始扎下根来，将革命的火种播散在贫瘠的黄土高原，重新焕发出勃勃生机。1937 年抗日战争全面爆发后，以 1938 年 3 月全国文艺界抗敌协会成立为标志的文艺界抗日民族统一战线已经形成，"文协"所提出的文艺"大众化"路线得到了中国共产党所领导的延安边区的积极响应。《新华日报》在庆祝"文协"成立时就明确指出："文艺的大众化，应该是全国文艺界抗敌协会的最主要的任务"，并积极"发动文艺家到战场上去，到游击队中去，到伤兵医院去，到难民收容所去，到一切内地城市乡村去……"① 作家纷纷响应文协的"文章下乡，文章入伍"的大众化倡议，来到战争前线，奔赴革命圣地延安，深入广大的农村社会。当时间和空间发生转换，他们真实感受到了战争的巨大创伤，深切体验到中国底层社会的现实沉重。他们决心要用诗歌去动员抗战，用诗歌去书写现实，这是时代赋予诗人的使命。"凡是有战斗的角落，凡居住着不愿做奴隶的人们的地方都有诗，凡有青年人的地方，凡有油印机的地方，凡有纸笔的地方，也都有诗。"② 其中，"街头

---

① 《全国文艺界抗敌协会成立大会》（社论），载 1938 年 3 月 27 日《新华日报》。
② 章绍嗣、章倩砺：《血火中的文化脊梁　抗战作家在武汉》，湖北人民出版社 2014 年版，第 103—104 页。

诗、朗诵诗、仿民歌创作的诗歌和革命诗歌，都是这一时期诗歌的主要形式特征"。[①] 这些短小精悍、自由活泼的民间广场诗歌大量涌现，受到了广大民众的热烈欢迎。

　　1937 年 11 月，柯仲平来到延安，受到毛泽东的亲切接见，并被安排负责边区文协的工作。1938 年初，旨在推动诗歌朗诵与普及的文学社团"战歌社"在延安成立，由柯仲平担任社长。战歌社是延安成立比较早的一个诗歌结社组织，在延安早期颇有影响，活动频繁，差不多每个星期都有集会，与会者一是念念诗，交流诗歌创作，二是谈谈诗，座谈诗歌的内容与形式。在陕甘宁，战歌社给当时文坛增添了很多生气，当时，在许多地方和单位也都组织了好多战歌分社或小组，分社的主要活动是出版大型诗歌墙报以及油印诗传单，到处张贴，扩大宣传效果。当时柯仲平朗诵了自己创作的诗歌《边区自卫军》，给人们留下了很深的印象。1938 年夏，田间从前方回到延安，组织诗歌朗诵队，深入前线，极大地鼓舞了士气，积极推动了延安早期的文艺大众化运动。

　　1938 年 8 月 7 日，为进一步推动延安诗歌的大众化，诗人柯仲平、田间、邵子南、高敏夫、史轮等以边区"战歌社"和西北战地服务团"战地社"的名义，发起了延安的"街头诗"运动。他们号召诗人们"不要让乡村的一堵墙，路旁的一片岩石，白白的空着，也不要让群众会上的空气呆板沉寂"，其目的"就是使诗歌走到真正的大众化道路上去"，"使诗歌服务抗战，创造新大众诗歌的一条大道！"他们以一首很受大众欢迎的无名氏短诗"高山有好木，平地有好花，人家有好女，无钱莫想她"为例，认为这首民间风格的诗"是尽情尽理的，深刻而明朗的，浅显而又含蓄的。它用了大众自己的语言，而又有大众的韵律，……合于大众口味的"。鼓励诗人采用民间的样式，融入大众的普通生活，激发大众的民族情感，鼓励大众参与到战斗中来，"写吧——

―――――――――――

　　① 刘金冬：《解放区前期诗歌研究（1936—1942）》，中国社会科学出版社 2014 年版，第67 页。

抗战的、民族的、大众的！唱吧——抗战的、民族的、大众的！"①

倡导者们认为"提倡街头诗（墙头诗），就是要把诗歌贴到街头上，写到街头上，给大众看，给大众读，引起大众对诗歌的爱好，使大众也来写诗"。② 主张利用民间大地的每一个空间来宣传抗战。于是，在陕北、晋西北一带，街头、石崖、墙壁上开始大量出现这样的诗歌："同胞们！鼓起精神，／奔赴前线，／杀敌复仇，／完成我们的使命。"（抄自清涧县街头上）；"汹涌的奔流呀！你是象征着先遣军的前进吗？"（抄自神木到哈拉寨山沟石崖上）；"八路军真正好，／既会打仗又耐劳，／不打百姓不扰民，／大家快快来仿效"（抄自山西桥头镇墙壁上）。街头诗歌运动随即在陕北及各根据地展开。据杨朔描述，在陕甘宁边区、晋察冀根据地，"到处可以看到街头诗，这些诗采取短小的形式，运用民谣的韵律，使用活生生的民间语言，描写斗争、反扫荡、民主政治、志愿义务兵，以及一切和战争相连接的斗争生活"。③

这些街头诗"因为比较接近民谣，而形式上比民谣更自由，它接近新诗，但比新诗更简短，明确，更容易为群众所接受"。④ 其中，影响最大的是诗人田间的街头诗创作。"假使我们不去打仗，／敌人用刺刀／杀死了我们，／还要用手指着我们的骨头说：／'看，这是奴隶！'"（《假使我们不去打仗》）"在长白一带的地方，／中国的高粱，／正在血里生长。／大风沙里／一个义勇军／骑马走过他的家乡，／他归来：／敌人的头，／挂在铁枪上！"简短的语言，明快的节奏，激越的情怀，很快震动整个诗坛。这些"简短而坚定的句子，就是一声声的'鼓点'"，"它只是一片沉着的鼓声，鼓舞你爱，鼓舞你恨，鼓舞你活着，用最

---

① 边区文协战歌社、西北战地服务团战地社：《街头诗歌运动宣言》（1938 年 8 月 7 日），载 1938 年 8 月 10 日《新中华报》。
② 林山：《关于街头诗运动》，载 1938 年 8 月 15 日《新中华报》。
③ 杨朔：《敌后文化运动简报》，载 1942 年 11 月 25 日《解放日报》。
④ 夏川：《开展街头诗运动》，载 1947 年 6 月 1 日《平原文艺》第 6 期。

高限度的热与力活着，在这大地上"。①

在延安，类似于"街头诗"这样的群众性文艺运动还很多，如秧歌运动、群众戏剧运动、群众写作运动，当然还有诗歌朗诵活动。虽然，在延安，诗歌朗诵比不上抗战初期的武汉，但柯仲平、光未然的朗诵诗影响还是很深远的。当时柯仲平朗诵了自己创作的诗歌《边区自卫军》，给人们留下了很深的印象："听了柯仲平的朗诵后，使我们感到深挚的悲痛，那使我们狂奋，恨不能踏着柯仲平先生的歌声，加强了我们的步伐，向着我们的民族的敌人，日本帝国主义，杀向前去。"② 1940 年，萧三、柯仲平成立"新诗歌会"，先后举行多次诗歌朗诵会、讨论会和纪念屈原、马雅可夫斯基的集会，推动朗诵诗运动和新诗创作活动。柯仲平写了大量的朗诵诗，如《杀贼去》《自卫战争进行曲》《保卫毛主席》《诉苦清算歌》《英雄且退张家口》《胜利的秧歌》《拔掉敌人最后一根》《贺龙远道会战友》等。在他的朗诵诗中，总是能够鼓舞大众的情感与让群众感同身受，在每次朗诵的时候都能激起群众的情感。除了柯仲平的朗诵诗之外，光未然的朗诵诗歌创作影响也很大。1939 年在晋西吕梁游击区行军中不慎坠马左臂骨折的光未然，躺在担架上被送往延安治疗，渡黄河时见到壶口激流落入悬崖深渊的壮美景观，创作了《黄河大合唱》"风在吼。/马在叫。/黄河在咆哮，/黄河在咆哮。/河西山岗万丈高，/河东河北/高粱熟了。/万山丛中/抗日英雄真不少！/青纱帐里，/游击健儿逞英豪！/端起了土枪洋枪，/挥动着大刀长矛，/保卫家乡！/保卫黄河！/保卫华北！/保卫全中国！"豪迈激情的语言以及排比的句式增强了作者情感的抒发，同时也使听众的情感被激起。此外，光未然还有《生产大合唱》和《八路军进行曲》（改名《中国人民解放军进行曲》），后者词曰："向前　向前　向前！/我们的队伍向太阳。/脚踏着祖国的大

---

① 闻一多：《时代的鼓手——读田间的诗》，载 1943 年 11 月 13 日《生活导报周年纪念文集》。

② 穆木天：《诗歌朗读和高兰先生的两首尝试》，载 1937 年 10 月 23 日《大公报》（汉口）。

地，/背负着民族的希望，/我们是一支不可战胜的力量"，语言简短，但是极具歌颂性与鼓动性。

抗战初期的延安诗人都以极大的热情投入抗战宣传中，"为了让诗歌能够更好地成为动员群众、组织群众进行抗战的有效手段，他们积极地学习民间形式，以期诗歌能够成为老百姓看得懂、听得懂、切实地为抗战服务的有力武器"。① 延安诗人师田手的《汪精卫的中央》（"卖身的婆娘，也要坐中央。他的中央，在日本军阀的刀尖上。见大将，拜天皇，赚得一个奴才王……"）就是这样的典型诗作。师田手是来自东北作家群的诗人，深受民间"三句半"的影响，将"三句半"这种来自民间的话语形式与新诗的创作结合起来，使诗歌增添了别样的韵味，使民众在接受诗歌的过程中有了更好的体验。诗的最后一节，作者仅仅改动了"刀尖上"为"炮膛"，使诗歌第一节和最后一节形成了相互照应，诗句的重复形成了回环往复的效果，颇有民歌的韵味。除了诗歌在语言形式上的表现倾向于民间化以外，"卖身的婆娘"这种对汪精卫的比喻，也从道德意识层面倾向于用"民间"话语来表现。

为了更好达到"大众化"的目的，延安诗人在创作实践中着力将知识分子惯用的精英语言转化为老百姓听得懂、看得懂的语言，大规模地借鉴和利用民间诗歌形式，使延安早期的诗歌呈现出"诗风由晦涩难解普遍地转向浅显易懂，伴随着语言上的口语化和形式上的散文化，从总体上看呈现了一种明显的向乡村、向民间、向口语的走势"。②

总体上来看，延安文艺可以看作对左翼和苏区文艺的继承和发展。早期延安对诗歌"大众化"的理论探索和具体的创作实践，几乎吸引

---

① 刘金冬：《解放区前期诗歌研究（1936—1942）》，中国社会科学出版社2014年版，第67页。

② 刘金冬：《解放区前期诗歌研究（1936—1942）》，中国社会科学出版社2014年版，第60页。

了延安所有的诗人参与其中，而民间话语始终是他们实现诗歌"大众化"的最佳选择。因为延安文学"大众化"的对象是农民大众，"欧化""古典"的诗歌是无法深入工农群众中的。当时代需要找到一种语言能够联系起大众，使大众可以自觉地为抗战服务，民间话语就很好地发挥了自己的优势，渐渐拉近大众与文学的距离。但街头诗和朗诵诗毕竟是特殊时代的产物，这种短小精悍的诗歌碎片、手耳相传的形式，容易兴起也容易衰落，容易散发传播但同时也难以整合规范，流传保存下来的不多，能成为精品的更少，其思想性、文学性、审美性都不高。延安诗歌要突破这样的瓶颈，就必须作更深入的理论探讨和更有意义的创作实践。

第六章 民间话语与延安——大后方诗歌的现实政治诉求

1940 年代，在新的民族国家想象和毛泽东延安文艺思想的指引下，文艺界展开了关于"民族形式"问题的大讨论。延安及解放区的"民歌体"、国统区的"讽刺体"新诗，以"民间"为躯壳，创造性地实现了中国新诗的"民族化""本土化"转换。但中国新诗在接受本土化改造和政治性规训的同时，也渐次丢失了"民间"话语的某些精髓。

随着抗日战争进入战略相持阶段以后，关于民族国家的政治文化思考、关于文艺形式的民族创新等问题的理论探讨日渐走向深入，抗战文艺从最初的宣传鼓动走向自觉的理论探讨、深刻的文化反思和现实"向下"的创作实践，延安和大后方的诗歌在民间话语和政治话语的共同作用下，经过短暂的沉寂、改造和阵痛后，呈现出全新的面貌。

第一节 民间话语与"民族形式"问题的讨论

1938 年 10 月，毛泽东在《中国共产党在民族战争中的地位》一文中提出了"民族形式"问题，他指出："洋八股必须废止，空洞抽象的调头必须少唱，教条主义必须休息，而代之以新鲜活泼的、为中国老百姓所喜闻乐见的中国作风和中国气派"，"'把国际主义的内容和民族形式'紧密地结合起来"。① 文艺家们很快将视角聚集到有关"民族形式"的讨论中来了。1940 年 1 月，毛泽东在《新民主主义论》中指出："中国文化应有自己的形式，这就是民族形式。民族的形式，新民主主义的内容——这就是我们今天的新文化。"② 这个观点在文艺界产生了巨大的反响。1939 年、1940 年间，在解放区和国统区同时展开了对其的讨论。有关"民族形式"的讨论，可以将其分三个层面来分析：

一、民族形式的来源。对于民族形式的来源是哪里？诸多理论家提出了自己的看法。萧三在其《论诗歌的民族形式》中强调"诗歌的民族形式包括两方面"，"一是中国几千年来文化里许多珍贵的遗产，楚辞、诗、词、歌、赋、唐诗、元曲……二是广大民间所流行的民歌、山歌、歌谣、小调、弹词、大鼓词、戏曲……我们要采取异常严肃的态度去研究民间形式的诗歌，去向它们学习"。③ 萧三认为诗歌的民族形式来源于古代文学遗产以及民间通俗的文学形式。力扬也在《关于诗的民族形式》中说道："我认为我们的'民族形式'是：继承中国文学里优良的传统——尤其是'五四'以后各阶段新文学运动的正确路向，同时吸取民间文学的适合于现代的因素，但决不是因袭，而需要接受世界文学的进步成分，当然不是模拟，而是向前发展着的更进步的更高的形式。"④ 力扬的观点其实跟萧三的总体上一样，但又有些不同，他注意到民间形式的一些缺点，正如茅盾在《旧形式、民间形式与民族形式》中所说："大体上民间形式只是封建社会所产生的落

---

① 毛泽东：《中国共产党在民族战争中的地位》，见《毛泽东选集》（第 2 卷），人民出版社 1991 年版。
② 毛泽东：《新民主主义论》，见《毛泽东选集》（第 2 卷），人民出版社 1991 年版。
③ 萧三：《论诗歌的民族形式》，载 1939 年 6 月 25 日《文艺突击》第 1 卷第 2 期。
④ 力扬：《关于诗的民族形式》，载 1940 年 3 月 15 日《文学月报》第 1 卷第 3 期。

后的文艺形式。"① 正因为民间形式本身在内容或者某些方面具有自己落后的体现，所以力扬提出诗歌的民族形式要吸取民间文艺中的进步与具有现代性的成分来为诗歌所利用。黄药眠指出："肖三兄认为'发展诗歌之民族形式应根据两个泉源'，……我觉得在这里应该有一个补充，那就是应该把'五四'运动以来诗歌的收获，以及世界文学所给予我们的丰富遗产放在民族形式的泉源里面去。"② 黄药眠认为诗歌的民族形式在萧三强调的两点之外，肯定了五四以来的进步诗歌形式。何其芳也认为："我才知道民族形式还是一种尚待建立的更中国化的文学形式，它需要承继着旧文学里的优良传统，吸收着欧洲文学里的进步成分，而尤其重要的是利用大众所能了解，接受和欣赏的民间形式。"③ 在讨论"民族形式"的过程中，大多数都强调利用旧形式（民间形式），以及吸收外来影响，进而发展成具有民族特性、民族风格，为中国老百姓所喜闻乐见的民族形式。铁夫说道："民族形式的诗歌应该根据这两个泉源发展：第一是我们几千年来的文化领域里珍贵的遗产：如离骚，元曲，赋，比，兴，唐诗，国风……第二是广大民间所流行的山歌，民谣，小调，弹词，大鼓词，戏曲……这一切都是我们的先生，我们应该向他们去努力学习，刻苦学习！……民间的歌谣，小调……它有着最丰富的历史根源，它有普通和广大的势力。……至于西洋作品，我认为应该尽量批判的接受，最主要的是通过'民族的形式'，使其成为我们民族的风格，气派的形成！"④ 诸多理论家都认为诗歌的民族形式存在于民间之中，他们认同的民族形式主要是来源于民间的形式。

二、民族形式应向民间形式学习。在整体上肯定了文艺的民族形式就是来源于民间形式之后，在落实具体的创作上时，文艺家们更加

---

① 茅盾：《旧形式·民间形式·与民族形式》，载 1940 年 9 月 25 日《中国文化》第 2 卷第 1 期。

② 黄药眠：《诗歌民族形式问题之我见》，载 1940 年 1 月 5—6 日《救亡日报》。

③ 何其芳：《论文学上的民族形式》，载 1939 年 11 月 16 日《文艺战线》第 1 卷第 5 期。

④ 铁夫：《谈谈诗歌的民族形式》，载 1940 年 3 月 25 日《黄河》第 1 卷第 2 期。

强调文艺创作要向民间学习，作品要表现大众的生活与精神。黄药眠认为："我们今天应该着重于能表现今天中国人民生活，和表现今天中国人民的要求的那些山歌，歌谣，而不应该过分重视那些只能表现过去的人民生活的那些诗，词，歌，赋。"[①] 他强调用诗歌表现现在人民的生活。胡风也指出："利用旧形式的问题。在诗歌方面有民歌、童谣。对于民间的诗形式的文艺，应尽量来研究，它的大众化的语言和活泼的形式，来补救诗人语言的不够，来挽救诗的贫乏，对于民歌和童谣，诗作者应能批判地加以改造，吸收到我们的形式里来，因为要真正的充分的表现我们所要表达的现代的复杂生活，则不可能，非改造提高不可。"[②] 主要强调的是对民间歌谣批判地继承与运用。"民间的歌谣、小调……是有丰富的历史根源的。在纵的方面，它们也是一种宝贵的遗产，在横的方面，它们有着很普遍和广大的势力。因此我们绝不能一听到'民间的'这个名词，便存在一种轻视的心思。……我们要采取异常严肃的态度去研究民间形式的诗歌，去向它们学习。"[③] 向林冰更是直接地同意了这个观点："民间形式的批判的运用，是创造民族形式的起点；而民族形式的完成，则是运用民间形式的归宿。换言之，现实主义者应该在民间形式中发现民族形式的中心源泉。"[④] 柯仲平在《谈"中国气派"》中说道："最浓厚的中国气派，正被保留、发展在中国多数百姓中…你必须想法使用（并且是创造）中国气派。我敢保证，你用中国气派，决不会叫你因此浅薄起来。"[⑤] 郭沫若认为"五四"新文艺的缺点就是"未能切实的把握时代精神，反映现实生活"，"用意遣词的过求欧化"，要祛除这一缺点，就要求作家"投入大众的当中，亲历大众的生活，学习大众的语言，体验大众的要求，

---

① 黄药眠：《诗歌民族形式问题之我见》，载 1940 年 1 月 5—6 日《救亡日报》。
② 胡风：《略观抗战以来的诗》，载 1939 年 1 月 28 日《抗战文艺》第 3 卷第 7 期。
③ 萧三：《论诗歌的民族形式》，载 1939 年 6 月 25 日《文艺突击》第 1 卷第 2 期。
④ 向林冰：《论"民族形式"的中心源泉》，载 1940 年 3 月《大公报》。
⑤ 柯仲平：《谈"中国气派"》，载 1939 年 2 月 7 日《新中华报》（延安）。

表现大众的使命"。① 诸多理论家认为新诗的创作从民间形式中去学习，是新诗的一个重要来源与创作的依据。还有老舍、铁夫、力扬、长虹、魏伯等都认为诗歌创作应该从民间中汲取营养。

　　三、如何运用民间形式的问题。很多人的论述提到在内容上应该使用民间的时调。冯雪峰在《民族性与民族形式》中说道："在我们这里，所提出的民族形式，是我们民族革命的内容所要求，是为了表现这种战斗的内容而在觅求着这种形式；这种形式是战斗的，必须是新创的，是为了民族文化的最终目的——世界文化的建立的；它决不是一种当作被扬弃的过程着的民族形式。"② 强调语言的大众化。在讨论抗战诗歌的大众化与民族本位的关系时，它们的关系是统一的关系……如果我们所做的诗，用的不是大众的语言，那么，无论内容怎样好，也不会被"老百姓所喜闻乐见的"，而民族形式，恐怕也无从完成。③ 何其芳在《论文学上的民族形式》中说道：实现大众化的两个条件："首先要识字；其次还要相当的欣赏能力。大众化会不会降低已经达到的艺术水准这个问题应该辩证地理解，辩证地答复"④（文艺与大众欣赏能力一致，不会降低；文艺降低水准去适应欣赏能力低下的大众，则会降低）。

　　有关民族形式的讨论是抗战时期持续时间最长的一次大讨论。学者们对于什么是诗歌的民族形式，文艺民族形式的来源以及如何应用民间形式等问题，都作了讨论。总体上说，这次讨论针对的是五四到抗战以来的文艺成果，体现了中西（旧形式与欧化）、传统与现代（民间形式与五四新文艺）间的矛盾冲突。不同于五四以及20、30年代时期，40年代的特殊时代背景，政治上要求当时的文艺表现人民大

---

① 郭沫若：《"民族形式"商兑》，载1940年6月9—10日《大公报》（重庆）。
② 冯雪峰：《民族性与民族形式》，见《过来的时代》，新知书店1946年7月版。
③ 力扬：《关于诗的民族形式》，载1940年3月15日《文学月报》第1卷第3期。
④ 何其芳：《论文学上的民族形式》，载1939年11月16日《文艺战线》第1卷第5期。

众的生活以及诗歌起到政治的鼓动宣传作用。"民族形式"的讨论将四十年代的诗歌进行了一次理论的提升。

第二节　民间话语与延安诗歌的改造与规训

1942年5月2—23日，文艺工作座谈会在延安召开，毛泽东在会上发表了重要讲话（以下简称《讲话》）。在谈到"如何为群众"时，毛泽东指出这不是一般写作形式、方法上的问题，而主要是作家、艺术家的政治立场如何转变、思想感情等如何朝工农兵方向靠拢的问题。他号召："中国的革命的文学家艺术家，有出息的文学家艺术家，必须到群众中去，必须长期地无条件地全心全意地到工农兵群众中去、到火热的斗争中去、到唯一的最广大最丰富的源泉中去，观察、体验、分析、研究一切群众，一切生动的生活形式和斗争形式、一切文学和艺术的原始材料，然后才可能进入创作过程。"①《讲话》在延安和后来的解放区产生了深远的影响，有力地指导着延安和解放区文学的发展。为了落实《讲话》精神，广大诗歌作者深入群众，诗风发生了新的变化，大批文艺工作者行动上开始走向民间，诗歌创作上开始向民间文艺学习，还掀起了一场大规模的民歌采风运动。如曾经写出《给战斗者》的田间，丢掉了他那豪迈遒劲、斗志昂扬的诗风，毅然走向民间，在晋察冀地区收集了民歌，编选了《民歌杂抄》；著名诗人艾青，40年代，他的创作风格起了很大的变化，交识了一些劳动人民里的英雄人物，开始学习采用民歌体诗，后来编成了一部四百多首的《陕北民歌选》；"民歌体"诗人李季在陕北三边地区待了六七年，广泛搜罗民歌，编成了一部收集有两千多首民歌的《顺天游》，使自己的诗歌创作从这些萌芽状态的文艺中汲取营养，创作了民歌体诗歌的

---

① 毛泽东：《在延安文艺座谈会上的讲话》，见《毛泽东论文艺》，人民文学出版社1983年版，第58页。

代表作《王贵与李香香》；严辰也在各地收集了一千多首民歌，编成了《信天游选》，在创作界兴起了一股创作民歌体诗歌的浪潮。这些来自民间的诗歌抒发了人民之情，形式自由奔放，情感大胆恣肆。"民间"话语，便以"民歌"的形式走进了诸多作家的作品中，成为当时反映政治思想的主要载体。至此，"民间"资源已成为发展新诗的重要资源，诗的"歌谣化""民间化""大众化"成为新诗发展的主要方向。

一 "信天游"与李季的《王贵与李香香》

李季小时候很喜欢民间的章回体小说和民间故事，由于记性较好，能把很多听到过的故事讲出来。同时，对家乡南阳一带的梆子、坠子、曲子戏、说唱鼓词、曲子词、民间音乐等十分感兴趣。抗战前后，长期在陕北三边地区生活和工作，使李季对陕北人民的生活习俗十分熟悉，便开始搜集在陕北流行的土地革命时期可歌可泣的历史故事与各种歌谣小调。他经常利用工作余暇，不断搜集民歌，辑录的"信天游"达三千首，产生了强烈运用"信天游"来进行文艺创作的愿望。在毛泽东《在延安文艺座谈会上的讲话》发表之后，他更加自觉地意识到民歌是人民艺术的宝库，向农民学习，向民歌学习，从陕北民间文化中汲取营养。

李季后来回忆他收集民歌的情形和感受时说："当我背着背包，悄然跟在骑驴赶骡的脚户们的队列之后，傍着一眼望不到头的长城，行走在黄沙连天的运盐道上，他们拉开尖细拖长的声调，时高时低地唱着'信天游'，那么轻快明朗的调子，真会使你忘记了你是在走路，有时，它竟会使你觉得自己变成了一只飞鸟……你隐身在一丛深绿的沙柳背后，听着那些一边掏着野菜，一边唱着的农村妇女们的纵情歌唱，或者，你悄悄地站在农家小屋的窗口外边，听着那些盘坐在炕上，手中做着针线的妇女们的独唱，或对唱，这时，她们大多是用'信天游'的调子，哀怨缠绵的编唱对自己爱人的思念。只有在这时候，你方才会知道，记载成文字的'信天游'，它是已经失去了多少倍的光彩了！"① 他认为"对民歌的学习，要整套地学。要从民歌产生的年代和社会环境，当时人们的思想感情，要从当地的风俗习惯，语言特点，甚至当地的历史故事等，都要加以全盘的研究，这样才能算得上真正地了解一首民歌"。② 陕北人民的生活，陕北民歌的来源，藏在诗人的脑海里成为创作诗歌的潜在资料来源。诗人从"民间"汲取营养，从民间中汲取诗歌创作的源泉。《王贵与李香香》是李季将"信天游"成功改造的例子，也是当时诸多民歌体诗歌创作中最为成功的一首。虽大量采取"信天游"的形式，但不是简单的模仿，而是进行大胆的改革与创新，融入1940年代的政治新思想和工农兵的生活。

"信天游"主要流行在陕北、晋绥、内蒙古一带，又称"顺天游"，"顺天游，不断头"，大多表现的是青年男女自由热烈的爱情。其粗糙狂野的艺术风格、简单直白的内容形式、真实坦率的情感体验，深受当地老百姓喜爱，被誉为"新诗经"。在1950年鲁迅文艺学院编选光华书店1948年出版发行的《陕北民歌选》中，一共收录"信天游"295首，其中情歌就接近250首。如"信天游"中的《蓝花花》："青线线，蓝线线，蓝格英英翠；生下一个兰花花，实是爱死人……你要死哟你早早死，前晌里你死来后晌蓝花花走。不来哟就说你不来的话，省的一个蓝花花常等下。你要来哟你早早些来，来的迟了蓝花花门不开。手提上羊肉怀揣糕，我冒上个性命往你家里跑。怀里又揣一疙瘩儿纸，我和蓝花花一搭儿里死。白格生生胳膊巧格溜溜手，你给哥哥梳上一个头。梳头中间亲了个口，你要什么哥哥也有。"通过两人的对唱，写出了两人间的深情蜜意。还有这样一首："把住情人亲

---

① 李季：《我是怎样学习民歌的》，载1949年12月《文艺报》第1卷第6期。
② 李季：《我是怎样学习民歌的》，载1949年12月《文艺报》第1卷第6期。

了个嘴，肚里的圪塔化成水。要吃砂糖化成水，要吃冰糖嘴对嘴。砂糖不如冰糖甜，冰糖不如胳膊弯里绵。砂糖冰糖都吃个遍，没有三妹子唾沫儿甜。羊羔羔吃奶双膝跪，搂上亲人没瞌睡，一对对母鸽朝南飞，泼上奴命跟你睡。墙头上跑马还嫌低，面对面睡觉还想你。你是哥哥命蛋蛋，搂在怀里打颤颤。……一把拉住哥哥的手，说不下日子你难走。青杨柳树活剥皮，咱们二人活分离。叫一声哥哥你走呀，撂下妹子谁搂呀！长杆烟袋手对着口，丢下妹妹叫谁搂？荞面圪坨羊腥汤，死死活活相跟上。青杨柳树风摆浪，死死活活相跟上。羊羔上树吃柳梢，拿上个死命和你交。蛤蟆口灶火烧干柴，越烧越热离不开。旱蛤蟆叫唤遭水灾，十指连心离不开。白布布衫子四叶叶载，越盛越热离不开。镰刀弯弯割红豆，你是哥哥连心肉。白灵子雀儿绕天飞，你是哥哥要命鬼。骑上毛驴狗咬腿，你是哥哥勾命鬼。"诗歌中借用"砂糖冰糖"融化、"青杨柳树"微风摆动的姿态、"十指连心"等画面直露地写出了对彼此的深切爱意。无论是诗歌中男性表达对女性的思念，还是女性表达对情郎的深厚爱意，在唱词中都是十分直白与祖露。有青年男女对爱情的执着追求与无限渴望，还有对某种思想禁锢的反抗等。在李季对"信天游"的改造中，将原始的"信天游"中过于粗俗、直露、奔放、自由的男女情爱描写改造成一种含蓄、委婉、典雅的情爱表达。如"二道糜子碾三遍，香香自小就爱庄稼汉。玉米开花半中腰，王贵早把香香看中了。交好的心思两人都有，谁也害臊难开口。受苦一天不瞌睡，合不着眼睛我想妹妹。山丹丹花来背洼洼开，有那些心思慢慢来。大路畔上的灵芝草，谁也没有妹妹好！马里头挑马四银啼，人里头挑人就数哥哥你。妹妹生来就爱庄稼汉，实心实意赛过银钱。肚里的话儿乱如麻，定下个时候说说知心话。天黑夜静人睡下，妹妹房里把话拉。烟灯旁边做了一个梦，把香香抱在怀当中。王贵笑得说不出来话，看着香香还想她。双双拉着香香的手，难说难笑难开口。哥哥身上有妹妹，妹妹身上也有哥哥。人家都说雁儿会带信，捎几句话儿给我心上的人。想你想得吃不进去饭，心火上来把嘴燎烂。阳洼里糜子背洼里谷，哪里想起你哪里哭！前半夜想你点不着门，后半夜想你天不明。一夜想你合不着眼，炕围上边画你眉眼"。诗歌中出现的是借用"灵芝草""雁儿"等来表达相思之情，显得十分含蓄。诗歌中无论是表达李香香对王贵的爱情，还是王贵对李香香的思念，两者的情爱表达都是较为含蓄与青涩，为我们塑造的是一个腼腆害羞的少女李香香。李季对原始"信天游"中直白奔放情爱思想的成功化用，减少了低俗的底层趣味，使《王贵与李香香》这部长篇"民歌体"叙事长诗显得更加具有艺术性与思想性。李季将"信天游"中男女情爱的成分进行了改造，被大众接受，从而使《王贵与李香香》成为大众传唱的经典作品。虽然仍是以爱情为主线之一，但李季将"信天游"中那种不符合解放区道德标准的情爱，甚至还有点粗俗的爱情描写改造得含蓄委婉，这种改造的方式提高了民歌的思想性和健康性。

李季的《王贵与李香香》中对"信天游"语言的改造与创新体现在以下几个方面：

首先，陕北方言的运用。诗中如：牛犊/牛不老（老牛死了换上牛不老，杀父深仇要子报）①、小孩/娃娃（打死老子拉走娃娃，一家人落了个光踏踏）、小羊/羊羔子（羊羔子落地咩咩叫，王贵虽小啥事都知道）、父亲/大（算个儿子掌柜的不是大，顶上个揽工的不把钱花）、白毛巾/羊肚子毛巾（羊肚子毛巾包冰糖，虽然人穷好心肠）、妹妹/妹子（一个妹子一个大，没家的人儿找到了家）、年轻小伙子/后生（地头上沙柳绿蓁蓁，王贵是个好后生）、井边/井畔（太阳落山红艳艳，香香担水上井畔）、土豆/山药蛋（一颗脑袋像个山药蛋，两颗鼠眼笑成一条线）、公鸡/鸡子（开罢会来鸡子叫，十几里路往回

---

① 注："/"前面为现代汉语的基本意思，"/"后面为陕北方言的意思。"（）"中为所引《王贵与李香香》中的诗句。后同。

跑)、谈恋爱/交好(交好的心思两人都有,谁也害臊难开口)、胡作非为/胡日鬼(顺水推舟亲了个嘴,——大白天他想胡日鬼)等。诗歌中运用诸多的陕北方言使诗歌具有民间意味,使诗歌在可以被知识分子之外还可以被普通大众所欣赏,诗歌中的内容与思想也被广大的群众所理解与接受。

其次,叠音词的大量使用。在《王贵与李香香》中有很多的叠音词,如烟锅锅、半炕炕、硬邦邦、麦苗苗、红艳艳、光塌塌、红姣姣、水汪汪、绿蓁蓁、叫喳喳、血疤疤、亮光光、血丝丝、磨面面、山崖崖、小娇娇、糠窝窝、短缨缨、水淋淋、笑嘻嘻、呼呼响、嚓嚓响、水绳绳短、一阵阵麻、气汹汹等。这样的叠音词较多节奏很明显的句子在里面,增加了诗歌中陕北方言的特点,使诗歌具有一种韵律之美,同时,这种来自民间的韵律使诗歌更容易被大众所理解与传诵。相对而言,《陕北民歌选》中的"信天游"叠音的词句用得相对较少。

再次,对"信天游"原句的借用和改造。"大路畔上的灵芝草,长得不高生得好"/"大路畔上的灵芝草,谁也没有妹妹好"①;"鸡蛋壳壳点灯哟半炕明,烧酒盅盅淘米不嫌你穷"/"烟锅锅点灯半炕炕明,酒盅盅量米不嫌哥哥穷";"风刮树叶嘶啦啦响,梦也不梦你扛钢枪"/"风吹大树嘶啦啦响,崔二爷有钱当保长";"千里的雷声万里的闪,远路上想干妹子是枉然"/"千里的雷声万里的闪,陕北红了半个天";"拔起黄蒿带起根,丢下娃娃出远门"/"拔起黄蒿带起根,崔二爷做事太狠心";"捉住你的胳膊拉着你的手,难说难笑难开口"/"双双拉着香香的手,难说难笑难开口";"叫一声哥哥好心肠,羊肚子手巾包冰糖"/"羊肚子手巾包冰糖,虽然人穷好心肠";"一阵阵黄风一阵阵沙,一阵阵心事乱如麻"/"一阵阵黄风一阵阵沙,香香看着身上如刀扎";"有朝一日天睁眼,小刀子扎你没深浅"/

————————

① 注:"/"前面为"信天游"的原句,"/"后面为《王贵与李香香》的改造借用。后同。

"有朝一日遂了我心愿，小刀子扎你没深浅"；等等。李季的《王贵与李香香》中，有很多对"信天游"原句的改造与创新，这是诗人对"信天游"的熟悉与融合运用的结果。

最后，对古典词曲的吸收与化用。如《王贵与李香香》中写王贵参加了游击队，请假回家看香香："看罢香香归队去，香香送到沟底里。/沟湾里胶泥黄又多，挖块胶泥捏咱两个；/捏一个你来捏一个我，捏的就像活人脱。/摔碎了泥人再重和，再捏一个你来再捏一个我；/哥哥身上有妹妹，妹妹身上也有哥哥。/捏完了泥人叫哥哥，再等几天你来看我。"这是对明代陈所闻的《南宫词记》中《南调·锁南枝》（"傻俊角，我的哥，和块黄泥儿捏咱两个，捏一个你儿来，捏一个儿我，捏的来一似活托，捏的来同床上歇卧。将泥人儿摔碎，着水儿重和过，再捏一个你，再捏一个我，哥哥身上也有妹妹，妹妹身上也有哥哥。"）的化用。经过李季的借鉴化用后，诗的情趣有了不少的增加，人物形象顿时也变得丰满起来了。同时，这些化用古典诗词中描写两人爱情的句子更加容易被大众所接受。丰富的语言改造以及声律的应用使《王贵与李香香》的内容与思想都得到了很大程度的提高。由于"信天游"是来自民间的一种诗歌形式，《王贵与李香香》中的语言也显得通俗和口语化，如："两根麻绳捆着胳膊腿""癞蛤蟆想吃天鹅肉""放着白面你吃饸饹""王贵年轻是个穷光蛋""撒泡尿来照照你的眼""贼眉鼠眼还会成了精""浪子回头金不换""一句话来三瞪眼""三天两头挨皮鞭""要杀要剐由你挑""撕破了老脸一跳三尺高""肥羊肉掉在狗嘴里头""太阳出来一朵花""想你想得吃不进去饭""心火上来把嘴燎烂"。这样的语言也体现出了一种通俗之美。

李季作品《王贵与李香香》中对信天游的改造与运用，所体现出的"中国作风"与"中国气派"，得到了评论界的充分肯定。孙克恒认为李季"从不间断地向群众创作，主要是向民歌学习中，汲取营养化为本身创作的血肉；使自己的诗歌作品不仅只限定于形式，更重要的是在思想感情内容上充实起来，使作品具有深广、更鲜艳的民族化、群众化特色，这是李季诗歌创作群众观点的突出表现，也是李季诗歌作品深为广大读者喜爱和欢迎的根本原因之一"。① 邵荃麟认为"它是给中国的新诗运动打开了从来没有出现过的新风气。……重要的是作者在创造过程中和劳动人民通了心，因而能够更真实地表现了劳动人民的思想感情。这正是《在延安文艺座谈会上的讲话》中的基本精神。作者在创作中，很好地实践了"。② 茅盾称赞"它是一个卓绝的创造，就是说'民族形式'的史诗，似乎也不算过分"。③ 由此可见，李季对"信天游"的改造是较为成功的。

二 "漳河小调"与阮章竞的《圈套》和《漳河水》

阮章竞从小对民间故事有一种喜爱并渴望去熟悉它。他刚记事时，就在乡下老祖母身边学儿歌。稍大就学歌谣，每逢年关、元宵佳节，他常常"跟在扛着木制龙舟和纸扎的大鲤鱼、敲着锣鼓的艺人后面，学《龙舟歌》《鲤鱼歌》……"④ 且每次在听这些山歌与民谣或者民间故事的时候，一直舍不得回家。1939 年，阮章竞带领太行山剧团第一次系统收集民歌民谣，并在那里生活了十二年。在太行山期间，阮章竞主要负责在农村搞戏剧工作，吃住都在农民家里，使他熟悉了北方农民的生活、感情和语言。剧团里很多人都是山西的，他们都很熟悉当地的人民生活与风土人情，为阮章竞学习当地语言和创作文艺作品提供了条件和氛围。其中，1947 年创作完成的俚歌故事《圈套》和

① 孙克恒：《试论李季的诗歌创作》，载《甘肃文艺》1962 年第 4 期。
② 邵荃麟：《门外谈诗》，《诗刊》1958 年第 4 期。
③ 茅盾：《再谈方言文学》，见荃麟、胡绳等《〈大众文艺丛刊〉批评论文选集》，新中国书局 1949 年版。
④ 阮章竞：《漫忆咿呀学语时——谈谈我怎样学习民歌写〈漳河水〉》，《文艺研究》1982 年第 2 期。

1949 年的民歌体叙事诗《漳河水》标志着阮章竞的民间诗歌创作不断走向成熟。

1. "俚歌"与《圈套》

《圈套》写于 1947 年 2 月，它是阮章竞叙事诗的代表，具有为群众所喜闻乐见的艺术特色。全诗六百多行，叙说了北方农村在翻天覆地的阶级斗争中发生的一个曲折动人的故事。《圈套》中激烈的阶级斗争和农民的日常生活、风俗习惯融合在一起，充分借鉴了"俚歌"的叙事模式。

"俚歌"也叫"梆鼓咚""咚咕噜""咚鼓"，流行于福建兴化方言地区。其言说的内容大多数为长篇历史故事和民间传说，有《英台山伯》《陈三五娘》《珍珠塔》等。《圈套》诗人自注为"俚歌故事"，主要是借鉴了"俚歌"这种民间形式，通过诗中出现的诸多人物形象，如李万开、金女、玉枝等来构建小说的叙事性。

《圈套》主要叙述了在地主杨道怀、王玉枝、杨金带三人的设计、教唆之下，主要围绕三件事，第一件事，在杨金带的教唆下，在过年的时候纷纷怂恿村里人给李万开家送礼："金带好象走马灯，跑了这户窜那门，'不给农会送年礼，招呼明年挨斗争！不破小财敬煞神，明年不要想安生！'阔绰户，怕斗争，赶快送礼不消停。万开娘，真高兴，送面的刚刚走，送肉的又上门。后门开了路，踏得平又平。"憨厚老实的杨道怀在母亲开心地接受了杨金带等的送礼之后并不知接下来的事情的发生；第二件事是在元宵节闹花灯的时候，杨金带等呼应、甚至是恐吓他人要来参加男女一起的扭秧歌，当时的场面："住在人家矮檐下，你我怎敢不低头？割了谷子露豆子，割了豆子露荏子，道怀斗罢轮到你，还是低头忍点气！……正月十五闹红火，／八个年头没见过：／男的扭！／女的跳！／呱呱叫！／哈哈笑！／谁家的闺女唱的好？／谁家的媳妇害了臊？／年轻人乐得象发疯：／'咱村的娘儿们真不通！'／老汉看见摇摇头：'简直不成个体统！'"在杨道怀、杨金带、王玉枝等的教唆下，一些不敢参加的村民男女相继参加了扭秧歌活动。在扭秧歌活动中，万开看上了金女。其实这是杨金带等设下的计谋，元宵节扭秧歌的目的就是为单身的李万开和寡妇的金女创造相处的机会。金带在万开与金女之间搭线牵桥，万开和金女都双双陷入了爱河，在李万开来到金女家过夜的时候，"判官"和"小鬼"等双双出动："穿起衣服下炕来，挨着大门悄悄听：'外边好象人叫我！'提心吊胆开了门，拉来拉去拉不开，心慌手乱掉了魂：'外头有人把门锁！两个心儿浦腾腾。'赶快钻箱藏一藏，有人进来我支应！'箱子来不及开开，打破了窗户踢倒门。'捉奸、捉奸'乱嚷嚷，一根麻绳拴两人。"将诸多村民带到了金女与万开的跟前，这样就被金带与杨道怀等陷害了，杨道怀等人以金女与万开的行为过于伤风败俗为由，将李万开吊在树枝上毒打。在英娥娘的机智之下向民兵求救，最后解救了李万开与金女，并且在民兵等的帮助下，万开与金女结了婚，而杨道怀等则被打倒了。《圈套》中的叙事较为突出，为我们展现了一个生动而又激动人心的故事。作者借用"俚歌"的叙事手法，将人民翻身解放与敢于斗争的思想结合起来。这种较为成功的方式，以及故事的完整，使这首民歌的亮点较为突出。

同时，《圈套》中采用"绰号"的方式来称呼反面人物，如"催命小鬼"王玉枝，突出了王玉枝平常催逼村里人缴费，飞扬跋扈的形象特点；"马面判官"杨金带，对村里人进行纳粮多少的宣判，经常是非不分，与王玉枝一起坑害百姓；以及"阎王"杨道怀，对村里一切大事小事一手遮天。运用"民间"绰号的方式来对人物的社会地位以及性格作了生动的说明，在产生幽默效果的同时也使人物形象更加丰满。

《圈套》是一部被很多人忽略和遗忘的作品，在阮章竞的创作研究中也没有被提及，但是，当我们仔细来阅读这部作品的时候，依旧可以发现这部作品的独特之处，作者在运用"俚歌"的过程中有很多改造与创新，如上文所论及的人物绰号的运用，以及借景抒情的手法、细腻的心理描写等，将人物形象、故事的发展都叙述了出来。正如"《圈套》有意识地吸取这种民间诗歌的形式来写作新型的叙事诗，这是极有意义的尝试。有些论者却只看到它不足的一面而抹杀了它对于探索叙事诗民族形式的意义，在文学史上未给予公正评价，不能不使人感到遗憾"。①

2. "漳河小调"与《漳河水》

《漳河水》创作于 1949 年，代表了阮章竞民歌体诗歌创作的最高成就，全诗分《往日》《解放》《常青树》三部分。在《漳河水》中，描述了漳河边上三个女性在爱情婚姻家庭生活上的不同遭遇，展示了新中国、新生活给劳动妇女带来了命运的改变。诗歌中的女性对自己未来生活的期待跟自己所处的现实生活所产生的落差：荷荷想配个"抓心丹"/荷荷嫁了个"半封建"；苓苓想许个"如意郎"/苓苓许了个"狠心郎"；紫金英想嫁个"好到头"/紫金英嫁了个"痨病汉"，是三个女性敢于反抗的直接动力。在她们待嫁的时候，她们是期望自己的另一半是一个有男子气概与体贴的男人，但在父母之命、媒妁之言的封建婚姻下，她们所接受的男人跟自己设想的完全不一样。她们由于接受了新思想的熏陶，在残酷的现实面前，她们开始勇敢争取自己的幸福，与封建传统思想势力作抗争。"漳河水，水流长，/漳河边上有三个姑娘。/一个荷荷一个苓苓，/一个名叫紫金英。//河边杨树根连根，/姓名不同却心连心。"作者为我们展现了漳河边上三个女性翻身解放的思想要求以及解放斗争。运用"漳河小调"以及各种民间小调，将女性解放的思想行动与革命联系在一起，表现了普通大众的生活现实。

阮章竞在《漳河水》开篇的小序言里写道："题名是有了，但这

---

① 刘守华：《〈王贵与李香香〉和信天游》，载《民间文学》1964 年第 2 期。

篇东西，是由当地许多民间歌谣凑成的，代表这些歌儿的总的形式叫什么呢？每个词儿都注明采用的是什么调吧，如'开花调'，'刮野调'，'梧桐调'，'绣包调'，'打寒虫'，'大将'，'一铺滩滩杨树根'，还有很多失名的。"① 此外，阮章竞还详细地对这首诗与民歌的渊源进行了叙述："这首诗的曲子是个大杂烩，学曹氏父子作乐府民歌，依曲填词，而又略作加工修改，为我所用。'漳河水，九十九道湾/层层树，重重山，/层层绿树重重雾，/重重高山云断路。//清晨天，云霞红红艳，/艳艳红天掉在河里面，/漳水染成桃花片，/唱一道小曲过漳河沿。'"② 漳河两岸的很多湾道，层层的绿色，红色的云霞，粉色的桃花等多种颜色的交融与混合，一起形成一种清晰的色差感，多种颜色的融合隐含了作者多种的情感。九十九道弯形容女性改变命运之路的艰难，红色代表着新的思想与行动，绿色是可以看到改变命运的希望。《漳河水》中"九十九道湾"这最重要的一句也是从许多民歌里借鉴来的。如"天下黄河九十九道湾""汾河九十九道湾""漳河九十九道湾""盘陀陀道道九十九道湾"，这也使诗歌口语化的同时，还具有一种音韵的复沓之美。另外，"全诗结束，也要有个终曲。这是从《乐府》、古典诗中，从声乐曲和器乐曲中得到的启示"。③ 此外，《漳河水》的每一节也借用了漳河地区流行的多种民歌小调、小曲（如"开花""割青菜""四大恨"调等），杂采成章，使《漳河水》整体上具有丰富的民间色彩。

同时，作品中运用比兴的修辞手法，引用景物的书写，运用不同的声响，对三个女性的性格特点作了隐晦的表达。"荷荷是月儿云遮住，盼望光明自由；苓苓是石鸡夜半哭，诉不尽心中的怨恨不平；紫

---

① 阮章竞：《漳河水·小序》，人民文学出版社 1977 年版，第 17 页。

② 阮章竞未刊文稿《异乡岁月·太行山》，阮章竞口述，方铭笔录，1989 年 7 月。转引自陈培浩、阮援朝《阮章竞评传》，漓江出版社 2013 年版，第 91 页。

③ 阮章竞：《在北京作协谈创作》，张紫晨记录整理，1982 年 1 月 2 日。

金英则不同，她要说话，河边的青草都打颤了。"运用景物、声调的不同，将怀有不同命运以及不同心事的女性形象展现了出来。《漳河水》中运用了比兴的修辞手法来对旧社会进行控诉。比如说"声声泪，声声泪/声声泪泪山要碎！/桃花坞，杨柳树/漳河流水声呜呜！/有心喝干这漳河水/不能咽尽眼前泪！"叠音、借代、象征等修辞手法的运用，在《漳河水》中具有很大的意义，使抒情性得以增强，将女性内心愤怒、抗议、控诉的内心活动生动地展现了出来。

三　延安诗歌对"民间"的去弊与规训

1940 年代，民歌体诗歌的创作大多都是在《讲话》发表之后的产物，《讲话》要求文艺工作者多借助民间的形式，反映工农兵的生活，表现人民大众的情感。这些来自民间的艺术形式，成为延安时期诗歌的重要改造对象。同时，在新的民族国家想象以及当时的时代政治背景下，延安诗歌对这些"民间"话语有一定程度上的去弊与规训。主要体现在以下的几个方面。

1. 去除粗俗封建的因子

民歌体诗歌来自民间，源于长期处于底层生活的民众，慢慢地形成文字，并且有的以集中成册的方式流传下来，以一些丰富的调子在人民间广为吟唱，没有形成一定的曲子，格调、韵律、内容都会随着人们的心情改变而改变。诗歌唱词中主要记叙了他们劳动的状况、劳作的心境、内心真实的渴望等。在《讲话》发表之后，民间"话语"成了这个时期诗歌创作的主要来源。在 40 年代整体社会环境以及国家政治背景下，延安诗歌开始对"民间"话语进行了一系列的去弊与规训。首先体现在去掉了语言的直白袒露与内容的粗鄙低俗，提升了"民歌体"诗歌的思想内涵。

"民间"歌谣在形成过程中，语言难免非常直白，内容多少也有一些低俗。这一方面跟他们的所接受的知识程度有关。知识积累的程度不足，使他们难以在抒发内心情愫时将其升华或者运用一些修辞手法加以改造或修饰。另一方面，也与底层大众的生活环境有关。他们长期处于生活底层之中，与乡间田垄为伴，与日月星辰为友，大自然的粗犷与宽阔练就了他们身为农民的豪放气息。因为平时难有机会接触那些有高雅艺术气质的人们，思想上难以得到艺术的熏陶。因此，这就导致了来自民间的诗歌语言直白，以及内容上不加掩饰地表达青年男女内心旺盛的情愫。如一些地方中的民歌有女性大胆的唱词："打也唔怕骂唔愁，前门打来后门溜；打得皮滚筋唔烂，唔死不顾把哥丢！/不怕切头不怕羞，越打越骂越要偷；人多哪怕千双眼，房多哪怕万重楼！/嘱咐情哥切莫慌，天大事情妹抵挡；走到官厅妹会讲，使了银钱妹也帮！/铁打链子九十九，哥拴颈子妹拴手；哪怕官家王法大，出了衙门手牵手"诗歌内容大胆直露，表达了女子敢于反抗封建传统思想也要跟意中人在一起的决心。"信天游"中女子痴情的例子："你走南来我走北，一根肠子往断绝。/你死我亡心扯断，妹子不死不会叫你受孤单。/白天瞅你我营生忙，晚上瞅你我遇上狼。/怀抱人头手提刀，拼上性命和你交。鸦鹊飞在圪沿底，切草刀剜头不后悔。/你要死来我也不得活，鬼门关上你等一等我。"语言直率有力，词中一句"拼上性命和你交"勇敢直白，显出了女性身上的阳刚之气。此外，还有这样的描写："同志们都来看呦，老婆子不要脸呦！/这就是破坏，咱苏区老红军呦！/亲爱的同志们呦，大家要反对呦，/反对这死老婆，死不要眉脸呦！"女子希望丈夫回家满足自己的生理需求，男子当着诸多人的面嘲讽了妻子。无论是经过女子之口表达出来的要与男人成双成对，还是通过男人之口表达出来的女人渴望男人满足她们的生理需求，这样的唱词在民歌中都是比较常见的。还有一些收集在《陕北民歌选》中的第二卷第四期中记叙了其他地方民歌内容的淫秽方面，如广西柳州民歌中记载："砍柴要砍竹子柴，竹子去了荀子来；连妹要连两姐妹，姐姐不来妹妹来。"诗歌中的唱词反映了人们道德观念的沉沦，妹妹和姐姐共侍一男子的有违常理的现象；以及还有广东梅西一带流行的民歌："水打石子磊是磊，大的荡了小的来；连妹要连两子嫂（妯娌），大的做月（分娩），小的来。"这样的民歌直接袒露将民间那种有违常理、乱伦行为都展现了出来，显得十分的淫秽，反而降低了诗歌整体的思想性。

因此诗人们在创作中对民间歌谣进行了语言与内容上的改造，从而提升了来自"民间"诗歌的思想性。阮章竞的《圈套》描写农会主席李万开徘徊在金女门前的心理描写，含蓄委婉地展现了一个男子在心爱的女子家面前的踟蹰与害羞状态，如："两只喜鹊叫喳喳，叫得万开心发麻；喜鹊也是一对对，说起万开不如它！躺在炕上睡不成，心头老是短个甚，光棍当了三十年，三十年仍旧当光棍！左边滚，右边滚，炕上还是一个人。伸着腿，冷冰冰，蜷着腿，冷冰冰。金女守寡整一年，没男没女光一身。越思越想心越闷，'金女、金女'……鸡打鸣……月亮明光光，万开走在街上逛，逛来逛去一丈远，一丈远近来回逛。金女的大门还没关，门缝瞧见有灯光。咳咳两声鞋踏踏，金女出在檐石上：'如今找到做鞋的，来回踢踢来回磨！'悄悄笑着轻轻说，招招手儿门里躲。万开跟着进了屋，大门关上炕沿坐。'上炕烤烤你光哆嗦！心快跳出来你摸摸'"这里也写出了男性心中的不安与腼腆，让人在看着这诗歌的时候产生了一种温馨的画面之感，没有让人感到淫秽之意。在阮章竞的《漳河水》中记载了女性对婚姻的自由追求："种谷要种稀留稠，娶妻要娶个剪发头。种玉菱要种'金皇后'，嫁汉要嫁个政治够。好面疙瘩溶也好！两心情愿的比甚都好！荷荷的巧嘴实在香！三好的条件够对象！//不坐花轿不骑马，革命实兴是手拉拉。新郎头戴八路军帽，新娘身穿红夹袄。大红旗抗在前头，八音锣鼓跟在后。互助组员呼口号，一对新人街心走。//春夜短，知心话儿长，夜里嫌短话不嫌长。针连线，线连针，自由的对象恩爱深。恩情话儿热辣辣，说起它来把人羞煞!"语言的含蓄，没有男女之间直白袒露的唱词，转换成了一些古典与含蓄的表述。

民间歌谣自然是难免有些粗俗鄙陋的因素存在，有语言上的直白袒露与内容上的单一淫秽等不足，在 40 年代"民歌体"诗歌创作中对其有所取舍，语言上与内容上进行的改造，使 40 年代的诗歌变得更加符合民众的审美需求。

2. 增加革命性元素

毛泽东在《讲话》"引言"中说道："今天开会，就是要使文艺很好地成为整个革命机器的一个组成部分，作为团结人民、教育人民、打击人民、消灭敌人的有力武器，帮助人民同心同德地和敌人作斗争。"[①] 这就是强调诗歌具有一定的鼓动性。因此，这也就是民歌体诗歌在 40 年代延安政治规训下的一个体现：去掉原始歌谣的静态书写与平面性，融入工农民众的生活并加入了内容的政治鼓动性。

以往民歌的题材内容多用一种低吟的状态，来抒发当时人民对现实生活的不满以及控诉，较多表达的是一种幽怨之情。"信天游"中女子表达自己内心欲望的句子，在阅读的过程中始终只能感受到主人公的内心感受："媒人吃了羊蹄瓜，死上他们一家家"，"我在门口拾了一根针，这就是媒人的捅心针"，对男人的批评："他是个男人不逮蛋，只知道睡觉甚也不管"，"大大妈妈心眼瞎，给我寻了个猴娃娃"，"大河畔上栽红柳，寻不上好男人交朋友"，"三块块石头两页页瓦，改朝换代我单另嫁"，"遇见个石疙瘩当是神，磕头磕得我脑门儿凶疼"，"见了情人我没说一句话，眼泪儿流得扑唰唰"，无论是表达对男子的思念，对爱情的渴望，还是对媒人的批判之情，都在这个"信天游"的唱词里让人感受她们细腻的情感变化，但在阅读这些诗歌的时候，我们始终是处于"静"的状态中的，无法感受到政治的鼓动作

① 毛泽东:《毛泽东论文艺》，人民文学出版社 1983 年版，第 47 页。

用，或者激起广大工农兵情感的共鸣。"信天游"中也有女性对婚姻的反抗："想你想你实想你，变成蝴蝶跟上你"，"等不上哥哥上了房，手扳住烟囱泪汪汪。拉住哥哥亲了个嘴，才把冰疙瘩化成水"。但是这样的句子比较少，爱情的抒发虽然较多，系统描述反抗的几乎没有。在叙写革命的诗歌中，例如选自《陕北民歌选》中的《刘志丹》，运用十二月的调子来书写："正月里，是新年，陕北出了个刘志丹；刘志丹来是清官，他带上队伍上横山，一心要共产。二月里，刮春风，刘志丹来真英勇；靖边白军都打光，缴来快枪无其数，散给老百姓。……十一月，是冬天，江西上来个毛泽东；毛泽东来势力重，他坐上飞机在天空，后带百万兵。／十二月，整一年，毛泽东来计谋大，他把中国都弄平，全国联合打日本，人人都赞成。"这首民歌只是平面地记录了战争的事件，诗歌中没有记叙事件发生的过程以及结果，只是让我们看到了当时的陕北出现了战斗的光芒。

但在 40 年代"民歌体"诗歌中，诗歌的内容就不是一种低诉与幽怨的控诉了，这个时期的诗歌多是鼓动性的，诗歌中响应着一种鼓舞人心的政治口号。《王贵与李香香》中的主人公大胆反抗地主的欺压，敢于通过参加游击队来争取自己的幸福。《漳河水》中三个女性由长期受到压迫与封建思想上的禁锢，最终走向了反抗之路，不再是"声声泪，声声泪，声声泪泪山要碎"，而是"万年的古牢冲坍了！／万年的铁笼砸碎了！"三个女性的成长之路在《漳河水》的第二部分"解放"中写道："漳河水，九十九道湾，毛主席领导把天地重安，写在纸上怕水沤，刻在板上怕虫咬，拿上铁锤带上凿，石壁刻上支自由歌：共产党，毛泽东，光明福根遍地种。抗日本，保家乡，除'秃蒋'，大解放！减租减息闹土改，妇女飞出铁笼来！漳河发水出了槽，冲坍封建的大古牢！"在 40 年代的民歌中，像这样描写农村中长期受到压迫到最后共产党的到来，一切改头换面的场景描写，很是激动人心，也起到了很好的政治鼓动作用。阮章竞的《柳叶儿青青》，描写了女性在面对丈夫好吃懒做、脾气大、不求上进时求助于妇救会的帮助，并主动加入了妇救会，以及在儿子的帮助下使丈夫改邪归正的故事。故事比较简单，但是妻子加入妇救会的精神与勇气是很具感染性的："丈夫不像话，我要整整他，饭不给他吃，也不和他要！我跟他，一刀两断，留着青丝，准备活守寡！"全诗分为妻子、丈夫、儿子、妇救会四者之间的唱词，来书写一个男人思想与行动上的转变过程。李冰的《赵巧儿》，写了农村中长期受地主赵财主与阎财主剥削的赵巧儿和虎儿在游击队的帮助下翻身且获得了幸福："到明年生个胖娃娃，又叫爹又叫妈。爹娘赚下翻身饭，儿孙们享福万万年，两口子越说越喜欢，脸对脸儿笑哈哈。"全诗给人一种鼓舞。张志民的《死不着》里的第二部分"我活了"中的语句："霹雳一声震天响，来了救民的共产党。……我给你放羊三年还有余，算来算去还欠你的。你打过我我要打你，吃了你的肉我也不解气！农民的拳头遮满了天，穷哥们今天要把身翻。"全诗记叙了外号"死不着"的农民，家庭里的不幸遭遇记忆最后挨到了共产党来了之后得以翻身解放的故事，藏在人民心中的怨愤以及委屈似乎一下子都得到了释放。还有《王九诉苦》中也有这样大快人心的句子："你孙老财你杀人要偿命，孙老财你剥削要清算！受了你多少年的窝囊气：一五一十要算到底！王九的话没说完，农民的口号响震了天：封建压迫要连根拔，永远不叫它再发芽！要报千年的怨和恨，农民们起来要翻身！"诗歌内容直白具有鼓动性，真正地把革命的政治思想表现了出来。40 年代的民歌中内容表现得具有大快人心之感，起到了很好的政治鼓动作用。

　　诗歌是时代的反映，也是广大人民生活的倾诉方式之一。40 年代的诗歌，诸如抗战初期的抗战歌谣、通俗诗歌、朗诵诗、街头诗、民歌体诗歌创作等，都有自己的特色以及时代所赋予的特点。它们的内容都集中在抗战与翻身解放。如借用民歌小调的抗战歌谣，"十二月调""绣花调"等形式，诗歌是反映诗人自身情感，但是一首好的诗歌也是反映人类情感的。苏珊·朗格曾说："艺术家表现的绝不是他自己的真实情感，而是他认识到的人类情感。"① 缺少人类的情感的作品也就等于缺少艺术的感染力。只有抒发了人类情感的诗歌，诗歌才能被广大读者所接受以及在时代的背景下成为经典。

40 年代的"民歌体"诗歌整体上创作数量颇丰、主题突出、技巧多样，代表了 40 年代诗歌发展的高峰，其传播效力亦非常突出。除了上述李季、阮章竞等部分优秀作品外，大多数"民歌体"新诗虽然在过去的文学史上得到了肯定。但是，过于强调时代的政治背景与特点，使诗歌的内容比较狭隘，无法延伸至更广大的领域——人们内心的精神状态、情感需求、个人意识等。我们在接触的过程中，难以有更多的体会。同时可以发现的是，这个时期的民歌体诗歌创作内容上具有相似性，大多数都是农民翻身得解放、革命斗争获胜利等方面的内容。因此，在阅读时难免让人产生一种审美疲劳，在诸多相似性的诗歌中，也很难找到它们的独特之处。正如朱光潜强调说："学民间文学与学西诗同样地需要聪慧的眼光与灵活的手腕，呆板的模仿是误事的。同时我们也不要忘记民间文学有它的特长，也有它的限制。"② 这就决定了民歌体诗歌很难成为经典，也难以成为诗人长久的创作路径。

第三节　民间话语与大后方诗歌的讽刺批判与现实关怀

延安解放区的诗人在毛泽东文艺思想的指导下，用老百姓所喜闻乐见的民间形式，创作了大量反映"中国作风"和"中国气派"的民歌体新诗。国统区和大后方由于政治、经济、军事等方面"内忧外

---

① ［美］苏珊·朗格：《艺术问题》，中国社会科学出版社 1983 年版，第 25 页。
② 朱光潜：《给一位写新诗的青年朋友》，《朱光潜全集》（第 3 卷），安徽教育出版社 1987 年版，第 274 页。

患"的糟糕局面，广大人民在经历短暂的抗战胜利的喜悦后，又进入一种水深火热的状态中。国民党内部争权夺利、相互倾轧，"四大家族"以及外国势力加剧了对国统区和大后方社会的压榨和掠夺。社会政治黑白颠倒，经济秩序混乱不堪，底层民众怨声载道。"这一年来，讽刺诗多了起来，这不是由于诗人们的忽然高兴，而是碰眼心的'事实'太多了，把诗人'刺'起来了。"① 深沉的社会现实，刺激了诗人们敏感的神经，让他们痛心疾首。其中，以袁水拍、臧克家、毕格飞等为代表的一批诗人们开始将眼光转向普通底层百姓，采用诙谐的语言，借用各种活泼辛辣的民间形式创作讽刺体新诗，对国统区的黑暗统治和严酷的社会现实予以揭露和批判。

一　袁水拍的讽刺体诗歌

袁水拍十几岁之时就在上海银行工作，接触到各个阶层人物，官兵、娼妓、乞丐、难民、痞子、名流等都在其诗歌中出现。对市民趣味的精准把握，对人物性格的巧妙捕捉、对现实社会的真实展示，使其诗歌极具讽刺色彩和批判力度。抗战时期，在沦陷区上海的诸多诗人之中，袁水拍的抒情诗歌比较有特色，也产生了一定的影响。抗战结束后，袁水拍开始写讽刺体诗歌，诗歌内容与国统区的社会现实紧密相关。诗人此时也改名"马凡陀"。收入《马凡陀的山歌》和《〈马凡陀的山歌〉续集》的山歌共180多首。当时的《联合晚报》《世界晨报》《新民晚报》等几乎每天都有马凡陀的山歌被刊载，被称为"马凡陀一天一诗歌"。每首诗一见报，便被市民争相传诵；其中不少"山歌"被谱成歌曲，在民间广为传唱。今天看来，马凡陀的系列山歌之所以能产生如此广泛的影响，是跟它借鉴民间话语，用民间的语

---

① 臧克家：《刺向黑暗的"黑心"》，《臧克家文集》第二卷，山东文艺出版社1985年版。

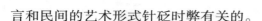

言和民间的艺术形式针砭时弊有关的。

1. 方言俗语的大量运用

袁水拍 1916 年 2 月出生于苏州,八一三事变后以及抗战胜利之后,袁水拍先后奔走于香港、重庆、上海之间,最终回到了上海。不同的地域,不同的经历,不同的方言,为其诗歌语言的多样性提供了丰富的借鉴资源。《马凡陀的山歌》中运用多种民间语言,跟诗人抗战及 1940 年代的这些迁徙经历有关。

例如,诗中上海方言的运用。如"勿"、"猪猡"、"清道夫"、"假光火"、"自相"、"豁虎跳"、"打中党"、"不坍班"、"事体"、"娘姨"、"柴爿"、"拆滥污"、"吃生活"、"慢慢交"(慢些)、"困扁头"(太糊涂)、"凶来些"(很凶)、"金价掼"(金价跌)、"阿拉"(我)、"阿好请侬费费心"(能不能请你费心)、"邪气新"(非常好)等。对重庆方言和粤语的运用,如重庆方言"硬是""死硬""硬是要得",以及粤语如"方桌改成圆台面,稀饭吃在干饭先"(《改革歌》)等。这些方言的运用,增加了诗歌内容的丰富性、通俗性和民间性。

此外,还采用了"粗鄙化""口语化""叠音式"等语言表达方式,有力地讽刺了国民党的丑恶行径。如题目《阿 Q 的大便》《踏进茅房去拉屎》,以及诗歌中出现的:拉屎、撒泡尿、脱裤子放屁、踏进茅房、民主一点、运气一点、高高在上、低低在下、死活、横冲又直撞、最最好、顶呱呱、瓜代、人无分老幼、地无分南北、下贱胚、赵钱孙李、不经济、遍体鳞伤、大皮鞋、噼啪响、烁烁亮、脂粉地、生意场、大老板、三三两两、四面八方、叽里呱啦、乒乒乓乓敲、通货膨胀、剥皮抽筋、熬油、蛮横不讲理、害人精、喷喷香、大鱼大肉、吃糠吃泥等,对人物动作、外貌、声音等的描写,诗歌语言通俗易懂,甚至是直接运用市井人民口头上的粗语,增加了诗歌的趣味性与通俗性。

2. 各种小调的穿插使用

《马凡陀的山歌》对民歌民谣等各种小调的应用也十分常见。如

《人咬狗》中以民间"拗口令"的形式，"忽听门外人咬狗，／拿起门来开开手。／拾起狗来打砖头，／反被砖头咬一口！／／忽见脑袋打木棍，／木棍打伤十几根，／抓住脑袋上法庭，／气得木棍发了昏"。将砖头、木棍拟人化，"人咬狗""木棍发了昏"等讽刺了政府办公人员的荒谬行为，在主客颠倒之中，产生某种喜剧效果和荒诞感；《送旧迎新》（"正月茶花朵朵开，政治协商开大会，／和平停战从此始，／民主自由人人爱。／／二月李花喷喷香，／物价好象飞样涨，／买办官僚横财发，／只有百姓顶遭殃……七月菱花水面开，／老虎哪怕苍蝇拍，／接受容易清查难，／马马虎虎就算完……"）采用"十二月"调的形式，讽刺了国民党亲美派的丑恶行径，反衬出了国民党统治的黑暗与腐败；《赫尔利这老头子》（"赫尔利，发脾气，／骂骂东，骂骂西。／弄假成真掼纱帽。／憋了一肚子的气。／／干得一团糟，／臭名都知道。／舆论不肯饶，／只好拔脚跑。"）采用顺口溜的形式，批判了国民党政府亲美派的作风。

马凡陀诗歌接受了诸多民间小调，如《抗战八年胜利到》中用了"王大娘补缸"调；《朱警察查户》中用了"朱大嫂送鸡蛋"调；《黄金，我爱你》仿"妹妹，我爱你"调等，使诗歌更加通俗易懂，形式也更加丰富。《上海的感觉》《今年这顿年夜饭》等诗歌中应用了夸张与反讽的手法，含蓄地讽刺了国民党的丑态；以及《"亲启"》《一个秘密》《加薪秘史》中通过拼贴模拟的诗歌形式表达了对国民党的批判。此外，还运用了儿童视角来书写诗歌，《狗骑马》《太阳一出》《宝宝》《妈妈妈妈你别骂》《糊涂》等运用儿歌的形式，从儿童的视角来揭示大人面对残酷社会镇压的无助，情感更加深入民众的内心深处。

《马凡陀的山歌》巧妙地运用多种民间调子，将社会混乱、政府腐败、百姓遭受剥削等各种情况揭示了出来，深刻揭露了国民党统治者虚伪、奸诈、毒辣的丑恶嘴脸。诗歌因嬉笑怒骂的通俗方式得到了广泛传播接受，强烈激发了大众对当时社会混乱现实的抵触情绪。他们也因此借用马凡陀诗歌的批判作用抒发自己内心的苦闷，从而促进了马凡陀诗歌的发展与传播。

二　沙鸥等诗人的民间方言诗

沙鸥，原名王世达，重庆人，于 1939 年开始写诗，1940 年在《新蜀报》上发表《西南诗抄》时开始用笔名沙鸥。这个笔名来自杜甫的《旅夜书怀》："飘飘何所似，天地一沙鸥。"此前沙鸥是诗人艾青的忠实追随者，在一系列的模仿之后，他感觉到失去了自己的个性，于是开始探寻适合自己的诗歌形式。"四十年代初期，我很苦闷。当时，正是国民党的反共高潮，许多青年都跟我一样的苦闷。我在苦闷中写诗，用诗来表现自己的苦闷。……一九四四年的暑假……农民的穷苦生活和悲惨命运，把我带到一个全新的题材的天地。我开始用农民的语言来写农民的苦难。我一方面深入了解当地佃农和贫农的生活，一方面把写的诗念给他们听，听他们的意见。我写的有短的抒情诗和小叙事诗，有的也受到四川西南民歌的影响。"[1] 1944 年诗人沙鸥开始创作方言诗，利用四川的方言来进行诗歌创作，其诗歌韵味从"艾味"变成了"川味"。诗歌陆陆续续在重庆的《新华日报》上发表，引起广大读者的注意和欢迎，诗歌中朴素易懂的语言得到了大众的一致好评。后来，又于 1945 年创作了四川方言诗《农村的歌》，1946 年创作出版《化血夜》。后来沙鸥从重庆到上海，与李凌、薛汕一起编《新诗歌》。《新诗歌》要求来稿都是与民间小调、俗曲、歌谣等相关，当时倡导诗歌民间化的想法比《新华日报》还甚。

沙鸥以每年一部诗歌的产量出现在大众的面前，成为当时耳熟能详的方言诗歌创作者。其诗集共有五部问世，除《百丑图》是杂有方

---

[1]　止庵编：《沙鸥谈诗》，首都师范大学出版社 1996 年版，第 91—92 页。

言性的讽刺诗集外，其余四部全部是纯粹的四川方言诗集。作者运用方言来反映农村的破败与农民苦难的生活，顺应了 40 年代新诗创作走向民间化、大众化的道路。其诗歌中的方言特色十分明显，主要体现在两个方面：

一是四川农村题材。沙鸥的诗歌中，主要揭示的是当时社会贫富不均、财主恶霸欺压百姓的现实。其中有因借债度日以助农事或做垮庄稼而陷入困顿的《茶馆里》《空屋》《除夕》《讨饭》《生活》；有因雨雪失度、过多而导致农作物歉收的《雨》《麦苗》；也有因人畜得病死亡而陷入绝境的《化雪夜》《死》《猪》《死牛》《岩洞》《那人》；还有因家境清寒失学而陷入迷茫的《保国民校》《上学》；张老汉因打赌免债而亲手拿刀杀死三岁的亲娃娃的《债》，诉说佃农李家因庄稼做垮而被逼租只好全家自杀的《是谁逼死了他们》，烈士家属刘幺嫂因交不起乡丁催交的粮谷而投水自尽的《池塘》。种种悲剧的发生让人看完有种扼腕痛心之感。而与此形成对比的是财主们奢侈的生活。《陈老大爷》中，陈大老爷一边吞云吐雾，一边在妻妾成群中享受美味佳肴，养得像肥猪似的；富人与穷人对比的《火炮》，有钱人买到临时参议院头衔而到乡里炫耀的《临时参议院》，揭露相互倾轧夺权的民官私生活的《乡长》，揭露兄弟通奸丑事的《大户的子女》，父子两辈轮流偷着去烟馆抽鸦片的《父与子》，等等。

还有一些描写底层穷人生活的拮据的诗。"哪有钱来换一换，/房顶上枯烂的茅草。//能想些什么呢？/孩子们的衣裳是襟襟片片，/丈夫对着妻子——/愁苦对着愁苦。//农村，正受着雨雪淋打呵！/路断人稀的，/只有债主，/忙着东奔西走。"穷人换不起烂屋顶，但是富人却互相奔走送礼，完全不会接济穷人与考虑穷人的感受。用静态的描写写出了穷人的无限忧愁："他在半夜就起来了，/提着马灯走进牛圈。/雪风像把刀，/人抖，牛抖，灯也抖，/湿地上有碎冰的响声。//快些喝一桶热水吧！/他用干谷草铺了地，/又把破棉絮披在牛背上，/皱着眉头望着牛……"(《牛》1947)诗歌中描写了一个习惯了孤独贫穷的老人生活状态:"莫要向她说花有好红,/树有多高,/她不爱听这些。//五十年像在一夜晚走过,/一根棍子引着她,/讨来了生活,搞惯了穷苦。//哪年才打得完呵!/瞎子逢人就说她的儿,/被拉走七年了。//来了,一碗饭,/走了,帮忙打打狗,/像很亲热,又像不熟……"(《瞎子》1947)在这些诗歌中,诗人展现了四川居民生活的状态以及贫穷人民的生活,也表现了作者对这些贫穷居民生活现实的一种同情与怜悯。

二是方言与口语的结合。诗歌借用方言,有利于诗歌被四川地区人民所接受。"大牯牛滚水回来了,/它的尾巴把太阳扫落坡了。//外婆坐在门前的竹凳上,/一只手搓麻线,/一只手还抓谷头喂鸡子。//蚊虫嗡嗡地朝起王来,/隔壁的幺嫂子又在喊宵夜了。"(《黄昏》1944年)"口哨子又在外头吹了,/屋头的大姑娘忙匆匆梭了出去。//外头,月亮白得像玉盘啊!/冬瓜架下有男人守在那里。//来不及说一句亲热话……/月亮跑上墙了,/才分开手偷进屋里。"(《月夜》1944)写于1945年川东的《溪边》:"溪边的水早就枯了,/骨凌凌的全是乱石包包,/一个放牛娃坐在一根大黄桷树下,/四条大牯牛都在甩尾巴。//溪边的杨柳巅巅在打苞了,/大牯牛摇尾摆尾的拴在树下,/'你家今年个死牛莫死牛呵?'/他用石子招呼坡上的小娃娃。//溪边的太阳落坡了,/放牛娃娃牵起大牯牛慢吞吞走回家,/大牯牛吃了草,牙巴磨呀磨的,/树叶子落在牛背上又落下。"写于1945年川东的《手指》:"一刀砍在手背上,/又一刀砍脱了二拇指,/像杀了一条猪流了一菜板血,/人痛得连嘴皮子都咬破了。//遭刀砍的脸色像白纸,/他埋头走进屋就滚在床上,/女人骇得流一大摊眼睛水,/男的还对女的说:/'莫要乱敞风呵!就说我宰猪草失了手!'"将农村人的一种隐忍写了出来。《拜年》一诗中方言的较多运用,使诗歌易于被大众所传诵。诗歌中还有,如茶馆头、提兜头、田头、心里头、外头、城头、奶毛头(婴儿)、肚子头、月黑头,缝缝头、院子头、老辈子屋头、坟头、落坡、牯牛、天老爷、硬是、莫得、晓不得、转个弯、门角角、箩兜、年辰、上坡、几向（几间）、告化子（乞丐）、鸡子、蚂蚁子、打抖抖、二拇指（食指）、光脚板、看眼（看一下）、老鸡婆（老母鸡）、歇房（卧室）、堰塘（池塘）等方言都在诗歌中出现。

诗人的创作领域扩大了，聚焦到了乡间与贫民的生活："从写自己的空虚与苦闷，变为用农民的语言写农民的苦难，对我写诗来说，是一个十分重要的转折。我突破了自己的禁锢。我也很快觉察到，不仅这个新的天地有写不尽的题材，自己的诗风也变化了。……农村的题材，在四十年代的中期和后期，都是我写诗的主要题材。……抗日战争结束之后，国民党的反动与腐败骇人听闻。……我写诗的题材更宽阔了。"① 作者借用民间生活、民间语言而寻找到了有价值的诗歌方向，借用这种民间的形式来表达情感更加真切地被大众所接受，诗歌中描写的人民大众的穷苦生活，在某种程度上激起了人们反抗的意志与决心，从而起到了诗歌的鼓动与政治宣传的作用。

---

① 止庵：《沙鸥谈诗》，首都师范大学出版社 1996 年版，第 92—93 页。

第七章　民间话语与中国新诗的现代性悖论

　　通过考察，我们可以清楚地看到在中国新诗的"现代性"话语建构中，源于"传统"的"民间"话语积极参与其中，并起到了不可或缺的作用。但"民间"毕竟来自底层、源于传统，其价值取向上的"本土性""通俗性"与中国新诗力主追求的"世界性""现代性"相抵牾。因而，其的意义和作用又是相当有限的。

　　"民间"源于中国文化传统，却是与主流儒家文化传统相异质的"另一种传统"。从上古神话到明清小说，中国文学的民间线索和脉络十分清晰。但受传统文化"雅/俗"观念的影响，"民间"长期处于被忽略、被遮蔽甚至被贬抑的状态，为诗坛所不列、荐绅学士家所不道。民间的意义和价值得不到应有的注意和重视，其话语理论阐释的空间也十分有限。五四以来，这种局面虽有所改观，但民间话语要么被弃置在民间文学或通俗文学之中，要么统摄于民族或民本的政治阐释之下，失却其独立的理论价值，更无法彰显其在中国诗歌的现代转型中的意义和作用。

　　置身于20世纪中国杂语纷呈的历史文化语境，通过对民间话语与中国新诗的现代性发生、发展和范式建构的系统考察与重新梳理，我们发现，民间话语在中国新诗现代性特质的形成和变异中扮演着十分重要的角色。

第一节　民间话语之于中国新诗现代性的意义和作用

晚清至五四，在中国社会趋新求变和文化启蒙的共同推动下，"民间"及其话语系统再一次被激活，并不断地被赋予新的"现代性"意涵。五四前后，文学革命的主导者胡适、鲁迅、周作人、刘半农等，在大力借鉴西方诗学话语的同时，还十分注意挖掘民间话语的潜力，寄希望于能从本土文化中为刚刚起步的白话新诗寻得建构的话语资源，并充分彰显其在反传统及现代性建构中的意义和作用。与五四新文学革命同步，他们还倡导并卓有成效地开展了"国语运动""歌谣征集""民俗研究"等一系列语言、文学、文化实践。这些与民间话语相关的实践活动对白话新诗语言范式、审美理念和思想意蕴的初步确立，对五四白话新诗成功取代传统旧诗，建立自己全新的诗学范式起到了决定性作用。

五四落潮后，取得合法性的白话新诗就面临着来自艺术本体和外部社会的双重使命。闻一多、朱湘等从民间歌谣中获得某种节奏和韵律的启示，将之应用到"音乐美"的理论建构和"歌谣化"创作实践中，着力推进新诗的本体建设，逐步提升其诗性、诗艺和诗美品格。几乎同时，新诗又积极回应当时社会、时代对诗歌提出的新要求，创造性地借助民间之力助推现代中国的政治革命和社会变革。在"到民间去"社会革命思潮的影响下，邓中夏、郭沫若、蒋光慈等早期无产阶级革命党人则强化了新诗的普罗化和革命化倾向。

1930 年代，在阶级革命和民族救亡的大背景下，"民间"话语正好与文艺的"大众化"和"本土化"路径相契合，积极参与到"左翼—

抗战"诗歌的"大众化"实践中。其中，中国诗歌会《新诗歌》的"歌谣化""大众化"实践、现代派诗歌借鉴中外民间歌谣来进行"化欧""化古"的尝试、抗战初期的"街头诗""朗诵诗"创作等，将中国新诗的革命化、大众化、民族化、本土化实践进一步推向了深入。

1940 年代，在民族战争、国家救亡的背景下，新的民族国家想象和毛泽东中国特色文艺思想体系的基本形成，文艺界围绕"民族形式"问题、"延安文艺座谈会"等展开讨论，努力创作"新鲜活泼的、为中国老百姓所喜闻乐见的中国作风和中国气派"① 的文艺作品成为作家的共同追求。延安解放区以《王贵与李香香》为代表的"民歌体"、国统区以《马凡陀山歌》为代表的"讽刺体"新诗，以老百姓所喜闻乐见的"民间"形式，创造性地实现了中国新诗的"民族化""本土化"转换。但中国新诗在主动接受本土化改造和政治性规训的同时，也不可避免地失去了"民间"话语自由、独立的精神。

综上，20 世纪上半叶中国新诗的"平民化""歌谣化""大众化""民族化""本土化""政治化""世俗化"走向，几乎无一例外，都与中国新诗的民间话语密切相关。据此，我们可以十分清晰地看到民间话语在中国新诗的现代性赋格中所起到的重要作用，其意义和地位十分特殊。

第二节　民间话语之于中国新诗现代性的问题和不足

但我们无须回避的是，民间，毕竟来自底层，源于传统，具有"大杂烩"和"藏污纳垢"的特点。其价值取向上的通俗性、本土性，在某种程度上，与中国新诗的现代性追求相背离。最典型的是，在"大跃

---

① 毛泽东：《中国共产党在民族战争中的地位》，见《毛泽东选集》（第二卷），人民出版社 1991 年版，第 534 页。

进"新民歌运动中，将诗歌作为国家意识形态的传声筒，视"古典"＋"民歌"为中国新诗的唯一出路①，结果产生了一大批"纯种的中华诗歌"。郑敏先生就一针见血地指出，如其说是"天国之梦中的豪言壮语"，毋宁说是一个苦难的、民族的"乌托邦呓语"。② 历史，对我们今天仍不无启示。此外，民间诗歌的语言形式、审美意蕴、思想情趣等，都过于单一，缺少变化，难以充分地表现"现代人在现代生活中所感受到的现代情绪"③。因而，民间话语之于中国新诗的意义和作用又是相当有限的。对此，我们必须辩证地予以分析。

一　民间话语的多样性和复杂性

"话语"这个概念来自西方，它本是一个纯粹的语言学术语，但随着20世纪西方哲学的"语言学转向"，特别是福柯的话语理论之后，人们将关注的中心更多地转移到话语背后的社会文化场域及意识形态争斗等内涵中来。在当下中国，我们在使用"话语"这个概念和术语时，具有很大的随意性，采取的是一种模糊的处理方式，先拿过来用了再说，而不大会条分缕析地加以详尽地辨析，这就带来了很多的问题。本课题所涉及的"民间"话语就是如此，它十分笼统而又相当开放，是一个模糊、流动的概念。它既包括民间的语言、形式、技巧，又包括民间的精神、价值、立场，还包括民间的意义、功能、指向等。

在20世纪中国的民间话语实践中，不同的社会文化语境、不同的话语实践者，肯定会有不同的侧重。在中国新诗的发生期，侧重的主要是民间的反叛意识和创造精神；在中国新诗理论的建构和资源探寻

---

① 毛泽东在成都会议上曾指出："中国诗的出路，第一条是民歌，第二条是古典。在这个基础上产生出新诗来，形式是民族的。"见陈晋《毛泽东与文艺传统》，东方出版社2014年版，第238页。

② 郑敏：《世纪末的回顾：汉语语言变革与中国新诗创作》，《文学评论》1993年第3期。

③ 施蛰存：《又关于本刊中的诗》，载1933年11月1日《现代》第4卷第1期。

期，则主要侧重于民间的审美情趣、语言技巧、语体形式等；而在中国新诗的"大众化"转向时期，则主要侧重的是民间运动的现实意义、政治功能及意识形态指向等。另外，不同的民间论者，对民间话语的借用和表现也不一样。刘半农是从文学的角度来发掘民间的审美意蕴，他看重的是民间性情的真实自然、民间语言的清新活泼、民间形式的自由创造等。正因为如此，刘半农对"民间"话语是积极拥抱的。周作人则不一样，他是从思想启蒙的角度来揭示民间的文化潜能的，他透过民间话语主要考察的是民众的思想状态、民族的精神气质等，他对民间是有保留的支持的。而李大钊所倡导的"到民间去"运动，则侧重的是"民间"的社会功能指向，注意的是民间话语构成主体"民众"的力量和"民间"背后的政治及意识形态色彩。这些不同的民间话语言说，都来源于"民间"的多义性。他们在对"民间"作出了自己的阐释和发挥时，又不同程度地存在放大、偏移和过度阐释的成分。到了1930年代、1940年代，随着中国社会历史的迁移和文化语境的变化，民间话语呈现出更为繁复和多样的变化，这就给我们的民间话语分析带来了前所未有的难度。因此，我们不能用静态的观点来看待"民间"话语，也不能只注重"民间"话语的某一个层面，我们只能是具体问题具体分析。

二　民间话语的有效性与有限性

"民间"，是来自本土，是中国传统文化的重要组成部分，在中国社会文化的转型与过渡中，一直发挥着积极的作用。文学史上更是如此，"旧文学衰颓时，因为摄取民间文学或外国文学而起一个新的转变，这例子是常见于文学史上的"。① 到了五四，民间话语也在传统和

---

① 鲁迅：《门外文谈》，见《鲁迅全集》（第6卷），人民文学出版社2005年版，第97页。

现代之间起到了很好的调适和缓冲作用，它十分有效地促成了中国文学从传统走向现代。而且在 20 世纪中国的文学转型中，民间话语也显示出超强的作用力，与 20 世纪中国文学几乎所有重要的命题都发生过关系：民间与左翼文学的大众化话语、民间与 1940 年代的民族形式探讨、民间与共和国文学的"工农兵"书写、民间与 1958 年的"新民歌"运动、民间与"文革"期间的地下写作、民间与 1980 年代中期以来的"民间"写作等。"民间"已成为 20 世纪中国文学一个相当重要的关键词。因而，把握住了 20 世纪中国"民间"话语的流变，也就找到了解读 20 世纪中国文学的一个重要突破口。

但我们也要注意到："民间"毕竟来自"传统"，有许多传统性的和封建性的落后因素混杂在里面，具有"藏污纳垢"① 的特点和"大杂烩"② 的性质。因而，在某种程度上，我们又可以说"民间"话语是与中国文学的"现代性"追求相背离的。有人就指出："走向民间则意味着走向传统和丧失现代性"③；也有人认为：在任何时代和任何社会条件下，知识分子在彻底融入"民间"便会失去自身的立场；完全认同"民间"的结果只能是知识分子自我人格的"侏儒化"，④ 如此等等。

另外，我们还不得不承认的是，民间的语言形式、技巧手段、审美意趣等存在过于单一、缺少变化的天生弱点。因此，民间话语之于中国新诗乃至整个中国现代文学的作用肯定是有限的。对此，朱自清在 1940 年代"民族形式"的讨论中、何其芳在 1958 年的"新民歌"运动中，谈及新诗与歌谣的关系时，都曾有过一些辩证的认识和可贵的思考。朱自清说，"新诗虽然不必取法于歌谣，却也不妨取法于歌谣"，"我们主张新诗不妨取法歌谣，为的是使它多带我们本土的色

---

① 陈思和：《陈思和自选集》，广西师范大学出版社 1997 年版，第 208 页。
② 李新宇：《泥沼前的误导》，《文艺争鸣》1999 年第 3 期。
③ 李新宇：《泥沼前的误导》，《文艺争鸣》1999 年第 3 期。
④ 网络文章《民间与知识分子：一场论争所折射出的世纪末中国文坛》，转引自刘川鄂《"除渣"与"去蔽"——关于文学与民间记忆的思考》，《南方文坛》2010 年第 1 期。

彩；这似乎也可以说是利用民族形式，也可以说是在创作一种新的'民族的诗'"，但"从新诗的发展来看，新诗本身接受歌谣的影响很少"，"新诗不取法于歌谣，最主要的原因还是外国的影响"①。何其芳说，"民歌体虽然可能成为新诗的一种重要形式，未必就可以用它来统一新诗的形式，也不一定就会成为支配的形式，因为民歌体有限制"，"民歌体的限制，首先是指它的句法和现代口语有矛盾……其次，民歌体的题材是有限的"②，而且，"用民歌体和其他类似的民间形式来表现今天的复杂的生活仍然是限制很大的，一个职业的创作家绝不可能主要依靠他们来反映我们这个时代"③。朱自清、何其芳等中国新诗的重要参与者和见证人，在自己的艺术生命和社会现实体验中，已经充分认识到民间话语与中国诗歌的现代性相冲突的一面。因而，他们主张中国新诗有保留地借鉴和运用民间形式。也正因为如此，我们也就不难理解，胡适当年"提倡有心"而"创作无力"的感叹④。从中国新诗创作的整个实际情况来看，新诗的"歌谣化""平民化""大众化""民间化"成绩其实并不大。但这并不能否认中国新诗在"民间化"道路上的可贵探索和努力。

今天，我们在分析和研究民间话语时，我们既要注意到民间话语的积极性因素，分析其有效性，同时也应该充分注意到民间的局限性，认识其有限性。民间，如果有渣滓，我们要"除渣"；如果有蒙蔽，我们要"去蔽"。⑤ 任何对民间话语的过度拔高或者有意忽视，都不是我们应有的民间话语研究态度。

---

① 朱自清：《真诗》，见《新诗杂话》，生活·读书·新知三联书店 1984 年版。
② 何其芳：《关于新诗的百花齐放问题》，《处女地》1958 年第 7 期。
③ 何其芳：《关于现代格律诗》，《中国青年》1954 年第 10 期。
④ 胡适：《中国文艺复兴运动》，见《胡适学术文集·新文学运动》，中华书局 1993 年版，第 295 页。
⑤ 刘川鄂：《"除渣"与"去蔽"——关于文学与民间记忆的思考》，《南方文坛》2010 年第 1 期。

结语 "民间"：一个未完的现代命题

在 20 世纪上半叶中国特殊的历史文化语境下，"民间"话语有着不可低估的社会潜力，极大地适应并促成了中国社会革命的发展，是"现代中国"一个十分重要的"关键词"。今天，当我们与"历史"渐行渐远，"民间"话语日益被剥离其语境，而沦为一种理论噱头或市场策略，其文化虚妄性日益凸显之时，我们更需要认真去考察、甄别、审视和反思。我们既要为"民间"招魂，也要为"民间"祛魅。

本著《民间话语与中国现代诗歌》，考察的对象是民间话语与中国新诗的现代性等问题，重点选取的是以晚清至五四为起点，到中华人民共和国成立为终点，中国新诗现代性的发生、发展、演变。从时间跨度上来看，大约三四十年，在历史的长河中只是短暂的一瞬。但这三四十年却是中国近现代社会最重要的转折时期，新诗在接受民间话语之重要影响的基础上，从传统走向现代，从个性启蒙走向大众革命，从民族救亡走向国家重建。"启蒙话语"、"精英话语"与"民间话语"、"大众话语"相互缠绕、相互交织，互为作用，互为钳制，形成了中国"现代性"话语的多义性和复杂性。

在 20 世纪上半叶中国特殊的历史文化语境下，"民间"话语有着不可低估的社会潜力，极大地适应并促成了中国社会革命的发展，是"现代中国"一个十分重要的"关键词"。中国新诗在民间话语的影响和作用下，实现了大"破"大"立"，形成了中国现代汉语诗歌的基本范式：语言上的白话，形式上的自由，内容上的现代。与此同时，民间话语又赋予中国新诗太多太多的问题，需要作更进一步的深入探讨和分析。"民间"，作为一个重要的现代文学命题，本课题的研究，只是"民间话语与 20 世纪中国文学"研究的冰山之一角，是一个起点，也是一次探索。其中，还有很多的问题和遗憾，亟待进一步的深入探讨和认真解决。

今天，我们虽然与 20 世纪渐行渐远，但"民间"仍是当前乃至今后诗坛的热门话题，也是亟待我们去正视的现代学术命题。

20 世纪七八十年代，"朦胧诗"正是借助潜在的民间写作成功实现对主流政治话语"破冰"的，用"新的美学原则"宣告中国诗歌一个全新时代的到来。在《今天》及北岛等的影响和启示之下，中国诗坛涌现出了一大批标榜独立精神和自由创造的大学生诗人和民间诗歌刊物，并在"1986 现代诗群体大展"中集体亮相。韩东、于坚、《他们》、《非非》、《莽汉》等是其代表。这批来自民间的"新生代"诗人和诗刊，强调"诗到语言为止"（韩东语）、"以非非的方式活着"（《非非主义宣言》①），诗歌回到语言、回到个体生命、回到日常生活。进入 1990 年代，韩东则更进一步，提出当代诗歌的"民间写作"。他们将"民间"等同于"先锋"，认为"民间"独立、自由、创造，富有生命力，是新诗的重要传统和活力所在。② 正是在这种民间话语传统的作用之下，当代诗歌才真正走出了意识形态的桎梏，拉近了与生命、生活的距离，才变得真切，有了实感，也有了美。从这一点来看，民间话语之于当代诗歌其意义是重大的。然而，当日常生活的审美取

---

① 刘福春主编：《中国新诗总系（第 10 卷）·史料》，人民文学出版社 2010 年版，第 380 页。
② 韩东：《论民间》，《芙蓉》2000 年第 1 期。

代了当代诗歌的宏大叙事之后，"民间写作"却与学院派的"知识分子写作"开始了争夺诗歌的话语权。"民间写作"用生命个体的"语感"、日常生活的"审美"，来否定"知识分子写作"的"思想"、"理性"、"知识"和"文化"，并直接导致了20世纪末那场刀光剑影的"盘峰论争"。漫天的"唾沫"和无尽的"口水"，既淹没了两厢对峙的诗人，更伤害了无辜的诗歌。

21世纪，中国新诗进入一个全新的互联网、数字化、自媒体时代。网络不仅为诗人的自由创作提供了无限广阔的天地，同时也为新诗的传播接受搭建了一个无缝的平台。十多年来，网络制造了一个又一个民间诗歌"神话"：梨花教主赵丽华、网络红人"凤姐"、农民诗人余秀华等通过万能的网络一夜爆红，"下半身写作""垃圾派诗歌""羊羔体""乌青体""三行诗"……你未唱罢，我就登台，赚取了无数的点击量。凭借网络，依托诗歌，恶俗的凤姐可以"从天空开始思考"，脑瘫患者余秀华也能"穿过大半个中国去睡你"。凡此种种，不一而足。其实，想想也不难理解。在今天这样一个娱乐至死的消费文化时代，一切都可能成为资本市场包装策划的对象。过去飘在云端、后来身处边缘的诗歌，如今也难以幸免。为了吸引大众的眼球、得到群氓的点击、赢得传媒的关注，最大限度地获得市场和资本的认可，一直视真实、自然、独立、创造为其生命的民间话语，其立场也变得含混不清起来。当海子的那句曾被视为当代诗歌高度的"面朝大海，春暖花开"，成为随处可见的房地产广告用语时；当"语不雷人死不休"的凤姐，抛出这么一句"我不曾听着你的歌/不曾看见你的锋芒/我知道你的坟头面朝南方"（《致海子》），突然向海子致敬时，我们都会停下来想一想，这到底是怎么啦？任何东西，哪怕是"真理"，当它一旦沦为一种市场策略或理论噱头时，其虚妄的一面也就很快会彰显出来。网络诗歌如此，民间话语亦是如此。特别是当下，在现代传媒和学术批评的双重鼓噪之下，民间话语俨然已成为一种颠扑不破的文化真理和学术神话。此时，就更需要我们保持警惕。因为"当……民间成为一个诗意的乌托邦，当……民间成为真善美的最终象征，一句话，当民间成为神话，成为拯救现代性迷途的唯一的灵丹妙药，……民间已经不复是真正的民间，民间精神也不复是真正的民间精神，而是伪民间和伪民间精神"。①

从胡适当年在美国倡导用白话来写诗算起，新诗已经走过了一百余个春秋。其中，民间话语几乎全程陪伴了中国新诗的发生、发展和演变，近距离地见证了中国新诗的昨日与今天，肯定还会影响中国新诗的将来。民间话语作为中国新诗研究的一个重要参照维度，我们既要充分注意民间话语之于中国新诗的意义和作用，也要正确看待民间话语所带来的问题和不足。②

其一，"民间"作为一个所指不确定的概念，在百年中国复杂的思想文化场域中，又是一个能指无限丰富、具有巨大张力的概念。它与中国传统文化、近代思想启蒙、现代民族国家建构、主流意识形态、大众消费文化等密切相关。具体到诗歌，它则与百年新诗的传统性、现代性、后现代性盘根错节地纠缠在一起。目前，学术界、文化界在"民间"话语问题上，明显存在简化、俗化或者神化的倾向，存在较大误读和争议的成分。因而，我们在百年新诗民间话语的研究和处理上，首先要注意"民间"话语的复杂性、多样性，然后再潜入具体的历史文化语境，认真地去考察、辨析，理性地去审视、反思，才能在此基础上，形成我们自己对民间话语正确的认识和独立的判断。

其二，在百年新诗发展的不同时期、不同层面，新诗都或多或少地借鉴"民间"资源，形成了各自不同的民间话语言说。在五四白话新诗的生成与建构中，民间话语的言说主要侧重于民间话语的反传统意识和思想启蒙精神，强调的是民间在审美情趣、语言体式、思想内

---

① 张光芒：《伪民间与反启蒙》，《文艺争鸣》2007年第1期。
② 刘继林：《民间话语：伴随新诗的成长岁月》，《光明日报》2013年4月30日。

容等方面给予新文学的意义；在新诗的大众革命实践中，民间话语主要侧重于民间话语的社会革命指向，强调民间在新诗的大众化、革命化、政治化走向中的重要作用；而在 1990 年代以来的大众消费文化语境下，诗歌的民间话语更多指向的是日常生活、大众娱乐、文化消解的后现代图景。这些不同时期、不同层面的民间话语言说繁复多样，但都不同程度地存在放大、凸显乃至遮蔽的成分，这就给我们今天的民间话语分析带来了前所未有的难度。

其三，如前文所述，民间毕竟来自底层、源于"传统"，有许多封建文化的糟粕和政治文化的负面因子混杂在里面，是一个"大杂烩"。另外，民间的语言形式、技巧手段、审美意趣等都过于单一，也缺少变化，它与纷繁玮异的现代审美是不大合拍的。在某种程度上，我们可以说民间话语与百年新诗所力主"世界性""现代性"追求是相抵牾的。因而，民间之于中国新诗的意义和作用是十分有限的。对此，朱自清、何其芳、冯至等都有过较多的思考，他们在谈及民间话语与新诗的关系时，都曾指出民间的表现力和影响力是有限的，主张中国新诗有保留地借鉴和运用民间形式，而应更多地与世界接轨，走现代化的道路。[1]

因此，我们今天就不能为传统而民间、为大众而民间、为民间而民间了。

最后援引胡适关于"民间"的一段论述作结："文学史上有一个逃不了的公式。文学的新方式都是出于民间的。久而久之，文人学士受了民间文学的影响，采用这种新体裁来做他们的文艺作品。文人的参加自有他的好处：浅薄的内容变丰富了，幼稚的技术变高明了，平

---

[1] 详见朱自清《新诗杂话》（《朱自清全集》第二卷），《歌谣与诗》（《朱自清全集》第八卷，江苏教育出版社 1993 年版）；何其芳《关于新诗的百花齐放问题》（《处女地》1958 年第 7 期）、《关于现代格律诗》，（《中国青年》1954 年第 10 期）；冯至《自由体与歌谣体》（《文艺报》第 1 卷第 12 期，1950 年 3 月）等文献。

凡的意境变高超了。但文人把这种新体裁学到手之后，劣等的文人便来模仿；模仿的结果，往往学得了形式上的技术，而丢掉了创作的精神。天才堕落而为匠手，创作堕落而为机械。生气剥丧完了，只剩下一点小技巧了，一堆烂书袋，一套烂调子！于是这种文学方式的命运便完结了，文学的生命又须另向民间去寻找新方向发展了。"①

---

① 胡适：《〈词选〉自序》，见姜义华主编《胡适学术文集·中国文学史》（上），中华书局 1998 年版，第 471 页。

参考文献

一　期刊资料类

《新青年》

《北京大学日刊》（1918—1920）

《文学旬刊》

《诗》（中国新诗社，1922—1923 年）

《〈歌谣〉周刊》（全三册），东方文化书局（影印）1982 年版。

《〈民俗〉周刊》（影印本），上海书店 1983 年版。

《星期评论》

《中国青年》

《民众文艺周刊》

《大众文艺》

《新诗歌》

《抗战文艺》

鲍晶编：《刘半农研究资料》，天津人民出版社 1985 年版。

北京大学等编：《文学运动史料选》（1—4），上海教育出版社 1979 年版。

曹伯言整理：《胡适日记全编》（8 卷），安徽教育出版社 2001 年版。

陈惇、刘象愚：《穆木天文学评论选集》，北京师范大学出版 2000 年版。

陈绍伟编：《中国新诗集序跋选：一九一八——一九四九》，湖南文艺出版社 1986 年版。

冯梦龙：《冯梦龙民歌集三种注解》，中华书局 2005 年版。

冯雪峰：《雪峰文集》，人民文学出版社 1983 年版。

顾颉刚等著，王煦华整理：《吴歌·吴歌小史》，江苏古籍出版社 1999 年版。

郭绍虞主编：《中国历代文论选》（第三册），上海古籍出版社 2001 年版。

韩丽梅：《袁水拍研究资料》，中国国际广播出版社 2003 年版。

何其芳：《何其芳全集》，河北人民出版社 1999 年版。

胡采主编：《中国解放区文学书系》，重庆出版社 1992 年版。

贾植芳、苏兴良等编：《文学研究会资料》，知识产权出版社 2010 年版。

姜义华主编：《胡适学术文集·新文学运动》，中华书局 1993 年版。

姜义华主编：《胡适学术文集·中国文学史》，中华书局 1998 年版。

柯仲平：《柯仲平诗文集》，文化艺术出版社 1984 年版。

乐齐、孙玉蓉编：《俞平伯诗全编》，浙江文艺出版社 1992 年版。

李大钊研究会编：《李大钊全集》，人民出版社 2006 年版。

李季：《李季文集》，上海文艺出版社 1982 年版。

李小为：《李季作品评论集》，时代文艺出版社 1986 年版。

刘长鼎、陈秀华编：《中国现代文学运动史料编年》，山西高校联合出版社 1994 年版。

刘大白：《刘大白诗集》，书目文献出版社 1983 年版。

刘锦满、王琳：《柯仲平研究资料》，陕西人民出版社 1988 年版。

刘增杰、赵明编：《抗日战争时期延安及各抗日民主根据地文学资料》（上、中、下），山西人民出版社 1983 年版。

龙泉明：《诗歌研究史料选》，四川教育出版社 1989 年版。

娄子匡主编：《民俗丛书》，（中国台湾）东方文化供应社 1970—1980

年版。

卢莹辉：《冷热集 新诗话 任钧作品选》，文汇出版社 2013 年版。

卢莹辉：《诗笔丹心任钧诗歌文学创作之路》，文汇出版社 2006 年版。

鲁迅：《鲁迅全集》，人民文学出版社 2005 年版。

鲁迅文学院编：《陕北民歌选》，上海文艺出版社 1950 年版。

罗岗、陈春艳编：《梅光迪文录》，辽宁教育出版社 2001 年版。

马良春、张大明：《三十年代左翼文艺资料选编》，四川人民出版社
     1980 年版。

毛泽东：《毛泽东选集》（1—4），人民出版社 1991 年版。

穆木天：《穆木天诗选》，人民文学出版社 1987 年版。

欧阳哲生编：《胡适文集》（12 卷），北京大学出版社 1998 年版。

蒲风：《蒲风选集》，海峡文艺出版社 1985 年版。

阮章竞：《阮章竞诗选》，人民文学出版社 1985 年版。

沈从文：《沈从文全集》，北岳文艺出版社 2002 年版。

孙玉蓉编：《俞平伯研究资料》，天津人民出版社 1986 年版。

唐文斌编：《田间研究专集》，浙江文艺出版社 1984 年版。

唐沅等编：《中国现代文学期刊目录汇编》（上、下），天津人民出版
     社 1988 年版。

王铁仙编：《新文学的先驱——〈新青年〉〈新潮〉及其他作品选》，
     华东师范大学出版社 1985 年版。

王文金、李小为：《李季研究资料》，陕西人民出版社 1986 年版。

王训昭选编：《湖畔诗社评论资料选》，华东师范大学出版社 1986 年版。

王永生编：《中国现代文论选》，贵州人民出版社 1982 年版。

王仲三笺注：《周作人诗全编笺注》，学林出版社 1995 年版。

蔚家麟等编：《歌谣研究资料选》，中国民间文艺家协会湖北分会 1989
     年编印。

文振庭编：《文艺大众化问题讨论资料》，上海文艺出版社 1987 年版。

吴奔星、李兴华选编：《胡适诗话》，四川文艺出版社 1991 年版。

吴振清等编：《黄遵宪集》，天津人民出版社 2003 年版。

萧斌如编：《刘大白研究资料》，天津人民出版社 1985 年版。

谢冕主编：《中国新诗总系》（全 10 卷），人民文学出版社 2009 年版。

徐廼翔编：《文学的“民族形式”讨论资料》，知识产权出版社 2010
　　年版。

杨匡汉、刘福春编：《中国现代诗论》（上），花城出版社 1985 年版。

袁水拍：《袁水拍诗歌选》，人民文学出版社 1985 年版。

张志民：《张志民叙事诗选》，作家出版社 1985 年版。

赵家璧主编：《中国新文学大系》（1—10 卷），上海良友图书印刷公
　　司 1936 年版。

赵景深原评，杨扬辑补：《半农诗歌集评》，书目文献出版社 1984 年版。

中国社会科学院文学研究所现代文学研究室编：《“两个口号”论争资
　　料选编》（上、下），人民文学出版社 1982 年版。

钟叔和编：《周作人文类编》，湖南文艺出版社 1998 年版。

周勇、任竞主编：《抗战大后方歌谣汇编》，重庆出版社 2011 年版。

周作人：《周作人自编文集》，河北教育出版社 2002 年版。

朱乔森编：《朱自清全集》，江苏教育出版社 1996 年版。

诸孝正、陈卓团编：《康白情新诗全编》，花城出版社 1990 年版。

二　民间学术类

［美］阿兰·鲍尔德：《民谣》，高丙中译，昆仑出版社 1993 年版。

常峻：《周作人文学思想及创作的民俗文化视野》，上海书店出版社
　　2009 年版。

陈泳超：《中国民间文学研究的现代轨辙》，北京大学出版社 2005 年版。

高丙中：《民俗文化与民俗生活》，中国社会科学出版社 2000 年版。

高有鹏：《中国现代民间文学史论》，河南大学出版社 2004 年版。

［美］洪长泰：《到民间去：1918—1937 年的中国知识分子与民间文学
　　运动》，董晓萍译，上海文艺出版社 1993 年版。

胡怀琛：《中国民歌研究》，商务印书馆 1925 年版。

胡适：《白话文学史》，新月书店 1927 年版。

户晓辉：《返回爱与自由的生活世界：纯粹民间文学关键词的哲学阐
　　释》，江苏人民出版社 2010 年版。

户晓辉：《现代性与民间文学》，社会科学文献出版社 2004 年版。

黄永林：《大众视野与民间立场》，新华出版社 2005 年版。

李小玲：《胡适与中国现代民俗学》，学苑出版社 2007 年版。

刘经菴：《歌谣与妇女》，商务印书馆 1925 年版。

刘锡诚：《20 世纪中国民间文学学术史》，河南大学出版社 2006 年版。

刘晓春：《一个人的民间视野》，湖北人民出版社 2006 年版。

刘颖：《中国文学现代转型的民俗学语境》，安徽人民出版社 2007 年版。

吕微：《民俗学：一门伟大的学科——从学术反思到实践科学的历史
　　与逻辑研究》，中国社会科学出版社 2015 年版。

吕肖奂：《中国古代民谣研究》，巴蜀书社 2006 年版。

孟慧英：《西方民俗学史》，中国社会科学出版社 2006 年版。

［英］奈拉尔·拉波特、乔安娜·奥弗林：《社会人类学的关键概念》，
　　华夏出版社 2005 年版。

万建中：《民间文学引论》，北京大学出版社 2006 年版。

王光荣：《歌谣的魅力》，中国文史出版社 2005 年版。

王文宝：《中国民俗学史》，巴蜀书社 1995 年版。

王文宝编：《中国民俗学论文选》，中国民间文艺出版社 1986 年版。

王元忠：《鲁迅的写作与民俗文化》，中国社会科学出版社 2010 年版。

吴平、邱明一编：《周作人民俗学论集》，上海文艺出版社 1999 年版。

吴同瑞、王文宝、段宝林编：《中国俗文学七十年——"纪念北京大

学〈歌谣〉周刊创刊七十周年暨俗文学学术研讨会"文集》，北京大学出版社 1994 年版。

徐新建：《民歌与国学——民国早期"歌谣运动"的回顾与思考》，巴蜀书社 2006 年版。

苑利主编：《20 世纪中国民俗学经典》（8 卷），社会科学文献出版社 2002 年版。

［美］约翰·迈尔斯·弗里：《口头诗学：帕里—洛德理论》，朝戈金译，社会科学文献出版社 2000 年版。

赵德利：《民间文化批评的理论与方法》，商务印书馆 2016 年版。

赵世瑜：《眼光向下的革命：中国现代民俗学思想史论（1918—1937）》，北京师范大学出版社 1999 年版。

郑振铎：《中国俗文学史》，东方出版社 1996 年版。

钟敬文：《民间文艺学及其历史——钟敬文自选集》，山东教育出版社 1998 年版。

钟敬文：《钟敬文民间文学论集》（上、下），上海文艺出版社 1982、1985 年版。

钟敬文编：《歌谣论集》，北新书局 1928 年版。

周玉波：《明代民歌研究》，凤凰出版社 2005 年版。

朱自清：《中国歌谣》，复旦大学出版社 2004 年版。

三　思想文化类

［英］保罗·塔格特：《民粹主义》，袁明旭译，吉林人民出版社 2005 年版。

［英］彼得·伯克：《欧洲近代早期的大众文化》，杨豫等译，上海人民出版社 2005 年版。

［日］柄谷行人：《日本现代文学的起源》，赵京华译，生活·读书·

新知三联书店 2006 年版。

昌切：《清末民初的思想主脉》，东方出版社 1999 年版。

陈万雄：《五四文化的源流》，生活·读书·新知三联书店 1997 年版。

程歗：《晚清乡土意识》，中国人民大学出版社 1990 年版。

丁晓强、徐梓编：《五四与现代中国——五四新论》，山西人民出版社
　　1989 年版。

［美］杜赞奇：《从民族国家拯救历史》，王宪明等译，江苏人民出版
　　社 2008 年版。

费孝通：《乡土中国／生育制度》，北京大学出版社 1997 年版。

［美］费正清编：《剑桥中华民国史（1912—1949）》（上、下），中国
　　社会科学出版社 1994 年版。

［法］福柯：《词与物——人文科学考古》，莫伟民译，上海三联书店
　　2002 年版。

［法］福柯：《知识考古学》，谢强、马月译，生活·读书·新知三联
　　书店 1998 年版。

［美］格尔茨：《文化的解释》，韩莉译，译林出版社 2008 年版。

［法］古斯塔夫·庞勒：《乌合之众：大众心理研究》，冯克利译，中
　　央编译出版社 2004 年版。

洪峻峰：《思想启蒙与文化复兴——五四思想史论》，人民出版社 2006
　　年版。

金耀基：《从传统到现代》，中国人民大学出版社 1999 年版。

［英］雷蒙·威廉斯：《关键词：文化与社会的词汇》，刘建基译，生
　　活·读书·新知三联书店 2005 年版。

［英］雷蒙德·威廉斯：《文化与社会》，吴松江、张文定译，北京大
　　学出版社 1991 年版。

李世涛主编：《知识分子立场：激进与保守之间的动荡》《知识分子立
　　场：民族主义与转型期中国的命运》《知识分子立场：自由主义

之争与中国思想界的分化》，时代文艺出版社 2000 年版。

李孝悌：《清末的下层社会启蒙运动：1901—1911》，河北教育出版社
　　2002 年版。

李泽厚：《中国近代思想史论》，天津社会科学院出版社 2003 年版。

李泽厚：《中国现代思想史论》，天津社会科学院出版社 2003 年版。

利里安·弗斯特：《浪漫主义》，李今译，昆仑出版社 1989 年版。

［英］F. R. 利维斯：《伟大的传统》，袁伟译，生活·读书·新知三联
　　书店 2002 年版。

林毓生：《中国意识的危机——五四时期激烈的反传统主义》（增订再
　　版本），贵州人民出版社 1988 年版。

刘桂生、张步洲编：《台港及海外五四研究论著撷要》，教育科学出版
　　社 1989 年版。

刘禾：《跨语际实践——文学，民族文化与被译介的现代性（中国：1900—
　　1937）》，宋伟杰等译，生活·读书·新知三联书店 2002 年版。

刘康：《全球化/民族化》，天津人民出版社 2002 年版。

罗福惠：《中国民族主义思想论稿》，华中师范大学出版社 1996 年版。

罗志田：《权势转移：近代中国的思想、社会和学术》，湖北人民出版
　　社 1999 年版。

［法］诺曼·费尔克拉夫：《话语与社会变迁》，殷晓蓉译，华夏出版
　　社 2003 年版。

欧阳哲生：《新文化的源流与趋向》，湖南出版社 1994 年版。

［法］塞奇·莫斯科维奇：《群氓的时代》，许列民等译，江苏人民出
　　版社 2003 年版。

王元化：《思辨随笔》，上海文艺出版社 1994 年版。

王跃、高力克编：《五四：文化的阐释与批评——西方学者论五四》，
　　山西人民出版社 1989 年版。

［美］维拉·施瓦支：《中国的启蒙运动——知识分子与五四》，李国

英等译，山西人民出版社 1989 年版。

［美］希尔斯：《论传统》，傅铿、吕乐译，上海人民出版社 2009 年版。

萧延中、朱艺编：《启蒙的价值与局限——台港学者论五四》，山西人民出版社 1989 年版。

许纪霖编：《20 世纪中国思想史论》（上、下），东方出版中心 2000 年版。

周策纵：《五四运动：现代中国的思想革命》，周子平等译，江苏人民出版社 2005 年版。

四 文学研究类

艾晓明：《中国左翼文学思潮探源》（新版），北京大学出版社 2007 年版。

曹而云：《白话文体与现代性——以胡适的白话文理论为个案》，上海三联书店 2006 年版。

草川未雨：《中国新诗坛的昨日、今日和明日》，北平海音书局 1929 年版。

陈红旗：《中国现代作家与左翼文学的互动相生》，东方出版中心 2016 年版。

陈红旗：《中国左翼文学的发生 1923—1933》，暨南大学出版社 2010 年版。

陈均：《中国新诗批评观念之建构》，北京大学出版社 2009 年版。

陈来生：《史诗·叙事诗与民族精神》，上海社会科学院出版社 1990 年版。

陈思和：《陈思和自选集》，广西师范大学出版社 1997 年版。

陈子展：《中国近代文学之变迁/最近三十年中国文学史》，上海古籍出版社 2000 年版。

邓晓成：《现代性视域中的大众化诗潮：1917—1949》，中国社会科学出版社 2009 年版。

段从学：《"文协"与抗战时期文艺运动》，北京大学出版社 2012 年版。

方长安：《新诗传播与建构》，中国社会科学出版社 2012 年版。

傅宗洪：《大众诗学视域中的现代歌词研究：1900—1940 年代》，中国
社会科学出版社 2016 年版。

高玉：《现代汉语与中国现代文学》，中国社会科学出版社 2003 年版。

郭国昌：《20 世纪中国文学的大众化之争》，百花洲文艺出版社 2006
年版。

贺桂梅：《书写"中国气派"：当代文学与民族形式建构》，北京大学
出版社 2020 年版。

黄开发：《文学之用——从启蒙到革命》，北京十月文艺出版社 2004
年版。

黄科安：《延安文学研究》，文化艺术出版社 2009 年版。

黄志雄：《文学研究会诗歌论》，长江文艺出版社 1999 年版。

江锡铨：《中国现实主义新诗艺术散论》，北京大学出版社 2005 年版。

姜涛：《"新诗集"与中国新诗的发生》，北京大学出版社 2005 年版。

康凌：《有声的左翼：诗朗诵与革命文艺的身体技术》，上海文艺出版
社 2020 年版。

寇国庆：《延安时期及其以后的文学趣味》，宁夏人民出版社 2010 年版。

李钧：《中国现代民族主义文学思潮（1895—1945）》，中国社会科学
出版社 2017 年版。

李欧梵：《现代性的追求》，生活·读书·新知三联书店 2000 年版。

李扬：《文学史写作中的现代性问题》，山西教育出版社 2006 年版。

李怡：《中国现代新诗与古典诗歌传统（增订版）》，北京大学出版社
2008 年版。

梁实秋：《梁实秋论文学》，（中国台湾）时报文化出版事业有限公司
1978 年版。

刘福春：《新诗纪事》，学苑出版社 2004 年版。

刘福春：《中国新诗编年史（上、下）》，人民文学出版社 2013 年版。

刘继业：《新诗的大众化和纯诗化》，北京大学出版社 2008 年版。

刘金冬：《解放区前期诗歌研究（1936—1942）》，中国社会科学出版社 2014 年版。

刘进才：《语言文学的现代建构——语言运动与中国现代文学再探索》，北京大学出版社 2015 年版。

刘进才：《语言运动与中国现代文学》，中华书局 2007 年版。

刘增杰主编：《中国解放区文学史》，河南大学出版社 1988 年版。

龙泉明：《中国新诗的现代性》，武汉大学出版社 2005 年版。

龙泉明：《中国新诗流变论》，人民文学出版社 1999 年版。

陆耀东：《中国新诗史（1916—1949）》（1—3 卷），长江文艺出版社 2005、2009、2015 年版。

吕进：《大后方抗战诗歌研究》，重庆出版社 2015 年版。

罗成琰等：《20 世纪中国文学的古今之争》，百花洲文艺出版社 2007 年版。

罗钢：《历史汇流中的抉择——中国现代文艺思想家与西方文学理论》，中国社会科学出版社 2000 年版。

马良春、张大明主编：《中国现代文学思潮》（上、下），北京十月文艺出版社 1995 年版。

孟泽：《何所从来——早期新诗的自我诠释》，九州出版社 2011 年版。

潘颂德：《中国现代新诗理论批评史》，学林出版社 2002 年版。

逄增玉：《现代性与中国现代文学》，东北师范大学出版社 2001 年版。

钱基博：《现代中国文学史》，中国人民大学出版社 2004 年版。

钱理群：《周作人研究二十一讲》，中华书局 2004 年版。

荣光启：《现代汉诗的发生：晚清至五四》，中国社会科学出版社 2015 年版。

沈用大：《中国新诗史（1918—1949）》，福建人民出版社 2006 年版。

石凤珍：《文艺"民族形式"论争研究》，中华书局2007年版。

司马长风：《中国新文学史》，（中国香港）昭明出版社有限公司1976年版。

苏光文：《抗战诗歌史稿》，四川教育出版社1991年版。

谭彼岸：《晚清的白话文运动》，湖北人民出版社1956年版。

谭桂林：《20世纪中国文学的中西之争》，百花洲文艺出版社2006年版。

谭桂林：《本土语境与西方资源》，人民文学出版社2008年版。

谭好哲、任传霞：《现代性与民族性——中国文学理论建设的双重追求》，社会科学文献出版社2005年版。

王光东：《民间：作为中国现当代文学研究的视野与方法》，东方出版社2013年版。

王光东：《民间的意义》，吉林出版集团有限责任公司2009年版。

王光东：《新文学的民间传统》，山东教育出版社2010年版。

王光东等：《20世纪中国文学与民间文化》，复旦大学出版社2007年版。

王光明：《现代汉诗的百年演变》，河北人民出版社2003年版。

王光明：《中国诗歌通史现代卷》，人民文学出版社2012年版。

王文参：《五四新文学的民族民间文学资源》，民族出版社2006年版。

王雪伟：《何其芳的延安之路》，河南人民出版社2008年版。

王泽龙：《中国现代主义诗潮论》，华中师范大学出版社1995年版。

魏朝勇：《民国时期文学的政治想象》，华夏出版社2005年版。

温儒敏：《新文学现实主义的流变》，北京大学出版社2007年版。

文史哲编辑部编：《左翼文学研究》，商务印书馆2015年版。

吴敏：《宝塔山下交响乐：20世纪40年代前后延安的文化组织与文学社团》，武汉出版社2011年版。

吴思敬：《20世纪中国新诗理论史》，人民文学出版社2015年版。

吴晓峰：《国语运动与文学革命》，中央编译出版社2008年版。

吴晓峰：《国语运动与文学革命》，中央编译出版社 2008 年版。

奚密：《现代汉诗：一九一七年以来的理论与实践》，宋炳辉译，上海
　　三联书店 2008 年版。

熊辉：《外国诗歌的翻译与中国现代新诗的文体建构》，中央编译出版
　　社 2013 年版。

熊辉：《五四译诗与中国早期新诗》，人民出版社 2010 年版。

徐明君：《鲁艺文艺道路研究——以秧歌剧为中心的考察》，人民出版
　　社 2016 年版。

徐瑞岳：《刘半农评传》，上海文艺出版社 1990 年版。

徐志伟：《发现另一个"乡土中国"：勾连中国现代文学史与思想史的
　　一种考察》，人民出版社 2019 年版。

许怀中主编：《中国解放区文学史》，海峡文艺出版社 1994 年版。

许霆：《中国新诗发生论稿》，人民出版社 2012 年版。

颜同林：《方言与中国现代新诗》，中国社会科学出版社 2008 年版。

杨春时：《现代性与中国文学思潮》，生活·读书·新知三联书店 2009
　　年版。

杨联芬：《晚清至五四：中国文学现代性的发生》，北京大学出版社
　　2003 年版。

杨霞：《清末民初的"中国意识"与文学中的"国家想象"》，南京师
　　范大学出版社 2012 年版。

姚涵：《刘半农对五四新文学的贡献》，上海社会科学院出版社 2015
　　年版。

袁盛勇：《历史的召唤：延安文学的复杂化形成》，中国戏剧出版社
　　2007 年版。

岳凯华：《五四激进主义的缘起与中国新文学的发生》，岳麓书社 2006
　　年版。

张德厚、张福贵、章亚昕：《中国现代诗歌史论》，吉林教育出版社 1995

年版。

张器友：《抗拒不了的传统——以延安文学为中心的历史性阅读》，群
    众出版社 2014 年版。

张弢：《传统与现代的激荡：报刊中的"歌谣运动"研究》，社会科学
    文献出版社 2016 年版。

张武军：《从阶级话语到民族话语：抗战与左翼文学话语转型》，中华
    书局 2013 年版。

张向东：《语言变革与现代文学的发生》，人民文学出版社 2010 年版。

张艳华：《新文学发生期的语言选择与文体流变》，山东大学出版社
    2009 年版。

张永芳：《诗界革命与文学转型》，中国社会科学出版社 2004 年版。

赵金钟：《中国新诗的现代性与民间性》，宁夏人民出版社 2007 年版。

赵黎明：《"汉字革命"——中国现代文化与文学的起源语境》，中国
    社会科学出版社 2010 年版。

赵黎明：《古典诗学资源与中国新诗理论建构》，人民出版社 2015 年版。

中国现代文学研究会编：《在东西古今的碰撞中——对"五四"新文
    学的文化反思》，中国城市经济社会出版社 1989 年版。

钟俊昆：《中央苏区文艺研究以歌谣和戏剧为重点的考察》，中国社会
    科学出版社 2009 年版。

周平远：《从苏区文艺到延安文艺——马克思主义文论中国化历史进
    程》，社会科学文献出版社 2014 年版。

朱德发、贾振勇：《批判与建构：现代中国文学史学》，山东大学出版
    社 2002 年版。

朱自清：《新诗杂话》，生活·读书·新知三联书店 1984 年版。

祝宽：《五四新诗史》，陕西师范大学出版社 1987 年版。

后 记

十年仿佛一瞬间。当年给博士毕业论文写后记的情形，现在依然记忆犹新。权且将 2011 年 5 月 18 日写的博士学位论文后记摘录如下：

"带着这样一份憧憬，我往返于湖大和华师之间，经常穿越大半个武昌城。在静静的华师校园里，身体的疲劳与尘世的喧嚣很快随风消散……。正是在这样良好的学术氛围下，我很早就确立了毕业论文的选题。还记得那晚跟泽龙老师谈选题时的情形，我伴着王老师一起在华师校园中散步，我们从校园走到华师北门外的大街上，快到东门时又从北门返回校园。在这差不多两个小时的探讨中，我们有思想的碰撞，亦有心灵的交流。在此基础上，我形成了当初的开题报告《民间话语与中国现代诗歌》。""然而，我高估了自己。这个选题本来就有相当的难度，关涉到诸多学术难题，需要有相当的学术积累。""后来我并对论文作出了重大调整，缩小了论域，放弃了当初的一些想法，形成的就是这本略显单薄的论文。"

在这一段文字中，我窥见了自己当年的雄心与壮志，但也看到了现实的无奈和妥协。

博士毕业后不久，我抱着试试看的心态，以博士学位论文的思考为前期基础，重新设计、调整了论述的对象和用力的重点，以"民间话语与中国新诗的现代性研究"为题申报了 2012 年的国家社科基金青年项目。幸运的是，一申报就中，评审专家的充分认可给了我莫大的鼓舞。在接下来的几年里，我整装再出发，将兴趣方向和研究重点放在了民间话语和中国新诗的现代性问题上，或在民国旧期刊中爬梳，或在民俗史料文献中穿行，尝试从 20 世纪上半叶现代诗歌传播与接受的历史语境中，勾画民间话语与中国新诗现代性交流、冲突和碰撞的线索，辨析民间话语与现代性的复杂性和悖论性。其间，虽有单位和家庭大大小小的正事、琐事缠身，也有因自己的拖沓和懈怠而生的羁绊，项目研究的进展并不尽如人意。好在有师友的鼓励和妻儿的督促，项目总算是顺利结项。情形亦如当初完成的博士学位论文一样，"自知不能令人满意，但自己还是相当珍视的，因为它毕竟还是我学术生命中曲曲折折、深深浅浅的一段印痕"。

而今，国家课题结项已经两年多了，书稿却一直躺在电脑硬盘里睡大觉。感谢导师王泽龙教授的慧眼和不弃，将之作为"现代汉语诗歌传播接受研究"学术丛书之一种纳入出版计划，才有了今日的这个后记。从开题报告《民间话语与中国现代诗歌》，到博士学位论文《民间话语与五四新诗》，再到国家社科基金项目"民间话语与中国新诗的现代性研究"，再到现在纳入丛书之一种的《民间话语与中国现代诗歌》。十来年转了一大圈，又回到了起点，在某种程度上印证了自己学术研究上的"不忘初心，牢记使命"。

回首自己的学术道路，虽磕磕绊绊，但也算中正稳健。此刻，顿笔：一字字，一行行，一行行，一字字，点点滴滴，感悟师友情谊，见证岁月痕迹。

最后，需要说明的是，本著的第五章、第六章有我指导的研究生熊楠岚和郑合心的大力参与，后期又作了适当删改。此外，本著的出版得到了湖北大学文学院中国语言文学级学科建设经费的资助。在此一并予以感谢。

2021 年初夏

于沙湖畔